青蓝工程
专业能力必修系列

初中 地理教师
专业能力必修

chuzhong dili jiaoshi zhuanye nengli bixiu

教育部基础教育课程教材发展中心 组编

编委会主任：曹志祥 周安平
本 册 主 编：王 民

西南师范大学出版社
全国百佳图书出版单位 国家一级出版社

图书在版编目（CIP）数据

初中地理教师专业能力必修/王民主编. —重庆：
西南师范大学出版社，2014.4
ISBN 978-7-5621-6694-8

Ⅰ.①初… Ⅱ.①王… Ⅲ.①中学地理课—教学法—
初中—师资培训—教材 Ⅳ.①G633.552

中国版本图书馆 CIP 数据核字（2014）第 046546 号

青蓝工程系列丛书

编委会主任：曹志祥　周安平
策　　划：森科文化

初中地理教师专业能力必修

王　民　主编

责任编辑：钟小族　李媛媛
封面设计：红十月设计室
出版发行：西南师范大学出版社
　　　　　地址：重庆市北碚区天生路 1 号
　　　　　邮编：400715　市场营销部电话：023-68868624
　　　　　http://www.xscbs.com
经　　销：新华书店
印　　刷：重庆荟文印务有限公司
开　　本：787mm×1092mm　1/16
印　　张：13.5
字　　数：280 千字
版　　次：2014 年 11 月　第 1 版
印　　次：2014 年 11 月　第 1 次印刷
书　　号：ISBN 978-7-5621-6694-8

定　　价：29.00 元

《青蓝工程》
编委会名单

编者的话

在基础教育课程改革 10 周年之际，伴随着义务教育课程标准的再次修订与正式颁布，我们隆重推出这套"青蓝工程——学科教师专业能力必修系列"丛书。丛书立足于教师应该具备的最基本的教学专业知识与普适技能，为有效实施新修订的义务教育课程标准，深化基础教育课程改革，贯彻落实《国家中长期教育改革和发展规划纲要（2010－2020 年）》，助力素质教育高质量地推进提供了保证。

"教育大计，教师为本。"课程改革的有效实施和素质教育的贯彻落实需要一支高素质、专业化的教师队伍做支撑。教师的专业化发展在我国历来受到高度重视，但今天我国教师的专业化水平与社会的现实需求和时代的进步，特别是与教育改革发展的需要还存在着较大的差距。

以往，我们常常说教师要提高自身的专业水平或教学技能，但一个合格的教师究竟需要哪些最基本的专业知识与专业技能？教师的专业发展又该朝着哪个方向和目标去努力？这些问题，在教师专业化发展，尤其是在学科教师专业能力的提高上，一直以来并不是十分清晰。因此，我们聘请了当前活跃在基础教育学科领域的顶级专家，他们中的绝大多数是直接参与义务教育课程标准修订、审议或教材编写的资深学者，以担任相应学科的中小学教师应该（需要）了解（具备）的最基本的常识性知识和技能为出发点，总结了具有普适意义的学科教育教学知识和技能，力求推进教师教育教学能力的均衡发展，实现大多数教师教育教学能力的达标。从这个意义上，可以说这套丛书是教师专业化水平建设与发展的一个奠基工程，也是 10 年基础教育课程改革成果的结晶。我们希望青年教师不但能从书中充分汲取全国资深专家与优秀教师的经验、成果，更能"青出于蓝而胜于蓝"，在前辈的引领下，大胆创新，勇于超越，也因此，我们将丛书命名为"青蓝工程"。

丛书从"知识储备"和"技能修炼"两个维度展开论述（个别学科根据自身特点在目录形式上略有不同）。"知识储备"部分一般包括：①对学科课程价值的理解与认识；②修订后课标（义务教育）的主要精神；③针对该学段、该学科的教学所需的基本知识和内容等。"技能修炼"部分主要针对教学设计、目标把握、教学实施与教学评价等专题展开论述。每个专题下根据学科特点和当前教学实际设有几个小话题，以案例导入或结合案例的形式阐述教师教学所必需的技能以及形成这些技能所需要的方法和途径等。

本丛书具有权威性、系统性和普适性，希望对广大教师，特别是青年教师的专业成长能有实实在在的帮助。

丛书编委会
2012 年 1 月

目 录

Contents

上篇　知识储备　　1

专题一　对初中地理课程价值的理解 / 3

一、初中地理的课程性质 / 3

二、初中地理的课程特点 / 4

三、初中地理的课程基本理念 / 5

专题二　对学科核心知识的掌握 / 10

一、区域 / 10

二、区域的地理位置与分布 / 16

三、区域间的差异与联系 / 22

专题三　对学科专业技能的训练 / 27

一、运用地理图表技能 / 27

二、地理课堂教学"三板"技能 / 30

三、地理课外学习实践活动组织指导技能 / 38

四、其他教学技能 / 43

下篇　技能修炼　　55

专题一　教材的整体把握 / 57

一、如何进行教材分析 / 57

二、"区域地理"分析案例——以"东南亚"为例 / 67

三、"人文地理"分析案例

　　——以"地方文化特色与旅游"为例 / 73

专题二　教学目标的确定 / 78

一、认识教学目标的含义 / 78

二、教学目标的陈述与设计要求 / 81

三、设计优秀的课堂教学目标 / 86

专题三　教学设计 / 91

一、教学设计概述 / 91

二、教学设计的主要内容 / 95

三、教学设计的评价 / 101

专题四　教学方法选择 / 106

一、教学方法概述 / 106

二、以教师讲授为主的教学方法 / 108

三、以学生活动为主的教学方法 / 116

专题五　课堂实施过程 / 124

一、地理课堂的教学主线 / 124

二、地理课堂的导入、承转、结束 / 128

三、地理课堂中重难点的突破 / 140

四、地理课堂中的提问与反馈 / 146

专题六　教学评价与诊断 / 154

一、评价的相关概念 / 154

二、学生学习评价 / 168

三、教师课堂教学评价 / 187

专题七　地理课程资源开发 / 195

一、对地理课程资源的理解与认识 / 195

二、基于课堂教学的课程资源开发案例 / 202

三、区域资源教学开发案例 / 204

参考文献 / 208

知 识 储 备

　　教师的知识储备是影响教学效果的关键因素。一名优秀的教师必须具备渊博的知识，才能在教学过程中做到游刃有余。本篇主要从初中地理课程价值、学科核心知识和学科专业技能三方面进行了阐述。

专题一 对初中地理课程价值的理解

教师要学习、研究和落实《义务教育地理课程标准（2011年版）》（以下简称"新课标"），首先需要了解其课程性质、课程特点和课程基本理念等内容，这样有助于全面、深入地理解新课标，也有助于理解课程内容的细节。

一、初中地理的课程性质

1. 地理课程的价值功能

新课标在前言中指出："现代社会要求公民能够科学、充分地认识人口、资源、环境和社会等相互协调发展的重要性，树立可持续发展观念，不断探索和遵循科学、文明的生产方式和生活方式。"这段话阐述了初中地理课程改革的背景，即当今社会对基础教育地理课程改革的要求。

前言还阐述了初中地理课程改革的目标，也就是初中地理课程理应发挥的功能，以及对促进学生发展的价值和意义。新课标明确提出，地理课程"有助于学生感受不同区域的自然地理、人文地理特征，从地理的视角认识和欣赏我们所生存的这个世界，从而提升生活品位和精神体验层次，增进学生对地理环境的理解力和适应能力；有助于学生形成正确的情感态度与价值观和良好的行为习惯，培养学生应对人口、资源、环境与发展问题的初步能力"。这部分内容是修订时新加入的，在地理课程设计、地理教材编写及实际教学中都容易被忽视。

教师以往对于初中地理课程价值功能定位的理解，往往只从知识与技能领域进行分析，而对过程与方法、情感态度与价值观这两个领域的作用认识得不够。而新课标用两个"有助于"概括了义务教育地理课程的价值和意义。教师在地理教学中不仅要关注学生学到了哪些知识，还要关注学生的体验，鼓励学生积极参与，提高学生的学习能力及认识社会、环境的能力，养成爱护环境、节约资源的良好行为习惯。

2. 地理课程性质的含义

新课标中的课程性质部分，开头就阐明了"义务教育地理课程是一门兼有自然学科和社会学科性质的基础课程"。这是对初中地理课程性质的一个基本看法，它有两层含义：一是地理课程兼有"自然学科和社会学科"性质；二是地理课程是一门"基础课程"。

第一，地理课程兼有自然学科和社会学科性质。初中地理课程的内容主要取材于地理学科，地理学科有自然学科和人文学科的双重属性，这决定了中学的地理课程是一门兼有自然学科和社会学科性质的课程。初中地理课程的这一属性决定了地理教师在教学中应当采用多样化的教学方法，不仅要运用文科课程常用的讲述、讲读、比较、赏析等方法，也要运用理科课程惯用的讲解、实验、计算、操作、实习等方法，还要运用地理学科独特的读（地）图、绘（地）图、用（地）图和使用地球仪的方法。应该说这一属性在中学所有学科中是唯一的，所以，初中地理在促进学生的全面发展上有自己独特的价值。

第二，地理课程是一门基础课程。基础课程这一性质反映在学生所学的内容上就是地理学的基础知识。另外，初中地理课程可以为学生学习其他学科课程及进一步学习高年级的地理课程打下基础。因此，地理的基础课程性质对教学有重要的影响。首先，地理教师要真正落实地理学的基础，不要在教学中随意增加新的内容，不要随意扩大教学范围；其次，地理教师在教学时一定要考虑学生的年龄特征，初中低年级学生的思维还处于从感性认识向理性认识过渡的阶段，教师要注意学生的认知特点，不要随意加深教学的难度，加重学生的学习负担。

二、初中地理的课程特点

新课标提出初中地理的课程特点包括五个方面，即地理课程的区域性、综合性、思想性、生活性和实践性。

区域性和综合性是地理学科和地理课程的显著特点。第一，地理学科和地理课程的区域性，表现在它不仅展示了地理事物的空间分布和空间结构，而且阐明了地理事物的空间差异和空间联系，并致力于揭示地理事物的空间运动、空间演变的规律。第二，地理学科和地理课程讲授、研究的地理环境由大气圈、水圈、岩石圈、生物圈及人类智慧圈等圈层构成，是地球表层各种自然现象、人文现象有机组合而成的复杂的综合系统，这个综合系统中的各个地理要素互相联系、互相影响、互相渗透，当综合系统中的某一个地理要素变化时，其他地理要素也会随之变化。

此外，区域性和综合性也是初中地理课程的基本特点，是教师在教学中凸显教学内容中的地理性时应该注意和强调的。一名合格的地理教师，在各个教学环节都必须时时把握住教学内容的区域性和综合性特点。

思想性、生活性和实践性是这次修订时加入的，是我们对初中地理课程新的、全面的认识。思想性、生活性和实践性并不是地理课程所独有的，其他学科课程也可以有这些特点。但是，地理课程的思想性、生活性和实践性与其他学科课程有着不同的内涵。

地理课程的思想性主要表现在两个方面：一是地理课程蕴含着热爱祖国、热爱家乡等思想教育内容，这是地理课程的光荣传统；二是地理课程具有资源、环境和可持续发展等核心论题，将人地关系和可持续发展作为课程内容的一条主线把课程内容串联起来，这在基础教育各门学科课程中是唯一的。地理课程突出当今世界面临的人口、资源、环境和发展问题，阐明科学的人口观、资源观、环境观和可持续发展的观念，并把资源环境教育与品德养成教育结合起来，从可持续发展的角度培养学生爱护环境、节约资源的美德，体现了德育为先和社会主义核心价值体系的精神。

地理课程的生活性表现为课程内容紧密联系生活实际，突出反映学生生活中经常遇到的地理现象和地理问题。地理课程与人们日常生活的衣、食、住、行密切相关，它有助于增强学生的生活能力，更大限度地满足学生的生存需要，帮助学生正确地认识、适应和保护生活环境，提高应对未来生活的生存能力。

地理课程的实践性是指其含有丰富的实践内容，如地理观测、仪器操作、社会调查、乡土地理考察等。通过实践活动，可以培养学生的观察能力和独立工作的能力。同时，通过实践活动，学生能接触到一些远比地理课本知识更复杂的地理问题，有利于激发创造性思维，提高解决问题的能力。此外，实践活动还有利于培养学生的非智力因素，增强学生的学习兴趣和学习动机，锻炼学生的意志，培养学生的开拓进取精神。

三、初中地理的课程基本理念

新课标中，地理课程基本理念由原来的六条改为以下三条：

（1）学习对生活有用的地理。地理课程选择与生活密切相关的地球与地图、世界地理、中国地理和乡土地理等基础知识，引导学生在生活中发现地理问题，理解其形成的地理背景，提升学生的生活品位，增强学生的生存能力。

（2）学习对终身发展有用的地理。地理课程引导学生从地理的视角思考问题，关注自然与社会，使学生逐步形成人地协调与可持续发展的观念，为培养具有地理素养的公民打下基础。

（3）构建开放的地理课程。地理课程着眼于学生创新意识和实践能力的培养，充分重视校内外课程资源的开发利用，着力拓宽学习空间，倡导多样的地理学习方式，鼓励学生自主学习、合作交流、积极探究。

这三条理念回答了两个问题：一是地理课要教给学生什么样的地理知识，即地理课程内容的选择；二是学生想要一种什么样的地理课，即地理课程教学方式的选择。

1. 初中地理课程内容的选择

对于"要教给学生什么样的地理知识"这个问题，第一、二条课程基本理念共同给予了回答，核心是教给学生"有用"的地理知识，而且对这个"有用"又从两个方面提出了要求：一是对生活有用；二是对终身发展有用。

地理课程具有科学、文化、生活等多方面的价值。它既应该关注学生对日常地理现象和地理问题的理解，也应该并能够影响学生的生命历程。增强学生的生存能力并促进每个学生的终身学习与未来发展，这是时代发展的需要，也是"以学生发展为本"的教育理念的充分体现。

目前，我国基础教育课程改革大力推进素质教育，培养全面发展的学生，使学生能够规划自己的人生，做一个积极的、负责任的社会主义建设者。

（1）选择与日常生活密切相关的地理知识

与日常生活密切相关的地理知识，是指学生掌握的这些地理知识和地理技能可以用来解释生活中的现象或解决生活中的问题。

首先，人们在日常生活中的某些习惯或行为需要用地理知识来解释。例如，我国有"北面南米"的习惯，这是由于水热条件不同，我国的北方以种植小麦为主，南方以种植水稻为主；在菜肴的口味上，北方菜味浓重，而广东菜偏鲜、偏淡，西南地区口味偏辣，这些都和各地的气候与文化等因素有关；在炎热干旱的沙漠地区，人们喜欢身着宽松的长袍，用头巾包头，而在寒冷的北方地区，冬季人们一般爱穿毛皮衣服，这些也都和地域自然地理特征有关。

不同地区人们居住场所的差异，也需要用地理知识来解释。例如，传统社会中，林区的居民用原木造房子，草原上的牧民通常居住在搭卸方便的蒙古包里，黄土高原的居民利用黄土直立性好的特点开凿窑洞，我国西南炎热多雨的少数民族地区的民居则以竹楼为主。

其次，人们在生活中遇到的一些问题可以采用地理知识来解决。例如，正确使用指南针辨别方向，运用地图识别方位、估算距离、了解地形；初步学会观云识天气，推测天气的变化趋势，并根据当地的气候特点与天气状况来合理安排生活；能够评价生活环境质量，根据自己的需要及个性爱好选择居住地的区位，并对环境采取积极态度与保护行动；对各种自然与人为灾害的发生、预防有正确认识，具有安全意识，并掌握基本的自我保护措施；知道地方特征与就业机会的联系，调整自己的努力方向，提高在求职中的竞争力；从地理角度看各种媒体的新闻报道，了解国内外重大事件的地理背景；知道采取什么样的休闲方式（如娱乐、健身、野营、旅游等），并知道怎样利用环境或选择路线进行休闲活动；知道区位、生产和销售地的自然人文特征与投入产出之间的关系，以及生产中的环境代价；熟悉地域文化（如语言、艺术、体育、民俗）的特色，了解与理解异域文化，增强人际的交往和合作。

如果学生能够用他们在地理课上学到的知识和技能，理解和解决现实中遇到的各种现象和问题，同时能指导自己的生活，那么，学生学习的就是"对生活有用的地理"。

（2）选择有利于学生终身发展的地理知识

选择对学生终身发展有用的地理知识，就是要考虑在未来的发展中，学生遇到新的地理事物时，能够马上去了解，去探索；遇到新的地理问题时，能够积极探索并独立解决。要想使学生适应不断变化的社会，教师需要把地理教学的重点放在学生学习能力的培养上，特别是培养学生独立获取地理知识、善于发现并思考地理问题、灵活应用所学地理知识的能力等。

关注学生的终身发展还要关注习惯的培养，例如，经常要求学生使用地图回答相关的地理问题，经常引导学生独立思考，学生运用地图的习惯才会逐渐养成。

地理学习能力包括从各种地理知识载体中获取信息的能力，领会地理信息的含义并将其表达出来的能力，处理与运用地理信息的能力，发现地理问题的能力，在新的情境下灵活使用所学知识的能力，独立思考的能力，进行地理分析、综合、判断的能力，进行地理选择和地理决策的能力等。

在初中阶段，有目的、分层次地教给学生一定的地理学习方法，有助于学生地理学习能力的形成。这不仅对初中阶段学生的地理学习有重要的作用，对学生高中地理的学习及其终身学习也具有重要影响。

（3）选择能够帮助学生形成"地理的视角"的知识

新课标在"学习对终身发展有用的地理"中提出，"地理课程引导学生从地理的视角思考问题"。所谓地理的视角，即从地理学的角度看待问题和思考问题。在初中地理阶段，只要求学生在遇到问题时，能够联系地理课上所学的知识与方法进行思考、判断就可以了。从地理的视角思考问题包括两个方面：一是应用地理基础知识，二是使用地理的观念。学生利用学到的地理知识解释地理现象，这属于应用地理基础知识，可以看作是简单地从地理的视角思考问题。例如，学生可用学过的板块构造知识解释地震的发生。另外，帮助学生形成地理观念是我们的目标，地理观念是深层次的地理视角。例如，当学生需要解释某些陌生的生活习俗时，他（她）会想到用当地的地理环境知识来解释。

在初中地理课程中，与地理的视角有关的观念主要包括人与环境相互影响的观念、因地制宜的观念、初步的环境伦理观念、可持续发展观念、全球化观念等。由于年龄的限制，学生形成的这些观念尚处于初级阶段。培养地理的视角需要多从直观、感性的材料和事实出发，不必追求理论知识的完整和精确，只要学生在遇到实际地理现象和问题时能够想到地理环境的因素，能够意识到人与环境之间存在相互影响的关系，能够想到保护环境，这就可以算是有了地理的视角。

2. 初中地理课程教学方式的选择

新课标的基本理念提出要"构建开放的地理课程"，这个理念包含多个方面的内容，主要有创新意识和实践能力的培养、校内外课程资源的开发、倡导多种地理的学习方式等。对此，新课标在"教学建议"部分提出，要"选择多种多样的地理教学方式方法"，"教师要积极利用地理信息资源和信息技术手段，优化和丰富地理教学活动，促进学生学习方式的转变"，"为学生自主学习营造宽松的学习环境"，"应积极开展地理实践活动，增强学生的地理实践能力。一方面，立足校园开展地理实践活动。例如，利用学生已学习过的地图知识，以'我帮学校做规划'为主题，开展地理实践活动，从而达到构建开放的地理课堂、拓宽学习空间、培养学生热爱学校和保护环境责任感的目的。另一方面，应提倡开展野外（校外）考察和社会调查，鼓励学生走进大自然、进入社会，使学生亲身体验地理知识产生的过程"。在"教学编写建议"部分提出，"地理教科书的编写应注意我国各个地区在自然、社会、经济、文化、教育等方面的差异，充分考虑地理教科书的地区适应性。地理教科书教学内容的选择与组织也应具有不同层次和一定的弹性"，"可以将有些内容设计成开放式的，不直接提供结论"。在"课程资源开发与利用建议"部分提出，"教师要结合学校的实际和学生的学习需求，充分利用学生自身的经历和体验"，"要加强与社会各界的沟通与联系，寻求多种支持"。

构建开放的地理课程，是由地理科学的特点决定的。作为地理科学研究对象的地球表层系统，是一个复杂的巨系统，它包含多个子系统，既有自然的系统，也有人类社会的系统。地球表层系统与地外系统之间、地球表层系统内部的各子系统之间，每时每刻都在发生着物质、能量、信息的传递与交流。地球表层系统及其子系统不是封闭的，而是动态的、开放的，因而人们对所有地理事物的认识也总处在不断的变化之中。地理科学研究对象的开放性，使得地理课程包含地球表层系统的多个方面，跨自然学科与社会学科两大领域，它既与物理、化学、生物等自然学科相联系，又与历史、政治等社会学科相联系。

开放的地理课程为培养学生的地理素养，特别是为培养学生的创新意识和实践能力提供了广阔的空间。

开放的地理课程对学生个性的发展有益。地理课程内容丰富、资源充足，联系社会和生活实际，容易满足每个学生学习的需要，从而促进学生在地理学习中发展个性，也为学生提供了发挥特长的机会。

多样的地理教学方式和学习方式是课程实施开放性的重要表现。倡导多样的地理教学方式和学习方式是从学生的需要出发的，学生的特点不同、学习的内容不同、学习的目标不同、学习的阶段不同、学校的条件不同，教学方式和学习方式也必然不同，因此地理课程实施开放性也是一种必然现象。从教学的具体实施过程来看，在设计教学时为学生的自主学习留下空间、允许学生表达自己的观点、允许学生讨论甚至争论问题，都是地理课程实施开放性的表现。

新课标提出："鼓励学生自主学习、合作交流、积极探究。"这也决定了地理课程实施的开放性。

（1）自主学习与课程实施的开放性

自主学习充分体现了以学生为学习主体的教育理念，能让学生的学习兴趣、学习主动性和能动性得到很好的发挥。相对于统一目标、统一内容、统一步调甚至统一结果的课程实施方式，自主学习具有明显的开放性。这种开放性表现在这几方面：学习目标自主，即允许学生自己确定学习所要达到的目标；学习内容自主，即允许学生自己根据学习目标选择学习的内容；学习时间自主，即允许学生自己安排和控制学习的时间和进度；学习方法自主，即允许学生使用适合自己的学习方法。

在实际的班级教学中，完全的自主学习还难以实现，一般的做法是在地理教学的某一个环节让学生有自主把握学习的机会。例如，在课堂教学过程中，有的教师会留出一定时间让学生自学，这个过程就给了学生某种程度的自主，当然这还是比较浅层的；有的教师会在布置作业时要求学生自己选择完成作业的形式，这里学生的自主性就多了些；还有的教师设计了社会调查类的作业，学生可以自己选择调查的内容、调查的方法，这里的自主性就更强了，已经接近研究性学习。在地理教学中不管使用哪种自主学习的形式，都会带来不同程度的开放，自主性越强，课程开放的程度就越高。

（2）合作学习与课程实施的开放性

合作学习是学习的基本形式之一，合作学习之所以重要，是因为人类社会中的各种活动都是在分工合作的前提下进行的。因此，善于与人合作是学生走向社会必备的基本意识和能力。小组学习是合作学习的重要形式，小组的组长可以由组内学生推选，组内的分工可以协商确定，学生之间通过人际交流进行学习，必然会形成分享、交流、观点碰撞、"双赢"等局面，学生能够接触到不同的信息和想法，而且最后的结果可能是计划中没有预设的，这些都是课程实施开放性的表现。

（3）探究学习与课程实施的开放性

探究学习的主要特点是让学生自主认识地理事物、地理现象，通过探究自然的过程获得地理知识，而不仅仅是背诵现成的结论性知识。探究学习旨在培养学生的探究能力，从而使他们形成认识自然的基础的科学概念，科学概念的形成是探究学习的重要特点之一。探究学习还注重培养学生探究未知世界的积极态度，这种态度会促进他们对知识的渴求，提高他们学习的能力。从探究学习的本质和特点来看，它的开放性表现在探索未知，而且有很强的自主性。在探究学习过程中，学生获得的结果可能是多样的，而且可能是不同于教科书或教师期待的内容，这种不同能够帮助学生更好地认识地理事物的复杂性和丰富性。

专题二　对学科核心知识的掌握

"上知天文，下知地理"，这句话自古就用来赞美一个人的学识与眼界。称职的中学地理教师，应该是在学科知识上是"博而精"的人。为此，教师应对学科核心知识有基本的掌握。

什么是学科核心知识？回答这个问题的关键是制订核心知识筛选的标准。我们认为，这个标准至少有三个：能突出地理学科特色的知识；具有统摄作用，能下位迁移的知识；对学生终身发展最有价值的知识。

区域地理是初中地理课程的主要内容。区域地理学习三要素如下：一是"位置与分布"，这是学习区域地理的基础；二是"联系与差异"，这是认识区域地理特性和区域差异的重点；三是"环境与发展"，这是学习区域地理的目的，是将可持续发展思想渗透到地理区域教学的关键，也是学习地理需要培养的观念和意识。

基于以上的学习与思考，我们对新课标的所有知识点进行了梳理，并研读了《地理国际教育宪章》，提出了初中地理教师应深入理解和把握的几个学科核心知识：区域、区域的地理位置与分布、区域间的差异与联系。这些都是贯穿初中地理课程的核心知识。初中是学生认识与了解地理知识的起步阶段，因此要打好基础。

一、区域

问题：

什么是区域？

区域地理的一般学习方法是什么？

地球陆地表面受纬度位置、海陆分布、海拔高度等因素影响，造成自然地理要素（地形、气候、水文、土壤、植被等）的地域差异。这种差异表现为一定的规律性，如赤道到两极的地域分异规律、从沿海到内陆的地域分异规律、从山麓到山顶的地域分异规律等。当然，在规律性的地域差异中也会受地貌变化等因素影响，出现一些非规律性的现象。地域性是地理学的特性之一，地球表面客观存在的地域差异还影响到人类社会、政治、经济、文化等方方面面。

但地域差异并不等于区域差异。究竟什么是区域？

区域一般是指人们根据一定的目的和原则划分的地球表面上一定的空间范围。不同学科对区域概念理解的侧重点不同。地理学把区域理解为地球表面的地域单元；政治学把区域理解为国家实施行政管理的行政单元；社会学把区域理解为具有共同语言、

初中地理教师专业能力必修

Chu Zhong Di Li Jiao Shi Zhuan Ye Neng Li Bi Xiu

共同信仰和民族特征的人类社会聚落；经济学则把区域理解为相对完整的经济单元；等等。

总之，区域是空间的一部分，是物质存在的一个形式。地壳上的物质多种多样，区域也多种多样。区域大体上可以分成三类。

（1）自然区，如综合自然区、地貌区、气候区、土壤区、水文区、植物区、动物区等。

（2）社会经济区，如行政区、军事区、经济区、宗教区、文化区、民族区、语言区、民俗区等。

（3）自然技术社会过渡型区，如技术经济区、作物果树适宜栽培区、疾病医疗地理区、供暖区等。

地理学的核心是区域地理。我国战国时期，就出现了世界上最早的自然地理区划著作——《尚书·禹贡》。其中，以地理为径，将当时天下分为九州，这是撰著者理想中的政治区划。

区域地理强调的是人地关系的研究，它不仅揭示自然环境本身的特点，而且考虑到社会、经济、历史等因素，研究人类活动与环境的相互影响与作用。区域地理研究成果对于制订区域发展规划、合理开发和利用自然资源、解决区域生态环境及人口问题等，都具有十分重要的科学价值，同时区域地理也是未来公民必须了解的最基本的科学知识。

区域指一定范围的地理空间，它具有一定的地理位置，是一个可度量的实体。作为一个实体，区域一般包括自然、经济、社会方面的多个要素。区域的具体表现有所不同，有些有明显的边界，有些区域的边界则具有过渡性。区域划分的指标可以是自然、经济、社会等某一方面，也可以是综合性的。区域范围有大有小，等级有高有低。

新课标明确指出，区域地理是初中地理课程的主要内容，但初中教材并没有对区域进行基本界定或说明。因此初中区域地理教学要通过对典型区域案例的学习，初步认识区域自然地理和区域人文地理的主要特征，初步掌握学习区域地理的一般方法。

1. 对区域的基本理解

（1）区域是人们对客观地域差异的反映。区域是人们根据一定的目的（如研究、整治、开发、管理等），采用一定的指标划分出来的。目的不同、采用的指标不同，划分出来的区域也就不同。

中国领土包括 960 万平方千米的陆地面积和约 300 万平方千米的海域面积。依据决定自然区域差异的基本因素——地形和气候，可将我国分为东部季风区、西北干旱半干旱区和青藏高寒区等三大自然区；依据自然条件差异、自然资源的地域分布和社会经济发展水平的不同，将全国（不包括香港、澳门、台湾）划分为东部、中部和西部三个经济地带；依据政治统治和行政管理的需要，遵循一定的法规，参照经济、历史、民族等条件，将全国分为 34 个省级行政区。

（2）区域有空间特性和时间特性。首先，区域是地表空间单位，任何区域都占有一定空间，它包括地表及其地下一定深度和地上一定高度，区域在地表（平面上）具有一定的面积、形状、范围或界线。因此，区域能在地图上表现出来。其次，区域不是一成不变的，每个区域都有其形成和发展的过程。自然区域变化慢些，社会经济政治区域变化快些。区域界线的勘定，特别是自然区域界线的勘定，意味着对这个区域本质特性的概括和认识过程。

1947 年 7 月出版的《东北九省行政区域图》绘制的东北地区示意图中显示，当时为便于统治，曾将东北地区划为 9 省。1950 年 1 月出版的《新东北六省明细地图》绘制的东北地区示意图显示，东北在新中国成立初曾由 9 省合并为 6 省。到 1954 年，东北地区恢复为黑龙江、吉林、辽宁 3 个省。

区域依靠界线来表现其空间范围。多数类型的区域都有明确的界线；有些类型的区域只有大致的范围而无明确的界线，如工业区、文化区等；还有些区域的边界具有过渡性，如干湿地区等。

（3）在相同级别的区域中，其区域内部具有相似性，区域之间具有差异性。相似性和差异性是区域划分的首要原则。区域间的差异是多方面的，要通过比较的方法得到。区域比较的关键是要抓住区域划分的指标体系，当然，在指标体系中有大量可比因素，要从中找出有决定作用的主导因素。

中国地域辽阔，自然环境复杂。为了有更加全面和深入的了解，以便对国家的经济建设、社会文化发展服务，新中国成立后我国就开始进行科学、细致的综合自然区划工作——划分自然区域。

新课标中列出的我国四大地理区域（见下表），实际包括两级综合自然区。一级自然区有东部季风区、西北干旱半干旱区、青藏高寒区，突出的是夏季风的影响、干旱和高寒的主要特征。

在东部季风区，又依据水热状况以秦岭—淮河一线为界，分为北方地区和南方地区的二级自然区。北方地区属于温带季风区，冬季寒冷、干燥，河湖结冰，地形以平原和高原为主；南方地区属于热带、亚热带季风区，气候温暖湿润，冬季河湖一般不结冰，地形以平原、低山和丘陵为主。

中国四大地理区域

名称	位置范围	主要省区	划分依据	主导因素
北方地区	大体位于大兴安岭、乌鞘岭以东、秦岭—淮河以北，东临渤海、黄海	包括东北三省、黄河中下游各省的全部或大部，以及甘肃东南部和江苏、安徽的北部	我国季风区的北部地区，1 月 0℃等温线和 800mm 等降水量线以北	夏季风、气温、降水

续表

名称	位置范围	主要省区	划分依据	主导因素
南方地区	位于秦岭—淮河以南，青藏高原以东，东南部临东海、南海	包括长江中下游、南部沿海和西南各省（市、自治区）	我国季风区的南部地区，1月0℃等温线和800mm等降水量线以南	夏季风、气温、降水
西北地区	大体位于大兴安岭以西，长城和昆仑山—阿尔金山以北	包括内蒙古、新疆、宁夏和甘肃西北部	非季风气候区，深居内陆，400mm等降水量线以西	降水
青藏地区	位于横断山以西，喜马拉雅山以北，昆仑山和阿尔金山以南	包括西藏、青海和四川西部、云南的西北部	一个独特的地理单元，海拔高，气候寒冷	地势

2. 综合区域特征

人们划分区域的目的是为了更好地认识这个区域的基本特征，了解区域之间的差异，建立和谐的人地关系，最终实现区域的可持续发展。综合区域特征是区域地理教与学的重点，综合法是重要方法。

综合法是在分析的基础上，把研究对象的各个部分联系起来，从整体上把握事物本质规律的一种科学的思维方法和研究方法。综合不是将研究对象的各个部分"捏合"起来，而是找到各部分之间的联系，站在整体的高度把握研究对象的本质规律。因此，综合法常用于对区域总体特征的概括。

任何一种类型、一种规模的区域都是一个系统，而且是一个开放的系统。这个系统首先由若干要素构成，这些要素以不同的形式分布在区域中。比如，北京作为一个行政区，它的自然地理要素包括地形、气候、水文、土壤、植被等，它的人文要素包括人口、经济、文化等。其次，系统内的各要素之间有着或远或近的关联性。同一区域内的各要素按一定方式相互联系、相互作用、相互渗透，不存在任何一个与其他要素毫无关系的孤立要素。因此，也就不能把一个区域划分为若干彼此没有关联的部分。最后，有联系的各个要素构成系统的整体，这个整体的表现就是区域有整体的边界、形态、结构、功能和特征。

区域地理的教学要从整体上把握区域特征。区域特征的建立首先是从逐一认识要素的特征开始的，如自然地理要素特征的描述要点（见下页表）。

自然地理要素特征的描述要点

要　素	特征描述内容
位置特征	经纬度位置、海陆位置、交通战略位置、相邻位置
地形特征	地形类型、地势高低（起伏）
气候特征	气温、降水、季节组合
降水特征	降水总量、雨季长短、季节变化
水文特征	流量、流速、水位、含沙量、结冰期
水系特征	流程、落差、支流、流域、流向
自然地理环境特征	地形、气候、水文、生物（植被）、土壤

　　然后要认识要素之间的内在联系，这种联系可用结构图（见下图）表示。最后，在识别要素特征、建立要素联系的基础上，综合出区域特征。

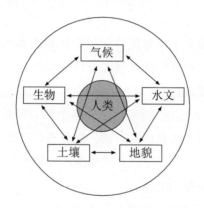

区域要素关系示意图

　　对于区域特征而言，往往有一个或几个要素起决定作用，它们被叫作主导要素。主导要素特征在区域地理教学时要给予特别关注。

　　青藏地区是我国一级自然区。地势高是其最突出特点，这一特点对该区域内其他自然、人文地理要素带来诸多影响。如地势高，表现为多大山、多雪山冰川、多大河发源地；地势高，导致地高天寒、太阳辐射强、多强风；地势高，使高寒牧业、河谷农业成为本区农业生产特色。从地形、地势、气候、水文特点，联系到多能源资源的特点——太阳能、水能、风能、地热能，联系到交通运输发展的重要意义等。这些要素间的联系一般可用结构图（见下页图）呈现。

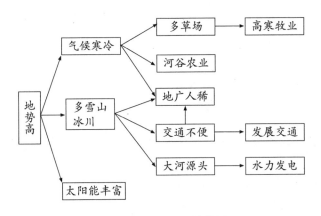

青藏地区区域特征结构图

3. 用图像学习区域地理

"运用地图说出……""在……图上识别……""在地图上指出……"等，这是新课标中对区域地理学习最常用的表述方式。图像是地理学习的工具，无论在传统地理教学还是现代地理教学中，都起着不可替代的重要作用。区域地理的学习更离不开图像。

图像是地理教材的重要组成部分，地理图像包括各类地图、景观图、原理示意图、统计图表、结构联系图、漫画及地理模型等多种形式。合理而有效地利用这些图像，培养学生的图像能力是地理学科承担的主要责任。

区域地理是针对区域地理实体的学习。区域相对于个体的人类而言，具有空间尺度大、形成演变时间长、内部差异巨大等特点，因此，人们只能看到个别地理现象。由于很难认识"地"的全貌，也就不能求出"理"了。所以必须借助技术和媒介把区域在时空尺度上压缩，将其尽可能展现在人们面前。这个压缩后的结果就是各种图像。图像是学生认识区域最有效的工具之一。

学生的地理学习有一小部分是直接从地理实体转化而来的学习，如各种形式的地理实践活动；另外一大部分则是借助图像的学习。这就要求教师要尽可能提供具有典型意义的图像，让学生的经验丰满起来，也就是创造一个条件，让他们尽量接近实体，这样才能发现地理事物的特征，寻找其规律。而怎样从地理实体走进图像，或从图像走向地理实体，这就需要有效的教学策略。

关于图像能力的培养，教师可从两方面把握：一是引导学生运用图像获取地理信息，根据地理信息发现问题；二是引导学生利用图像进行简单的分析、判断和说明。前者是将学生的图像能力培养和具体区域知识的学习结合在一起，并把学生能够在图像上获取区域知识放在更重要的位置；后者则要求学生能够从图像中获取一个区域更深入的信息，能读懂图中地理事物之间的内在联系。

学生图像能力形成的关键在于教师引导学生运用地理视角阅读图像，即建立"图像地理化"的概念。这是需要教师深入思考、精心设计的地方，否则学生只是在教师带领下，观赏了一次图像展览。

在完成"中国北方地区"教学后，可用《陕北一家人》图片对学生进行学习评价和教学拓展。

教师的总体问题是，这幅景观照片反映了我国哪个地区的景观？其主要的区域特征是什么？

学生可能会根据已有的知识，背出相应的答案。尽管答案符合要求，却失去了图片的教学价值。

因此建议教师把总体问题调整为：照片反映的区域特征是什么？你是从哪儿看出来的？这是我国哪个地区？

针对学生图像能力的培养和图像解读方法的训练，教师可把上述问题再具体化，让学生有思维的"抓手"和思考的顺序。

比如，教师可提出这样一系列细节问题：

1. 这家人吃的是什么菜？家里种的是什么花？为什么要选择这些品种？

2. 这家人的水桶有什么特点？为什么把水桶当作重要的家什？

3. 这家人脸上的肤色有什么特点？

4. 这家人住在什么地方？有什么特点？

5. 这是什么地区？区域特征是什么？

这些问题的设计反映了教师引导学生用"地理的视角"解读图片，注重区域地理环境最突出的特征——整体性。具有整体性的区域地理环境是由若干地理要素（自然的、人文的）构成的，各要素之间相互联系、相互制约、相互渗透，每个要素都深深地打上了环境整体性的烙印。而地理景观照片蕴含着极其丰富的地理信息：它们是一切可视地理要素，是受当地地理规律支配形成的综合图景。这种综合可以视为各个地理要素的图景叠加。因此，教师根据这个图像，通过一系列问题，帮助学生把照片中的要素（如自然面貌、民居特色、生活场景、生产工具、家用什物、体貌特征等）一层层分解开来，发掘它们与当地气候环境之间的联系。学生对每层地理要素的分解和判断，都要动用自己的地理知识和经验，因此这是一个训练学生观察地理要素、提炼地理概念、分析地理联系的过程，最终实现让学生掌握区域地理特征的目的。

二、区域的地理位置与分布

问题：

什么是区域的地理位置与分布？

如何进行区域地理位置与分布的学习？

地理事物分为点、线、面、体等形态。无论哪种形态的地理事物都在地球表面占据一定空间，这个空间就是地理位置。而地理事物在特定位置的空间存在则是地理分布。地理位置与地理分布都是区域地理的重要研究内容。

1. 地理位置

人们在讨论地理事物或地理事实时，首先要明确的是其存在或发生的地理位置。

《地理教育国际宪章》指出："地理位置：地球上人和地方的绝对和相对地理位置均不相同。它们通过物资、人口和思想的流动而联系起来。关于人和地方的地理位置的知识是理解这些区域、国家和全球相互依存关系的先决条件。"

对某区域而言，地理位置既是这个区域在地球表面的位置，也包括它的界线和范围。区域的地理位置决定了这个区域的基本地理特征。不同的区域地理位置，会使区域内各组成要素的分布与组合不同，因而形成不同的区域地理特征。

区域地理位置的空间距离尺度有大有小。比如，半球位置的确定，七大洲、四大洋位置的确定，属于全球尺度；根据重要的经纬线和海陆轮廓特点确定的大洲、地区、国家的位置，属于区域尺度；而在大比例尺地图中，利用典型的河流、湖泊、山脉、铁路、城市等来确定重要地理事物的位置，则属于微观尺度。

"黄河自古富宁夏。"由于宁夏回族自治区地处干旱区，降水稀少，所以此段的黄河水量稳定，很少暴涨。黄河在这里可以自流灌溉，只要在上游挖个渠口，引水灌溉，河水就会自动流淌，流入饥渴的田地中。因此这里是旱涝不忧、洪水不侵的"天府之地"。宁夏平原有"塞外江南"的美称，如何刻画（描述）宁夏回族自治区的地理位置呢？

宁夏回族自治区是我国 34 个省级行政区之一，是我国大陆面积最小的省区。它的地理位置可从多个角度加以描述。

宁夏回族自治区位于 $35°14'N \sim 39°23'N$，$104°17'E \sim 107°39'E$ 之间。从南到北约 456 千米，从东到西约 250 千米，面积约 6.6 万平方千米。与之相邻的有陕西省、内蒙古自治区、甘肃省等省区。

宁夏回族自治区位于我国地势第二、第三级阶梯的过渡地带，处于黄土高原与内蒙古高原和西部荒漠、青藏高原的交会地带。

宁夏回族自治区西北部与高大的贺兰山为邻，南部有湿润的六盘山。从西面、北面到东面，由腾格里沙漠、乌兰布和沙漠、毛乌素沙地相围，南面与黄土高原相连。

宁夏回族自治区位于我国农牧交错带，历史上就是北方游牧民族和农耕民族文化冲突较为激烈的地区。

宁夏回族自治区位于我国三大经济地带中的西部地区……

显然，上述宁夏回族自治区的地理位置是借助于不同参照物的空间关系来描述的。

依据参照物的特性，一个区域的地理位置可分为绝对地理位置和相对地理位置。

（1）绝对地理位置

以经纬网为参照来确定的地理位置，叫经纬度位置。经纬度位置具有唯一性，它是对一个地理事物位置的精确描述，因此又叫绝对地理位置。在绝对地理位置中，纬度位置和经度位置往往分开描述，因为它们各自对区域特征有不同程度的影响。

① 纬度位置。地球球体的形状特点，决定了太阳辐射量在球面不均匀分布的特点，呈现出从赤道向两极递减的基本规律。因此，纬度位置决定了这个区域接受太阳辐射的多少，而太阳辐射量又影响着该区域气候的基本模式，进而影响当地人们的生活与生产活动。

确定某区域的纬度位置，不仅要找到通过区域最南、最北的两条纬线，还要明确是否有特殊纬线穿过本区。这些特殊纬线包括赤道、南北回归线、南北极圈等，它们是划分地球表面热量带的分界线。比如，北回归线（23°26′N），从我国偏南部穿过，从而使我国大部分地区位于冬冷夏热、四季分明的北温带。

② 经度位置。受地球自转运动影响，经度位置的差异往往造成两地的时间差，东边的时刻总比西边的时刻早。比如，我国国土辽阔，东西距离约5200千米，跨经度近62°，时差在4个小时以上。这种差异造成了当最东端乌苏里江上的渔民迎着朝阳开始撒网打鱼时，最西端新疆帕米尔高原上的牧民还在酣然梦中的景象。另外，受地球海陆分布的客观影响，经度位置还决定着一个区域与海洋的位置关系。比如，日本是介于130°E～145°E之间的岛国，其陆地距海岸最远处不超过100千米，因此它的自然地理环境和人文地理环境都深受海洋影响。

宁夏回族自治区的绝对位置对其区域特征的影响：

宁夏回族自治区的经纬度位置，使其位居我国大陆西北内陆地区，受夏季风影响微弱，为温带大陆性气候。其南部属暖温带半湿润半干旱地区，北部属中温带干旱地区。

（2）相对地理位置

相对地理位置是指某地理事物相对于其他地理事物的位置。根据目的不同，可设置不同参照物来描述它们之间的位置关系。这个关系既包括方位的关系，又包括距离的关系。确定参照物是描述区域相对位置的关键，其本质是描述地理事物之间的空间关系，而对空间关系的认识涉及对地理规律的认识。比如，我国年降水量的空间分布呈现出从东南沿海向西北内陆递减的规律。

宁夏回族自治区的相对地理位置对其区域特征的影响：

宁夏回族自治区是我国大陆面积最小的省区，但对其相对位置的刻画却有很多角度。如位于地势阶梯的交接处，位于几大地形单元的交会处，位于我国历史上两大文明（农耕文明和游牧文明）的冲突地带等。正是这样的相对位置，使面积较小的宁夏回族自治区却有着丰富多样的地形、源远流长的历史传承、兼容并蓄的宗教文化，呈现出"小空间大乾坤"的区域特征。

一个区域的绝对位置和相对位置是不可分割的。当其绝对位置确定后，描述相对位置的参照物也就确定了。另外，对一个区域相对位置的刻画比对其绝对位置的描述更具价值。因为一个区域在绝对位置确定后，其区域特征受周围地理事物，包括其他区域的影响很大。比如，虽然纬度位置决定欧洲没有热带气候，但其气候类型及特征

初

中地理教师专业能力必修

Chu Zhong Di Li Jiao Shi Zhuan Ye Neng Li Bi Xiu

主要取决于相对位置，如位于大陆西岸、有北大西洋暖流经过的海陆位置，使欧洲大部分地区为温带海洋性气候。

所以，一个区域的相对地理位置更能反映出地理事物之间的空间关系。概括地讲，地理位置的实质就是地理事物之间的空间关系。帮助学生建立正确的空间概念，识别事物之间的空间关系，是认识区域、综合区域特征的开始，也是空间能力训练的重要组成部分。

2. 地理分布

地理分布是指地理事物在特定位置的空间存在。它包括客观要素存在，如区域内各种自然地理要素的分布（地形、生物、土壤、水文、气候等）；主观要素存在，如各种社会经济文化要素的分布（工农业生产、聚落、交通线、宗教等）。如果说地理位置的确定是回答某区域或地理要素"在哪里"的问题，那么地理分布则回答在此特定位置"有什么"的问题。

对某个特定区域而言，地理分布会涉及很多方面，如国家、人口、城市的分布，主要地形的分布，主要气候要素（气温、降水等）的分布，主要水系的分布，各种自然资源的分布，人类多种生产活动（工业、农业、交通等）的分布，等等。

地理分布的知识对于人们认识地理事物的空间位置、建立空间概念具有重要作用。在区域地理中，如果不清楚地理事物的分布，就很难准确把握区域特征。

对于地理分布，需要把握以下几点。

（1）地理事物（地理要素）的分布一定占据着特定空间，具有区域性，并且和地名联系密切，能具体反映在地图上。

（2）各种地理事物（地理要素）的分布不是孤立的，在一定区域内要注意其内在的空间结构关系。比如，山脉构成了中国地形的骨架，高原、盆地、平原等地形区分布在由不同走向山脉构成的网格中，这种关联性就构成了我国地形、地势的总体特征。

（3）地理事物（地理要素）的分布是有规律的，各种规律都有其成因。比如，我国年降水量总体空间分布规律是从东南沿海向西北内陆递减，原因在于夏季太平洋、印度洋与欧亚大陆的海陆热力性质差异，导致大洋与大陆的上空形成巨大的气压差，从而使夏季风从温暖而湿润的洋面带来丰富的水汽，在适当条件下降落至陆地形成降水。

宁夏回族自治区地理要素的分布状况包括以下内容。

地形要素分布：宁夏回族自治区地形南北狭长，地势南高北低，西部高差较大，东部起伏较缓。主要地形有山地、山间盆地、平原、高原与丘陵等。地貌复杂，山地迭起，盆地错落。宁夏平原是宁夏回族自治区境内最重要的地形单元，是在地堑结构上泥沙不断淤积的结果。

水文要素分布：宁夏回族自治区境内最主要的河流是黄河。此段黄河出黑山峡后，河道展宽、水流减缓且稳定，水位高于两侧平原，因此可自流灌溉。

气候要素分布：宁夏回族自治区位于我国西北内陆，大部分地区为干旱半干旱的温带大陆性气候，气温和降水由南向北递减。

民族分布：宁夏回族自治区是我国回族最集中的居住地，回族占总人口的1/3。随处可见有浓郁伊斯兰教特色的人文景观。

农业生产分布：北部引黄灌区地势平坦，可自流灌溉，被誉为"西部粮仓"；中部干旱带土地广袤，草原辽阔，日照充足，昼夜温差较大，农产品绝少污染，是发展特色旱作节水农业的适宜区；南部山区气候温和凉爽，雨热同步，水草丰美，物种多样，环境洁净，是发展生态农业的较佳区域。

······

教师指导学生全面、系统地梳理一个区域内地理要素的分布，目的有两个。一是"找砖瓦"。每一个地理要素就像是建房用的砖瓦，只有条分缕析地认识每一类砖瓦的材质、用途、功能，才能最大限度地发挥其作用。二是"搭房子"。砖瓦是搭建房子的物质基础，其价值体现在房子这一成果上。所以，梳理区域内分布的地理要素，最终是要建立要素之间的科学联系，搭建区域内外的地理系统。教师不仅要帮助学生回答区域内"有什么"地理要素，还要让他们能从学科视角回答这些要素"有什么关系"，并用结构图表现出来，这是正确认识区域地理特征、理解人地关系的重要保障。

宁夏回族自治区的地理位置与区域内地理事物的分布有什么关系？明确其位置与分布的价值何在？这两个问题的答案可用下面的结构图表现出来。

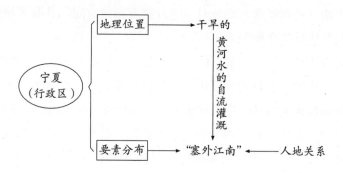

宁夏回族自治区地理位置与分布关系简图

3. 掌握地理位置与分布的工具——地图

地理的学科特点决定了地理空间思维的特点。地理事物和现象都分布在一定的空间中，地理问题大多能在地理图像中体现出来。地理图像是表示地理事物空间分布的主要形式，也是地理思维的重要载体。其中，地图就是最重要、最常见的地理图像。

展开一幅地图，地域范围、海陆分布、山河大势、城市分布、交通线路、资源物产……就展现在人们面前。地图是地理学科的"第二语言"，是学习和研究地理学科的工具，也是人们在日常生活和工作中不可缺少的工具。

地理事物（现象）是分布在地球表面的（球面坐标），而地图则是绘制在纸上的

（平面坐标），要得到一张平面地图，就要依据一定的数学法则，使用制图语言，通过制图综合完成。地图是表达地球上各种事物的空间分布、联系及发展变化状态的图形。

地图可以依据不同标准分类。按地图内容可分为普通地图和专题地图：常见的地形图、政区图都属于普通地图；人口分布图、等温线图、土地资源分布图等都属于专题地图。按地图比例尺大小，可分为大比例尺地图（≥1∶25万）、中比例尺地图（在1∶25万和1∶100万之间）、小比例尺地图（≤1∶100万）。根据地图显示区域范围，可分为世界地图、半球地图、国家地图等。根据地图的用途，可分为教学地图、军用地图、游览地图、交通地图等。

地图三要素包括方向、比例尺、图例和注记。方向：地图上表示方向的方法不尽相同，一般地图用"上北下南，左西右东"表示；绘有经纬网的地图，经线指示南北方向，纬线指示东西方向。比例尺：比例尺是地图上的距离与实际距离之比，表示地图上的长度比实际长度缩小的程度。图例和注记：它们是地图的特殊语言，借助符号、文字和数字等反映地理事物的本质特征。

地图是地理学习的重要工具，读图、析图是学习区域地理位置与分布的基本方法。学生永远不可能在同一时间直接看到该区域的真实位置及大量地理要素的空间分布，而地图则能表现空间的完整性和地理要素的丰富性，使区域的地理位置与地理要素分布一目了然，这就使地图在某种程度上大大优于教科书的文字阐述。

案例1

俄罗斯地域辽阔，是世界上陆地面积最大的国家。它不仅有其独特的区域特征，而且存在显著的内部差异。俄罗斯的农业、工业、人口、城市、交通、商贸等生产和生活活动深受自然环境影响。

如何帮助学生了解这个世界大国，认识该国人地关系，把握区域特征？地图是重要的信息载体，也是学生认知的重要途径。

中图版八年级下册教材在"俄罗斯"一节中配编的四幅地图，从多个侧面客观反映了俄罗斯的区域特征。为加强地图的学习与使用效果，编者有针对性地根据教学要求和地图内容，提出了不同问题（见下表）。

"俄罗斯"一节中的地图与问题

地图名称	相应问题
普通图《俄罗斯》	① 说明俄罗斯的经纬度位置和海陆位置。 ② 说明俄罗斯跨哪两个大洲，与哪些国家相邻。 ③ 说明俄罗斯首都是哪个城市，位于哪个大洲。
专题图《俄罗斯的农业》	① 找出北纬60°线，试说明为什么这条纬线附近是俄罗斯农业区域的北界。 ② 说明俄罗斯小麦、黑麦、亚麻、向日葵和甜菜的主要分布地区，试分析地形、气候对这些作物分布的影响。

地图名称	相应问题
专题图《俄罗斯工业区与铁路分布》	① 俄罗斯有哪些工业区？主要分布在乌拉尔山脉以西还是以东？ ② 俄罗斯各大工业区主要以什么运输方式相连？
专题图《俄罗斯人口分布》	① 俄罗斯的人口主要分布在欧洲部分还是亚洲部分？ ② 为什么俄罗斯有大面积的人口密度不足每平方千米1人的地区？那里的自然条件如何？

新课标指出，要"学习对生活有用的地理"，"学习对终身发展有用的地理"，要重视知识与技能的培养。因此，教师应帮助学生掌握阅读、分析、运用地图的一般方法，这是解决地理问题、提升学生地理素养、使学生适应社会发展需要的重要内容。

三、区域间的差异与联系

问题：

什么是区域间的差异与联系？

比较差异、建立联系的基本教学策略有哪些？

区域间的差异与联系也是地理学科学习的主要内容。

1. 区域间的差异

区域间的差异是指两个或多个区域之间的自然、社会经济等方面的差异。从总体上看，全球地理环境是一个统一的整体，但这个整体的不同地区却经常表现出显著的区域差异。所以说，差异是绝对的，在地球上不可能存在两个自然状况完全相同的区域。

地球在宇宙中的位置、地球的形状和大小、地球的自转和公转运动、地球内动力和外动力作用等诸多因素，都会导致组成自然环境的各要素分布与运动的不均衡，这种不均衡就带来了自然环境的地域差异。

自然环境是人类赖以生存和发展的基础，是社会发展不可缺少的外部条件，甚至在某些场合，自然环境还成为人类活动的决定性条件。因此，自然环境的地域差异就构成了人类进行各种区域活动的"基本舞台和框架"。

分析区域差异的一般顺序：（1）区域空间定位（纬度位置与海陆位置）；（2）归纳区域内的气候、地形、水文、植被等自然地理要素特征；（3）区域差异比较（区域发展条件的优劣评价、区域经济发展状况分析与预测等）；（4）探索区域差异形成的原因。

案例 2

中国三大自然区

气候和地貌是决定我国自然地理环境差异的两个基本因素。这两个要素存在明显的地域差异：地貌——由于复杂的地质作用，使我国地势西高东低，呈三级阶梯状分布；气候——气温受太阳辐射在地球表面分布的影响，呈现出年平均气温由南向北递减的特点，同时受青藏高原地势高的影响，等温线在青藏高原出现转向。降水受海陆位置的影响，年降水量从东南向西北方向递减。

我国地理工作者以这两个自然地理要素为主，综合其他要素，将全国划分为三大自然区：东部季风区、西北干旱半干旱区、青藏高寒区。每一自然区有突出的总体性区域特征，其内部又存在着地域差异，因此可再划分为次一级自然区域，以东部季风区为例（见下表）。

我国东部季风区的内部差异

自然区		地表景观			
		地　貌	气　候	植　被	土　壤
东部季风区	北方地区	东北温带湿润、半湿润地区	具有平原广布而三面环山的马蹄形结构	寒温带、温带大陆性季风气候	以针叶林和针阔混交林及草甸草原为特色	分布有肥沃的土壤，如黑土
		界线		日均温≥10℃　积温3200℃等值线		
		华北暖温带湿润、半湿润地区	以大平原和高原为主，地势西高东低	暖温带大陆性季风气候	以落叶阔叶林为主	黄土分布广泛
	界线	秦岭—淮河一线（或最冷月0℃等温线、日均温≥10℃　积温4500℃等值线）				
	南方地区	华中亚热带湿润地区	地貌结构复杂，以山地、丘陵与盆地为主	湿热的亚热带季风气候	以常绿阔叶林为主	肥力较低
		界线		邻近日均温≥10℃　积温7500℃等值线		
		华南热带湿润地区	多低山、丘陵	热带季风气候	常年青绿，季相变化不明显（热带季雨林）	土壤淋溶性强

地域差异是客观存在的，区域差异则是人为比较出来的，认识区域间的差异可以用比较的方法。

比较是确定对象之间同异关系的一种科学的研究方法。其客观基础是事物之间的同一性和差异性，所以科学比较是在相互联系中认识事物的一种方法。

区域间差异比较的一般步骤为：（1）根据需求，明确目的；（2）依据目的，选择指标；（3）突出要素，比较现象；（4）概况现象，比较本质。

案例3

青藏高原地势高峻，气候寒冷，是我国独特的一级自然区。海拔一般在4500米以上，空气稀薄，日照充足，年平均气温一般在 $-4℃$ 以下。其地域辽阔，内部有明显的自然环境差异。

当地如何因地制宜进行农业生产，是人们认识自然的目的之一。影响农业生产的自然条件有气候、地形、土壤等，对青藏高原而言，因地势高，热量和降水就成为制约农业生产的限制性因素。因此，人们选择海拔（地形）、降水量为自然区划指标，观察、比较其空间分布特点（见下图）。图甲是青藏高原降水量分布图，图乙是青藏高原地形剖面示意图，从图中可以发现，高原的东南部和西北部有着较明显的区域差异。

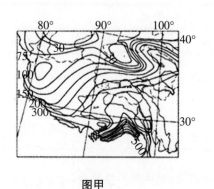

图甲

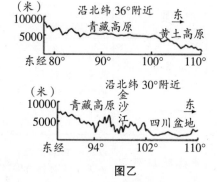

图乙

西北部地势较高，是较完整的高原；东南部地势较低，为南北走向的高山峡谷，下半年有印度洋和大西洋的水汽进入。因此，东南边缘海拔较低的河谷中四季温暖，降水较多，而西北寒冷干旱。

通过两区域若干自然地理要素的比较，可以概括出青藏高原东南部适宜在河谷地区发展种植业，西北部适宜发展畜牧业。

当地的人们通过对青藏高原内部自然环境差异的科学比较，实现了因地制宜的农业生产，从而使人地关系协调发展。

2. 认清差异，因地制宜

人们的生活、生产活动是在一定区域中进行的。人类活动在一定程度上受自然条件的制约，从而使不同区域的人类活动（经济活动、社会活动、文化活动等）表现出相应的差异性。人们在比较中认识区域间差异的目的之一，就是为了把握本区域的地理环境特征，制订合理有效的区域发展战略，因地制宜地开展区域建设，最终实现人地关系的和谐发展。

"因地制宜"一词出自汉代赵晔《吴越春秋·阖闾内传》："夫筑城郭，立仓库，因地制宜，岂有天气之数以威邻国者乎？"由此可以看出，"因地制宜"一词强调人们对区域资源的优化配置，从而使人们按客观规律办事。因地制宜是区域可持续发展的前提，是人地关系协调的保障。

案例 4

日本是经济大国、资源小国，这就决定了日本工业所需的原料、燃料主要来自国外。日本海沿岸海岸线平直，少优良港湾，太平洋沿岸海岸线曲折，多优良港湾，且科技先进，造船业发达，为工业分布在沿海地区提供了有利条件。从影响工业布局的因素看，日本的这种临海型布局方式，就是利用其优越的海洋运输条件，从海外运进铁矿石、石油等原料和燃料，工业产品主要销往国际市场，便于节省运费，降低生产成本，提高经济效益。

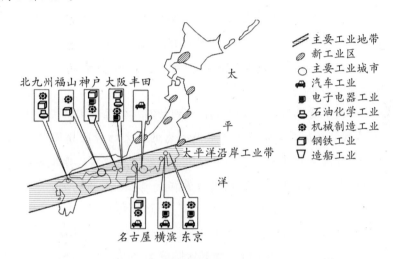

日本工业部门及分布

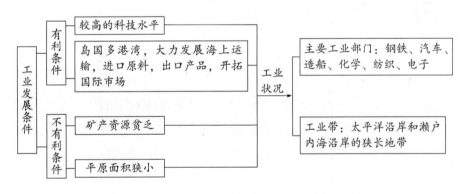

日本工业结构图

日本扬长避短，成功开发、利用了本国地理环境，达到发展经济的目的，是因地制宜、协调人地关系的成功范例。

3. 区域间的联系

区域一般具有开放性、差异性、层次性和整体性等特征，其中，开放性是指区域之间是相互联系的。区域间存在差异是客观的，因此必然在区域之间出现物质的迁移、能量的交换和信息的传递等一系列动态变化。这种变化的方向、速率和强度，是由地理梯度的组成和大小决定的。地理梯度有各种各样的表现：气压梯度、重力梯度、温度梯度、浓度梯度、湿度梯度、人口梯度、经济梯度、社会梯度、生活标准梯度等，它们都是造成各类自然地理过程、人文地理过程的基础动力。当区域之间具备沟通渠道，包括物质的和非物质的，如交通线、通讯网络、有关政策等，在两地之间就会出现地理流形式的区域间联系，如人员的流动、资源的调配、信息的传递等。地理梯度越大，地理流就越强；反之，则越弱。地理流的存在最终将导致存在地理流的两个区域出现结构与功能的变化。

案例5

大气降水是水资源最重要的补给形式，我国降水存在空间分布不均和时间分配不均的特点。其中，我国东部地区水资源有南多北少、夏秋季多冬春季少的特点。而人们对水资源的需求和消耗则几乎没有地域差异和季节差异。因此，人们对水资源的需求与自然界对水资源的补给之间存在巨大矛盾。

我国北方地区因水资源缺乏，生产发展受到制约，甚至人们的生活用水也不充足。"南水北调"是为缓解我国北方水资源不足而采取的最大的跨区域调配工程。"南水北调"的总体布局为分别从长江上、中、下游调水，以适应西北、华北各地的发展需要。工程分东、中、西三条调水线路，建成后与长江、淮河、黄河、海河相互连接，构成我国水资源"四横三纵、南北调配、东西互济"的总体格局。

区域发展战略是区域地理的核心，在区域地理教学中，"发现地理差异现象—寻找沟通渠道—分析地理流动方向与强度—找到区际联系的途径—预测区域发展前景"，是教师要帮助学生建立的主要思考路径。

专题三　对学科专业技能的训练

技能被认为是"通过练习、重复和反省而习得的体能、心能或社会能力；个体对这种能力的提高也许是无止境的"。由此可见，技能是可以按照一定的操作规则或操作次序，经过练习，形成完成某种认知任务或操作任务的能力。地理教学技能是地理教师有效地将地理教学内容和地理学习方法传授给学生，并以提高学生的地理技能和思维能力为着眼点的教学本领和技巧的总称。它是地理教师专业化发展的重要组成部分，是可以通过学习和训练而获得的。学科专业技能对地理教师来说非常重要，因为教师专业素质的高低直接影响着学科专业化发展，加强地理学科技能训练成为当前教师专业成长的当务之急。本专题从地理学科专业的角度，侧重于突出地理特色的专业技能训练，主要包括运用地理图表技能、地理课堂教学"三板"技能、地理课外学习实践活动组织指导技能、地理课堂教学语言技能、多媒体制作和使用技能等。

一、运用地理图表技能

问题：

常见的地理教学用图有哪些？

在地理课堂教学中如何选图、指图、读图？

地理学科的特性决定了地理图表不仅是地理教材的有机组成部分，而且是地理教学的重要工具。地理图表中蕴含着丰富的地理学科知识及人文素养知识。地理图表最大的特点是形象、直观，既可表示地理事物的空间位置和相互关系，又能表示地理事物空间和时间的动态变化，将抽象的地理概念和零碎的地理知识具体化、形象化，能在地理教学中对学生产生强烈的吸引力。在根据新课标编写的新教材中，地理图表的比例大量增加，新课标也特别强调学生读图及运用图表分析地理问题的实践能力，这对教师运用地图的能力有了更高的要求。这就需要地理教师能够根据教学内容和学生特点，正确选择各种地理教学用图，掌握规范的指图技巧，熟悉各种类型地理图表的识图方法；能够用地理图表灵活地提出和讲解地理问题，引导学生运用地理图表获得地理知识，提高他们分析问题、解决问题的能力。能否熟练使用地理图表进行地理教学，是衡量地理教师教学能力的重要标志之一。

地理图表的类型多种多样，常见的教学用图有以下几种类型。

地理分布图——最重要的教学用图，如地形图、山河与气候等自然地理分布图，政区图、人口与城市等人文地理分布图等。

地理原理图——用以表达地理事物的演变规律及运动过程，如地球公转图、地形雨示意图等主题地图。

剖面图——用以揭示地理事物的内部构造及其在水平和垂直方向的分布规律，如地形、地质、土壤剖面图等。

地理模式图——用以表示地理事物的一般分布规律，是地理分布图、原理图的特殊形式。如世界洋流模式图、太阳系模式图等。

地理统计图——用以表示地理要素的时空分布与变化规律。主要形式有柱状图、曲线图、折线图、扇形图等。

自然景观图——有表示地形形态的景观图，如风蚀蘑菇、冰蚀地貌、火山等；有表示典型植物的景观图，如波巴布树、纺锤树、合欢树等；有表示典型动物的景观图，如河马、大象、袋鼠等。

人文景观图——用以反映人类生产、生活、宗教、文化等活动的图，如西亚的村庄图、巴西狂欢节盛况图、因纽特人的生活图等。

地理漫画——20 世纪 80 年代兴起，多以人口、资源、环境等问题为主题，提醒人们珍惜资源，保护环境，正确处理人地关系。如《拒绝贺卡》《垃圾分类》《小鸟的悲哀》等地理漫画。

1. 正确选择地图

地理教学中对于地图的选用有一定要求。

（1）选图恰当，紧扣教材。课堂用图要根据课堂教学目标要求，选择紧扣教学主题，能够与教师讲解相互照应的地图。

（2）选图要繁简得当，简明扼要。选用教学用图时，主辅图要明确，主图所反映的地理内容要重点突出，主题明确；辅图配合主图使用，要控制数量，内容也要简单明了。过于繁多的图表或主题不明确的图，容易分散学生的注意力，影响教学效果。

（3）选图要美观，科学规范。色彩鲜艳、符号生动形象的地理图表容易吸引学生的注意力，使学生印象深刻。我们所使用的地理图表大多数由专业地图制作人员制作，但是目前在教学中，我们往往会根据教学内容，引用一些非专业人员制作的图表，这就要求我们在选用时要注意地理图表的科学性、准确性、规范性。

2. 规范的指图技巧

指图时需要专门的指图工具，如教鞭、激光笔、指图杆等，要避免用手指指图。指图时教师应站在图的一侧，身体直面学生，不要挡住学生的视线。教师要对指示的地理事物的位置、范围、分布、特点非常熟悉，指图时才能做到准确、及时、到位。指图的同时还要配合相应的语言，要与学生观察、思考、记忆的速度合拍。讲解过程中，教师还要注意与学生交流，及时掌握学生的学习状况。指图工具的移动要规范，能够准确地区分地理事物反映在地图上的点、线、面，不要把指图工具握在手中比画或晃动，以免分散学生的注意力。指图时尤其需要注意以下几点：

（1）需要指"点"的地理事物，要在地图上指准表示该地理事物的图例"点"，如城市、港口、矿产等。

（2）需要指"线"的地理事物，要按照地理事物的规律或约定俗成的规律去指，如指河流要顺流由源头指向河口一线，指山脉要沿山脉走向指示，指铁路线要沿起点到终点指示。

（3）需要指"面"的地理事物，如指示国家、海洋等区域时，一般按顺时针或逆时针方向顺着国界线、海岸线指一圈。

3. 地理读图技能的指导

初中地理以区域地理为主，空间概念的建立、空间想象和思维能力的培养尤为重要。初中地理学习应加强对学生地理图表知识学习的指导，应将文字材料、地图和数据表格等材料融为一体，充分发挥地图在地理学科中的作用，培养学生从材料和图表中提取有用信息和整理信息的能力。

从地理图表中获取各种地理信息，需要掌握读图的基本方法。读图，就是随着识图能力的提高，学生依据读图规范，用语言或文字表述出地图的内容，即把地图的形象语言转化成文字语言的过程。正确的读图方法是提高地理教学效率的有力保证，是地理教学的基础，是学生使用地理图表知识和提高读图技能的重要前提。

一般来说，在指导学生读图的过程中，应采取以下步骤。

（1）首先读图名，因为图名代表着一幅地图的主题和重点，先读图名能够开门见山、直奔主题。

（2）阅读图例、比例尺及方向，图例是阅读地图的一把"钥匙"，阅读和熟记重要的图例是轻松获取图中信息的基础。

（3）阅读图表的主体——地理要素。这一部分是读图的重点所在，一般先进行概略性浏览，对整个图表有一个初步印象，了解图中包含的一些最基本的地理要素，如基本地形、气候、水文、植被、居民点、交通、城市等，然后按照主题内容进行详细阅读，重点读出地理事物的分布规律及变化情况。

（4）阅读一些补充材料，如图旁、图下的一些文字解释及重点说明，增强对主题的认识。

（5）对阅读结果进行综合分析。

教学中教师要引导学生利用地图积极思考，发现问题，提出问题。地图是客观事物的反映，它包含着丰富的地理信息，引导学生思考各种信息的相互关系以提高他们综合解决问题的能力。

如阅读《世界人口分布图》时，可按这样的步骤。第一步，阅读图名。明确主题，知道阅读本图的目的是了解世界人口的分布特点。第二步，阅读图例。从图例可以知道不同颜色的图例代表不同的人口密度。第三步，阅读图表的主体——世界人口分布特点。学生很容易看出亚洲东部与南部、欧洲、北美洲东部等地区人口稠密。第四步，阅读补充材料。该图有两条文字解释，提示为什么这些地区人口稠密，为分析成因做了铺垫。第五步，对阅读结果进行综合分析。为什么这些地区人口稠密呢？这时教师可以先提出人们的生活和工作受哪些因素影响比较大，让学生各抒己见后再总结——不外乎自然因素和社会因素两方面。然后让学生回顾五带分布图，得出世界人口稠密地区大部分位于北温带，再回顾地形图得出世界人口稠密区大部分位于平原广阔的近海地区。最后适时引导学生得出：世界人口集中分布在自然条件好的温暖湿润的平原地区，这些地区农业发达，工业、交通、城市进一步发展，就形成了人口稠密区。这样鼓励学生认真观察地图，深入思考，发现问题，提出问题，最终解决问题。

配合各类教学用图，初中阶段学生还配有人手一册的地图册和地理填充图。这里简单介绍一下地图册和地理填充图的使用技能。

初中阶段学生地图册包括《中国地图册》《世界地图册》两套，它以地理教材为依据，在图幅内容和编排次序等方面与教材体系结构具有一致性，与课本紧密配合、互相补充，同时，它与课文插图各有侧重，统筹安排，保持着自己的相对独立性。在学生掌握读图方法之后，它就是"第二教科书"。对于初学地理、尚未接触过地图的学生来说，必须在教师的指导下，由教师在挂图上做示范性讲解，然后再让学生在地图册中找出相应的符号和注记名称。教师每指一个符号，先让学生看清它在图上所处的位置，然后再让学生在图册的地图中找到它相应的位置，这时教师的示范作用是很重要的。在此基础上，学生再学习辨识地图册上的地图，熟悉读图步骤。在指导学生使用地图册时，要注意按照读图步骤，引导学生养成有序读图的习惯。按先后顺序读图，有利于维持教学秩序，有利于学生形成有条不紊的思路，有利于学生形成良好的地理学习习惯。教师使用地图册时一定要组织好课堂，防止学生乱看、乱翻，分散注意力，影响教学效果。

地理填充图是专供学生独立填绘各种地理事物，以巩固所学地理知识的一种地理作业图。另外，它也可在讲授新知识的过程中供师生边讲边练、讲练结合，作为学习新知识的手段，还可在复习旧知识时作为练习材料。教师指导学生填图时要注意：第一，明确填图时的基本要求，养成规范化习惯，如注记符号规范、位置准确、字体端正、大小匀称、排列整齐、色彩协调。第二，布置填图作业时，要让学生明确填绘的目的、要求和方法。要求学生在做填图作业之前，结合课本插图和地图册复习有关课文，先熟悉填绘对象的名称、位置、范围和分布特点，然后独立完成填图作业，防止盲目乱填或不加思考、机械照搬。

二、地理课堂教学"三板"技能

问题：

板书有哪些类型？它的设计原则是什么？需要注意什么问题？

板图板画的类型有哪些？在实践过程中需要注意哪些技能技巧？

初中地理教师专业能力必修

Chu Zhong Di Li Jiao Shi Zhuan Ye Neng Li Bi Xiu

地理课堂教学中的板书、板图、板画，统称为地理的"三板"教学。"三板"是地理教师营造地理教学环境，使课堂充满"地理味儿"的重要手段。现在虽然有了许多现代化教学手段，教学设备也在不断更新，但黑板和粉笔仍是教学中最常规和最得力的工具，地理教师的"三板"教学技能水平与课堂教学质量直接相关。因此说，"三板"教学技能是地理课堂教学不可缺少的有机组成部分。

1. 板书技能

地理教师的板书技能是指地理教师在备课过程中，通过深入钻研教材，根据教学目标认真构思、反复推敲、精心设计，然后运用文字、符号、图表等形式在黑板上呈现出来的教学要点和讲授提纲。地理教学板书以黑板为文字、符号信息的载体，是地理教学内容的精华，是构成地理知识的骨架。板书的设计和使用是地理教师必须掌握的基本技能。

（1）板书设计的基本原则

地理教学板书的设计，必须以新课标为准绳，以地理教科书为依据，具备科学性、启发性、整体性、艺术性等特点。

① 科学性原则

科学性是地理教学板书设计的根本原则。地理教学板书的科学性，主要体现在内容的严谨性和结构的合理性两方面。板书设计是以文字正确表达地理基本知识、基本概念和基本原理，是从教材中提炼出来的精华，要求脉络清晰、高度概括。这就必须对板书中的字、词、句、符号等精心琢磨、反复推敲、认真筛选，保证板书准确、精练。

② 启发性原则

启发学生积极思考，培养其思维能力，是地理教学板书的重要任务之一。为此，教师必须认真钻研教材，在把握教材内容实质及其内在联系的基础上，构建知识框架。在教学中，教师应通过板书引导学生掌握分析、综合、比较、概括、判断、推理等思维形式，有效地培养、提高学生的地理思维能力。

③ 整体性原则

地理教学板书要精心安排，合理布局，科学地利用版面，使板书具有鲜明的整体性。一般应按照"左图右书"的习惯，板书居中，左部置图，右部书写地理名词、术语，给人以均衡对称的整体感，要避免板书铺满黑板，给人无计划、无整体格局的感觉。

④ 艺术性原则

地理板书作为一件教学艺术品，要给人以艺术的享受。字体工整美观、语言准确精练的板书可以吸引学生的注意力；纲目清晰、层次分明、结构合理的板书可以给学生留下深刻印象；符号美观、色彩醒目、图文并茂的板书可以给学生以艺术的享受。总之，好的板书可以激发学生学习的欲望，提高课堂教学效果。

（2）地理板书的基本类型

① 根据教学主次分类

正板书：正板书是整个课堂板书的骨架，主要用于书写教学内容的提纲，要求文字简洁、高度概括。内容一般由教材的章节顺序、教学内容纲要、主要概念公式等组成，能体现教材的重难点，通常使用黑板的中间部分，占黑板面积的二分之一至四分之三。

副板书：副板书是对正板书的补充和辅助说明，或在教学进程中对学生听不懂、看不清的问题进行的注释。副板书可以是随时写上的文字，启发思维的草图、板图、板画等，一般写在正板书两侧。

② 根据板书的表现形式分类

纲目式板书：这是一种传统的板书方式，简明扼要，重点突出，条理清晰，能使学生通过板书了解教学内容的要求和顺序。通常是根据教材内容列出纲目，区分并按标题的等级层次组合成一个完整的知识体系。但这种板书较难反映地理事物的前因后果和相互关系。

案例1

人教版七年级上册"世界的语言和宗教"一节的板书可以设计成如下形式。

第四章　居民与聚落

第二节　世界的语言和宗教

一、世界的语言

1. 主要语言：汉语、英语、法语、俄语、西班牙语、阿拉伯语等

2. 使用人数最多的语言：汉语

3. 使用范围最广的语言：英语

二、世界的宗教

1. 三大宗教：基督教、伊斯兰教、佛教

2. 发源地：

（1）基督教：亚洲西部

（2）伊斯兰教：阿拉伯半岛

（3）佛教：古印度

3. 主要分布地区：

（1）基督教：欧洲、美洲、大洋洲

（2）伊斯兰教：亚洲西部与东南部、非洲北部和东部

（3）佛教：亚洲东部和东南部

结构式板书：将教材内容梳理成互有联系的、统一的知识结构体系的板书，称为结构式板书。这种板书有利于学生对地理事物的内在联系进行分析，有利于学生抓住特征，理解、记忆地理知识，提高综合分析能力。

案例 2

人教版七年级下册"日本"一节中，对日本的工业集中分布在太平洋沿岸和濑户内海沿岸的主要原因的分析时，可以呈现结构式板书（见下图）。

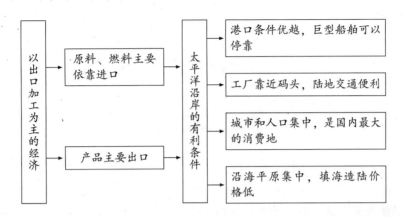

表格式板书：在讲地理事物之间、地域之间的显著差异或共同特征的教材内容时，宜采用表格式板书。这种板书条块清楚，对比性强，简洁易读，有利于学生在对比中掌握地理事物的共同特征和差异，发展比较思维。

案例 3

在讲解北方地区与南方地区的差异时，可以呈现表格式板书（见下表）。

		北方地区	南方地区
自然条件差异	主要地形	黄土高原、东北平原、华北平原、山地	云贵高原、四川盆地、长江中下游平原、丘陵
	一月气温	低于 0℃	高于 0℃
	年降水量	较少，少于 800 毫米	较多，多于 800 毫米
	河流	流量小、汛期短、有结冰期	流量大、汛期长、无结冰期
	典型植被类型	温带落叶阔叶林	亚热带常绿阔叶林
农耕制度	耕作方式	旱地	水田
	作物熟制	一年一熟或两年三熟	一年两熟或三熟
	主要农作物	小麦、大豆等	水稻、油菜、甘蔗等
	传统运输方式	陆路运输为主	水运条件便利
	传统民居	屋顶坡度较小，墙体较厚	屋顶坡度较大，墙体较高

图解式板书：图解式板书是将文字和地理略图或地理示意图有机地结合起来，或以略图和示意图为主，配以简要文字。这种板书形象直观，能生动形象地再现原文。

案例 4

讲解新疆的"三山夹两盆"地形时，可以以图解式板书的形式呈现（见下图）。

韵律式板书：对于内在联系差、机械记忆多、知识密度大的教学内容，可采用韵律式板书。把一些繁重复杂的教学内容改编成合辙押韵、朗朗上口的诗句让学生记忆，可以活跃课堂教学气氛，调动学生学习积极性。

案例 5

中国各省级行政单位的简称是中国地理的一个教学难点，采用顺口溜的形式掌握起来就相对容易得出。中国 34 个省级行政单位简称：黑吉辽蒙陕甘宁，晋冀鲁豫苏浙皖，台闽粤桂湘鄂赣，青新藏蜀滇黔琼，京津沪渝港澳。

（3）板书设计注意事项

① 板书是备课内容的组成部分，是在课前认真备课的基础上，根据教学需要设计的。在实际运用过程中，有时会出现版面不够、布局不合理等问题，需要教师在实践中不断积累经验。经验不足的教师，可以进行课前试写；经验丰富的教师在书写过程中，可以根据实际教学状况适当地增减或调整板书内容，但必须保证板书内容的系统性和完整性。

② 板书字号大小要以教室后排正常视力的学生能看清为宜；字体一般介于楷书与行书之间，字迹要端正，符号要清晰，不龙飞凤舞，乱写乱画；书写要规范，必须严格按照国家颁布的汉字简化方案和标点符号规范板书，不能自行造字，也不能使用异体字、繁体字，更不能出现错别字；每行板书不宜过长，一般不要超过黑板长度的四分之一。

③ 正确处理板书的书写与讲解的关系。板书书写时间要根据教学需要而定，教师有时要边讲边写，有时先写板书然后讲解，有时先讲解后写板书，总之要根据教学的实际情况确定板书出现的最佳时间。教学中要避免因讲解而忘记板书，然后再去补写，或因为板书过多而影响讲解的时间，或边讲边写边擦，要克服板书中的随意性和盲目性。

2. **板图、板画技能**

地理板图又叫地理黑板图，是地理教师在教学过程中，凭借自己的记忆和熟练的技巧，用简单的工具和简练的笔法，把复杂的地理事物和现象迅速描绘在黑板上的简略地理图画。主要包括地理略图、形态图、剖面图和过程图等类型。其中，后三种又被称为地理板画。地理板图、板画只取形似，不计细节，旨在抓住特征，突出重点，说明地理问题。板图、板画的运用是地理教学中不可忽视的重要手段，它对激发动机、培养兴趣、活跃思维、开发智力、锻炼能力、提高审美情趣、加深课堂印象、强化记忆效果等诸多方面都起到显著的作用。熟练掌握绘图和用图的技能是衡量地理教师素质的一个重要标准，也是提高地理课堂教学水平的一个有效途径。

（1）板图、板画的设计原则

① 科学性

科学性是评估地理教学板图、板画的第一标准。地理板图、板画的目的是更好地讲授和帮助学生理解地理科学知识，所以它的科学性对于每一幅图画都应当是最重要的。毫不夸张地说，画面上的每一根线条都应该有它实在的科学含义。为了突出地理特征，在作图过程中，允许适当加以简化或夸张，但是，这种简化和夸张是有条件和有限度的，即以不损害板图、板画的科学性为前提。

② 简明性

简明性是地理板图、板画的鲜明特色和突出优势。由于课堂时间的限制和教学内容的要求，板图、板画应当有选择地表达主题，即把最要紧的东西突出表现出来，次要部分从略，做到既简又明，力求方便、实用、高效。

③ 地理性

地理板图、板画要围绕地理教材中的重点、难点、疑点、关键点来设计，以突出地理性。如中国轮廓略图、新疆地形略图等板图都具有鲜明的地理性。

④ 美观性

线条流畅、色彩鲜明、布局和谐的板图和板画能使人心情愉快，因此在进行以黑板为背景的板图、板画设计时，要考虑色彩的搭配、色调的和谐、画面的均衡、布局的合理，让板图、板画成为会说话的"活"图。

（2）板图、板画的常用类型及画法

① 按照板图的形态分类

几何略图：几何略图是用三角形、矩形、梯形、圆形等几何图形来表示某一区域的轮廓，是表示区域范围和位置的最简单的方法。这种画法轮廓误差较大，但相对位置和面积比例比较正确，最适宜表现地理事物的分布状况和特征。

案例 6

帮助学生熟悉、认识世界大洲的几何轮廓和分布状况（南极洲除外）的世界大洲轮廓图（见下页图）：

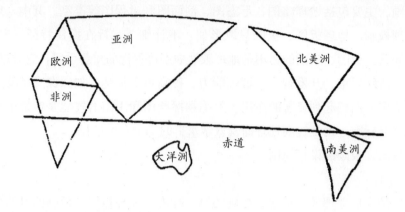

折线图：折线法是教师在舍去原图轮廓细小弯曲的情况下，用简单的折线构成略图的方法。

案例7

澳大利亚略图（见下图）：

曲线图：这是一种用弯曲、流畅的曲线描绘的黑板略图，比折线图准确、直观，经常在地理课堂教学中使用，也经常作为各地地理教师基本功技能大赛的项目，如大洲轮廓图、国家轮廓图、省级行政区轮廓图等。曲线图，一般是在折线图的基础上，逐段加工而成的，需要教师认真观察一些重要区域的轮廓图，抓住其特征并把它简化为一些简单的图形，建立整体框架概念，在此基础上反复练习，用时才能得心应手。

案例8

中国轮廓图的画法：

首先，要熟悉中国轮廓图，能在脑中熟记其轮廓，画图时要设计好笔画起止部位。笔画的原则应该是画起来顺畅，同时照顾全图的形状和比例。从阿尔泰山开始，第一笔沿西、南国界画到中越国界的北仑河口；第二笔沿北、东边界向西与第一笔重合，然后再另笔画出台湾、海南岛，即画完全图。

其次，要控制好相互间的位置关系。根据图形轮廓特征和山脉河流等的走向大势，找出图形上明显凸出或凹进的部位及山脉河流等相互之间的位置关系，作为一些控制点或线依次描绘，才能画出较正确的图形并填绘内容。如在中国轮廓图上帕米尔高原与辽东半岛东西相对应，西北角与东北角相对应，北仑河口与中蒙国界的最南点都在中轴线上等。

② 板画的分类

形态画：形态画是教师在黑板上用简易的笔法表示各种地理事物外部形态的一种静态景观素描图。

案例 9

动物、植物、景观地貌等素描图（见下图）：

过程画：过程画是教师用简单的笔法画出地理事物和现象发生、发展、变化的过程，一般是边画边讲形成过程。

案例 10

锋面雨成因示意图（见下图）：

动态画：动态画是教师在黑板上用简易的笔法显示地理事物和现象运动状态的板画，画的过程中要注意用简单的线条和箭头表示出地理事物的运动状态和方向。

案例 11

海陆间水循环示意图（见下图）：

（3）板图、板画运用的注意事项

① 教师在备课时，对将要在课堂上用到的板图、板画要做好充分的准备，力求快速、简明、美观，初学者要反复实践，才能做到水到渠成。

② 图画的色彩力求与相关地理事物的色彩一致。如用蓝色表示江河湖海，绿色表

示植物，黄色表示土地、岩石；暖流用红色箭头，寒流用蓝色箭头等。

③ 板图、板画一般是随讲随画，对于绘图过程来说，必须要快，但不可急于求成。在讲的过程中不断填注新的内容，同时还要做画面分析，说明各种符号的含义，讲清相关地理事物的特征和联系，以便学生的认识由浅入深，根据作图的步骤进行思维，从而理解问题并获得清晰深刻的记忆。

三、地理课外学习实践活动组织指导技能

问题：

地理课外学习实践活动有哪些类型？

活动前教师应该做哪些准备？活动中如何指导？活动后如何总结？

地理课外学习实践活动，不同于一般意义上学校组织的学科课外活动，它是指为完成新课标规定的教学任务和内容，在教师指导下，借助现实情境，在课堂教学之外开展的与地理学习有关的各种活动的总称。"地理性"是与其他各种课外活动区分开的本质属性。地理课外学习实践活动，要求教师应具有比较扎实的地理专业知识，有开展地理研究的能力和较强的组织能力。地理课外学习实践活动的组织与管理是教师必备的教学技能。

1. 常见的地理课外学习实践活动

地理课外学习实践活动的开展可在校外，也可在校内；可在室外，也可在室内；可个别学生自愿参加，也可全体学生同时参加；可集中时间进行，也可进行长期活动。地理课外学习实践活动的形式多样，如地理参观活动、地理观测活动、地理调查活动、地理制作活动等。

（1）地理参观活动

地理参观活动是指学生在教师的指导下，对地理环境中与新课标有关的自然地理景观和人文地理景观，进行现场仔细观看的地理课外学习实践活动。通过现场参观，学生感受相关地理问题的真实状况，对于他们的情感态度与价值观的教育有着非常重要的意义。

根据当地的条件，可组织学生参观：① 自然地理景观，如当地地质地貌、水文、气象、动物、植物等；② 人文地理景观，如当地各类博物馆、历史古迹、著名建筑工程、风土人情、工农业生产、交通运输等。

（2）地理观测活动

地理观测活动是指教师指导学生借助仪器观察、观测地理事物和现象，是对地理事物和现象的深入观察、测量、分析、研究活动。

地理观测活动主要包括天文观测、气象观测、地震观测、水文观测、大气降尘观测等。目前在中学普遍开展的是天文观测和气象观测活动。

案例 12

天文观测活动

一、天文观测的主要内容

学校有计划地组织学生进行天文观测活动，对学生加深对地球运动的理解、加强理论联系实际的能力、扩大知识领域、培养热爱科学的精神都具有重要作用。

天文观测的内容非常丰富。在地理活动中可组织学生观察日食、月食等天文现象，也可以组织学生观察大熊座、仙后座等著名星座。

教师组织学生进行天文观测时，要注意做好组织工作，提出观测的目的和要求，拟订观测的程序和项目，准备好观测用具、记录表格，交代注意事项等，在晚上观测一定要注意安全。

二、组织学生参加天文观测的技能方法

1. 观察日食、月食的方法

首先，观测前要了解日食和月食的形成。在太阳的照射下，地球和月球都拖着一条很长的阴影。因为它们都比太阳小得多，所以影子的主要部分都是一个以其顶点背向太阳的圆锥。在这个影区内，照不到太阳光，叫作本影。本影周围被一个比它大得多的、倒置的影锥所包围，在这部分影区内，能见到部分太阳光盘，因而并不完全黑暗，所以叫半影。本影的延伸部分叫伪本影，边缘较明亮。影子伴随各自的天体而运动。当月球的影子扫过地球表面时，被月影笼罩的地区出现日食；当月球隐入地球本影时，出现月食。日食有三种情形，即日全食、日偏食和日环食，它取决于月球影子的哪一部分到达地面：当月球的本影扫过地面时，那部分地区的人们会看到整个日轮被月球遮蔽，这是日全食；在被月球半影笼罩的地区，人们看到太阳光盘部分地被月球遮掩，这是日偏食；如果月球本影扫不到地面，在月球伪本影笼罩的地区，月球只遮掩了太阳的中心部分，还能看到日轮边缘，则叫日环食。发生日全食和日环食时，必定先后发生日偏食。月食只分为月全食和月偏食，而无月环食。当月球全部隐入地球本影时，发生月全食；若月球只是部分隐入地球本影，则发生月偏食。月球进入地球半影时，不会发生月食。

其次，要让学生清楚观察日食、月食的意义和观测方法。观测日食时，由于阳光强烈，如用望远镜，可把太阳像投影在纸上观察，而不能直接用肉眼通过望远镜观察太阳，否则会灼伤眼睛，甚至造成失明。若无望远镜，可在一块小玻璃上均匀地涂上一层墨汁，这样既能看清日轮，又不会刺眼。还可用废照相底片挡住眼睛观看，或戴上深色太阳镜观看。

除此之外，观测过程中还要认真记录观测过程。

2. 星座观测方法

观测星座要配合星空图进行。在进行星座观测前，应要求学生回忆星座的概念，熟悉星空图及其使用方法。由于不同纬度各月星空图都不相同，要根据实际情况选择适合本地当时观测的星图。还要选择有利于观测的地形位置，并选择在晴朗无云的夜晚进行。在观测时可用电筒光束指示观测辨认的星座。恒星星光闪烁不定，相对位置长时间基本不变。认识星座，一般的方法是认识各星座的亮星构成的图形。开始时，可以先认识几个最突出又最容易辨认的星座，如大熊座、仙后座、天琴座、天鹰座、天鹅座、天蝎座、猎户座等。在观测星空的过程中，教师可穿插讲述一些神话故事和星座名称的来历，并加以科学的解释，这会提高学生对观测星座的兴趣。

（3）地理调查活动

地理调查活动是教师指导学生有目的、有计划地进行的一种调查访问活动，是学生直接接触社会、认识人文地理环境的一种方式。通过调查活动，学生可以更深刻地理解新课标的相关内容，初步掌握调查、访问、搜集资料的技能，提高实践能力，增强社会责任感。

调查活动可以涉及多方面的内容，如工农业生产条件与布局的调查、交通点线布局的调查、旅游景点分布的调查、环境质量的调查等。

案例 13

校园垃圾分类与处理实践活动

一、活动目标

1. 结合地图的学习，让学生利用校园平面图，标注校园垃圾桶的分布状况，分析垃圾桶分布是否合理，对垃圾桶的重新分布提出合理建议。

2. 结合"中国自然资源"的学习，使学生在了解可再生资源与非可再生资源属性的基础上，对校园中的垃圾进行分类。

3. 结合中国自然资源现状，倡导学生从环保的角度重新认识校园垃圾，对可再生资源和非可再生资源进行合理利用，树立环保意识并养成良好的行为习惯。

4. 活动分小组进行，在活动中培养学生的团结协作精神，通过调查采访培养学生的社会交往能力，通过调查和查阅资料培养学生筛选信息和获取信息的能力。

5. 通过汇报、讨论、发表自己的见解，写出调查报告，培养学生的创新精神。

二、地理专业术语和地理概念

平面图、自然资源、可再生资源、非可再生资源。

三、活动的前期准备

1. 准备校园平面图，并指导学生正确使用校园平面图。

2. 学习"中国自然资源"一章，并就相关知识进行重点指导。

3. 划分小组，安排各小组活动的地点及任务。

4. 下发校园平面图和调查表（见下页表），指导小组去完成各自的任务。

地点　　　　　　　种类	班级（楼道）			宿舍楼			校园			食堂		
	来源	数量	分类处理情况	来源	数量	分类处理情况	来源	数量	分类处理情况	来源	数量	分类处理情况
纸张												
塑料袋												
玻璃												
电池												
食品												
一次性用品												
……												

结论分析：

四、实践活动的具体过程

1. 各小组分头行动，按调查表的内容进行调查。建议学生采访校园清洁工、宿舍管理员、食堂管理员等，然后填写上面的调查表。

组别	调查内容
第一组	在校园平面图中标注垃圾桶的分布及使用状况。
第二组	调查各个班级及楼道垃圾的来源、数量及分类处理情况。
第三组	调查宿舍楼垃圾的来源、数量及分类处理情况。
第四组	调查校园垃圾的来源、数量及分类处理情况。
第五组	调查食堂垃圾的来源、数量及分类处理情况。

2. 根据调查结果，学生去图书馆查阅有关资料、在教室看有关录像、去电子备课室上网查询、阅读教师提供的资料，从中了解垃圾的危害，了解所调查垃圾的处理情况，看这样处理是否合理，写出小组调查报告。

3. 各小组选出代表向全班汇报各自的调查结果及分析情况。

4. 全班对各组调查情况进行讨论，讨论可以围绕以下主题：

（1）校园垃圾桶分布是否合理？对垃圾桶的合理分布有哪些可行性建议？

（2）对各个地点垃圾进行分类，哪些属于可再生资源，哪些属于非可再生资源？

（3）哪些垃圾可以再次利用，如何利用？

（4）哪些垃圾对环境有污染，如何处理？

（5）垃圾分类有什么好处？

五、实践活动成果

1. 全班写出一份关于校园垃圾情况调查报告，向全校做汇报，提出倡议。

2. 配合校园清洁工对校园垃圾桶进行重新安排。

3. 结合环境日，介绍如何科学合理地利用可再生资源和非可再生资源。

4. 在校园内开展垃圾分类的宣传工作，做一期板报。

5. 做环保图片展，宣传垃圾分类的好处，倡导全校同学都对垃圾进行分类。

6. 用卖废品的收入奖励"环保小卫士"；用废纸换再生本，争取每人一本。

7. 用废物做小工艺品并进行展览。

（4）地理制作活动

地理制作活动是通过制作地理模型、实物，加强学生对相关地理知识的理解，增强学生的动手能力。

根据新课标编写的地理教材，要求学生参与的地理制作实践活动内容很多，如简易地球仪模型的制作、经纬仪模型的制作、等高线地形图的制作、校园平面图的制作等。

案例 14

地球仪的制作活动

参照下图，按以下步骤制作地球仪：

（材料：乒乓球、铁丝、胶布、橡皮泥等。）

第一步，如图甲所示，在乒乓球的中部用红笔画上一个圆圈，作为赤道；在赤道两侧各钻一个小孔，使赤道到各点的距离相等。

第二步，把铁丝弯成图乙中所示的形状，注意倾斜的铁丝要与垂线成 23.5°的夹角，同时所弯半圆要比乒乓球略大一些。

第三步，把乒乓球用倾斜的铁丝穿起来。

第四步，在图丙箭头①所指的倾斜铁丝两头，用胶布裹几圈，这样可以把乒乓球固定在倾斜铁丝的中间，同时又可以自由转动。

第五步，在图丙中②的部位，包上一些橡皮泥，使做好的小地球仪不会翻倒。

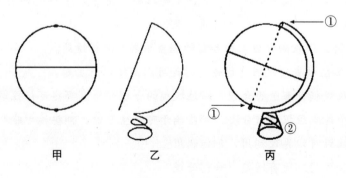

甲　　　　乙　　　　丙

·2. 地理课外学习实践活动的基本原则

（1）按照新课标确定地理课外学习实践活动的内容。地理课外学习实践活动是为完成新课标规定的教学任务和内容，在课堂教学之外开展的与地理学习有关的活动，所以课外学习实践活动要以新课标为依据，可以与其他课外活动相结合，但也要注意不要失去地理味儿，成为一般的课外活动。

（2）充分利用当地的课外学习实践活动资源。借助现实情境是地理课外学习实践活动的一个特点，现实情境不仅具有直接现实性，而且具有乡土地域性，这就决定了地理课外学习实践活动必须根据当地的实际条件，选择适宜的活动内容和方式。

（3）周密计划，精心组织，全程掌控。地理课外学习实践活动比一般课堂教学过程要复杂，所以要求教师从活动的准备、过程的实施到活动结束后的总结都要精心设计。教师要制订详细而具体的计划，包括分组分工、活动器材的准备、相关地理知识的指导、安全教育动员等；活动前要交代此次活动的目的与要求、内容与程序、活动注意事项，讲解活动过程中需使用的器具、材料及需要填写的表格等。活动过程中教师要进行有效的组织管理，对活动过程进行调控。活动结束后，教师要组织学生对活动进行交流分析，对活动成果进行展示。

（4）有效指导与自主活动有机结合。在课外学习实践活动中，由于学生个体存在着差异，教师除了进行集体指导以外，还要给予个别学生更加具体详细的指导。作为实践活动，教师要保证学生在活动中的主体地位，发挥学生的主观能动性，为学生创造独立、自主、创新的活动环境。教师不能越俎代庖，否则会使实践活动的效果打折扣。

四、其他教学技能

问题：

地理课堂教学语言有什么特点？

地理多媒体制作和使用过程中要注意什么问题？

在录制地理课录像过程中要注意什么？

在地理教学中，教师还要掌握一些其他技能，如语言技能、多媒体制作和使用技能、录制录像技能等。

1. 地理课堂教学语言技能

教学语言是教学信息的载体，是知识传递的媒介，是教师完成教学任务、履行教育职责的重要手段。苏霍姆林斯基认为，教师的语言修养在很大程度上决定着学生在课堂上进行脑力劳动的效率。所以教师语言能力的高低直接影响教学效果。

地理教师的教学语言技能是指在地理课堂教学中，地理教师运用语言传递知识、指导学生学习的教学行为方式。它是提高地理课堂教学质量的基本教学技能之一，也是衡量地理教师教学水平的重要标志之一。

（1）地理课堂教学语言的特点

地理课堂教学语言是日常口语与书面语及地理专业语言的融合，它具有以下基本特点。

① 地理性

地理课堂教学语言传递的是地理学科教学信息，必须运用地理专业术语来表达。地理专业术语是地理学科范围内的共同语言，运用地理术语进行教学，有利于教与学双方的地理信息交流，有利于学生建立地理认知结构，体会地理学科的科学内涵。如果教师语言表述不当，可能会使学生出现思维的混乱和理解的错误。

例如，在地理教学中，表述方位时，教师应该使用"东南西北"等基本方位用语，而不应随意用"上下左右"；在讲气压时，只能说气压的高低，不能说气压的大小；总结河流水文特征要从流量、流速、含沙量、汛期、冰期等方面去分析，而不要随意使用俗语；分析一个地方的地理位置，要从纬度位置、海陆位置、相对位置等方面去分析，帮助学生建立地理认知结构。

② 科学性

科学的教学语言是教学内容科学准确的重要保证。地理课堂教学语言的科学性主要表现在语言表达准确、语句合乎逻辑。地理教师应准确地使用地理概念，恰当地进行地理判断，严密地进行地理推理。教师讲解地理内容的语言要符合地理客观规律和地理思维规律。使用科学规范的语言，对学生来说既是一种科学知识的传授，也是一种严谨态度的教育，还可以帮助学生养成正确表达的习惯。

例如，讲"日本"一课时，学生说"日本位于中国的东部"，教师应该及时纠正为"日本位于中国的东面"，并为学生解释东部与东面的不同；在讲"气温"一课时，不能将"今天北京最高气温是 30℃"说成"今天北京最高温度是 30℃"，因为温度是表示物体冷热程度的物理量，气温才是表示大气的温度的物理量；在讲极昼极夜现象时，不能将"当太阳直射点在北回归线上时，南极圈及其地区出现极夜现象"说成"当太阳直射点在北回归线上时，南极圈以内地区出现极夜现象"，如果没有"及其"，将忽略在南极圈上也存在的极夜现象。在细微之处严谨地把握地理课堂语言用词，这是对知识的科学性的一种尊重，也反映出一种严谨的治学态度。

③ 针对性

针对不同的授课对象，地理课堂教学语言也存在差异。针对低年级学生，课堂教学语言要简单、明快，描述性强，语速要慢些，讲解要细致一些、生动一些，适当穿插一些小故事；针对高年级学生，课堂教学语言应具有论证性、逻辑性、概括性内容，着重引导他们去寻求规律，揭示知识的内在联系。

④ 启发性

地理课堂教学语言的启发性，是指教师的语言要给学生留下思考的余地，让学生由表及里、由因及果，通过积极的思考，解决地理教学中的各种问题。地理课堂教学中存在各种矛盾，如地理知识广泛性与学生认知局限性的矛盾，地理课本知识与学生生活经验的矛盾等，要帮助学生解决地理认知中的这些矛盾，教师就必须使用启发性语言。

例如，讲到季风气候时，教师可以提问："北京冬天吹什么风向的风？夏季吹什么风向的风？这两种风有什么特点？"学生回答以后教师可以继续提问："为什么冬季吹西北风？夏季吹东南风？为什么吹西北风时寒冷干燥，吹东南风时高温多雨？"学生回答后，教师还可以进一步追问："除北京外，还有哪些地方也存在不同季节吹不同风向的风的现象？这种现象是如何产生的？"通过教师一步步的提问启发，学生对季风气候有了深入了解。

（2）地理课堂教学语言技能运用的基本要求

① 准确规范

语言准确规范是指教师在讲述地理事物或现象时，所用语句要恰如其分、严谨规范。这需要教师对教材透彻理解、深入研究，能准确规范地表达、概括、说明地理的概念、现象、原理、规律等。

② 精练清晰

语言精练就是讲课不啰唆、简洁，很少有口头禅和多余的重复。讲课思路应该脉络清晰、重点突出、逻辑性强。精练的语言、清晰的思路，需要教师对教学内容深入钻研、深刻领会，才能提炼出教材的精华、整理出清晰的脉络。

③ 通俗有趣

教学语言通俗化是教学书面语言向口头语言转化的过程，对于低年级学生而言，更需要注意语言通俗易懂，以便帮助学生理解、记忆所学知识。在教学中适当穿插诗歌、民谣、故事、歌曲等教学语言，可以使地理课更加有趣。这就需要教师博览群书，扩大知识面，积累丰富的地理素材。

例如，"早穿棉袄午穿纱，围着火炉吃西瓜"的俗语可以帮助学生理解内陆地区早晚温差大的现象；运用《长江之歌》的歌词，可以帮助学生了解长江的概况，"你从雪山走来"一句歌词，讲出了长江的发源地——唐古拉山主峰格拉丹东雪山，"你向东海奔去"讲出了长江注入东海；"人间四月芳菲尽，山寺桃花始盛开。长恨春归无觅处，不知转入此中来"，白居易的这首小诗形象地说明了"随着海拔的升高，气温降低"的地理规律。

2. 多媒体制作和使用技能

媒体是信息的载体，是加工、传递信息的工具，多媒体是指多种信息载体的表现形式和传递方式。多媒体信息包括文本、图像、声音、动画等。由于多媒体具有图、文、声、像并茂的特点，对于教学手段的革新、教学方式的变革等都有积极的作用。随着多媒体的普及，教师在使用现代教学媒体辅助课堂教学时，必须根据教学需要合理使用，尽可能发挥它们应有的功能和作用。多媒体的制作和使用是现代地理教师必须掌握的一项技能。

案例 15

多媒体辅助教学的教学实例

第七章　第三节　印度

一、教学目标

（一）知识与技能

1. 说出印度的地理位置和首都。

2. 了解印度作为文明古国的文化特色。

3. 知道印度的人口问题。

4. 知道印度的气候特点，理解水旱灾害频繁的原因。

5. 了解印度的农业生产特点。

6. 知道印度主要工业中心及高新技术在世界的地位。

（二）过程与方法

1. 利用地图说出印度的位置和首都。

2. 利用资料了解印度民族、语言、宗教、风俗习惯等特点。

3. 利用地图和资料了解印度的人口问题。

4. 读图分析印度气候特点及水旱灾害频繁的原因，培养分析、归纳、总结的能力。

5. 了解印度如何因地制宜发展农业生产。

6. 读图了解印度主要工业中心，并能运用实例说明印度高新技术产业在世界的地位。

（三）情感态度与价值观

1. 了解印度的人口压力，形成正确的人口观。

2. 通过对工农业生产的分析，理解因地制宜发展经济的作用。

3. 通过学习印度高新技术产业在世界的地位，激发起振兴祖国的远大志向。

4. 通过学习印度的文化、风俗习惯，引导学生学以致用，学习对生活有用的地理知识。

二、教学重点

1. 印度的文化特色。

2. 印度的人口问题。

3. 印度的气候特点及水旱灾害频繁的原因。

4. 印度的工农业特点。

三、教学难点

印度水旱灾害频繁的原因。

四、教具

印度挂图、多媒体辅助教学设备。

五、教学方法

探究式教学方法。

六、教学过程

教学环节	教师教学活动	学生学习活动	媒体	设想目标
引入新课	听着这优美的音乐、动听的歌声，随着这独特的民族风情，我们将一起踏入南亚的文明古国——印度。		伴着印度电影《大篷车》的音乐，展示大量印度文化古迹与民族风情图片。[演示1]印度的视频、音频资料	将学生带入学习印度的文化氛围。
[板书]	第三节　印度 一、概况 [提问]印度的面积有多大？人口有多少？在世界排第几位？		[演示2]《印度在世界及南亚位置图》，链接印度与中国比较表格 [演示3]印度周围邻国 [演示4]印度国旗	了解印度概况：人口、面积、首都。 了解印度海陆位置。引出印度宗教、文化特色。
承上启下 [板书]	印度和中国都是世界的人口大国，都同样有着悠久的历史和灿烂的文化，又同样是世界四大文明古国之一。 发给各学习小组印度文化习俗资料。 二、世界文明古国 印度在人种、民族、宗教和语言方面更加复杂，在宗教信仰、风俗习惯、饮食文化方面都有其独特性。	通过阅读资料，请同学谈谈印度独特的文化特色。	[演示5]印度人种、民族、宗教和语言 [演示6]印度教徒诵经、泰姬陵、印度河沐浴、印度的牛 [演示7]印度新娘、印度饮食	了解印度民族、宗教等概况。 了解印度风俗习惯、饮食文化等，能够学以致用。
承上启下	从图片我们可以看出印度饮食有特色，服装也很独特。有人可能有疑问：印度国土面积只相当于中国的1/3，人口却有10亿人，那么它是如何解决人民的吃穿问题的？那么我们就来了解一下印度的人口问题和农业发展状况。		[演示8]《印度人口增长图》	了解印度的人口问题。

教学环节	教师教学活动	学生学习活动	媒体	设想目标
[板书] 承上启下	三、世界农业大国与人口压力 1. 印度发展农业的有利条件和不利因素 教师介绍主要农作物及各种农作物的生产条件。 2. 印度主要农作物的分布 印度因地制宜,充分利用自然条件中的有利因素,进行农业生产,农产品种类多、产量大,在世界占有重要地位。 印度农业耕作技术比较粗放,单产低。要提高耕作技术、提高单产,就需要工业、科技部门为它提供先进的机械设备,那么印度的工业状况如何呢?	让学生概述所学知识,分析印度发展农业的有利条件和不利因素。 学生讨论印度会有哪种农作物以及农作物的分布情况。	[演示9]《印度地形图》《年降水量分布图》,链接有利条件和不利因素的文字 [演示10]《印度农作物的分布图》、各类农作物图片、主要农作物分布表 [演示11] 印度主要农产品产量在世界的位次	初步学习分析发展农业的条件、农作物分布的原因(具体到印度农作物的种类、分布及原因)。
承上启下 [板书] 思考作业	四、迅速发展的工业 1. 发展中国家中工业较发达的国家 目前,国民生产总值居发展中国家中第三位,仅次于中国和巴西。 2. 主要工业城市 孟买:棉纺织工业中心 加尔各答:麻纺织工业中心 班加罗尔:新兴高科技工业中心	利用所学知识分析孟买、加尔各答的工业发展情况。	[演示12]《印度矿产与工业分布图》,链接棉纺织、麻纺织、软件业图片 [展示作业] 1. 如果你有机会去印度旅游,你想去哪里?你最想了解印度的什么?你会在宗教信仰、风俗习惯等方面注意什么? 2. 假如你是中国的决策者,你认为印度哪些地方值得借鉴?哪些地方给我们以警示?	明白印度工业分布与原料产地的关系。 知道印度的主要工业中心。 通过对印度软件业的介绍,让学生对印度有更深入、更客观的了解。 学以致用。

（1）多媒体的制作

多媒体制作过程包括确定教学目标、选取恰当的教学内容、设计创作脚本、课件制作、使用反馈及修改等几个部分。

① 确定教学目标

制作多媒体课件应根据教学要求，明确教学目的，突出重点，突破难点。教师制作多媒体课件是为了激发学生的学习兴趣，调动其学习积极性；解决教学过程中某一重点或难点问题；帮助学生理解地理知识，增强对其地理事物的感性认识；使学生正确运用学过的地理知识；丰富教学内容，启发想象力，扩大学生的知识面。虽然多媒体课件具有以上优势，但它毕竟是课堂教学的辅助手段，课件的设计必须与教学目标、教学重难点相一致，与师生教学需求相吻合。

② 选取恰当的教学内容

选取多媒体课件内容则要以教材为蓝本，从实现教学目标、完成教学任务的需要出发，但又不能被课本所束缚，要充分增加课件的含金量。一个优秀的课件不能只是教材的幻灯片演示，而应该发挥生动直观的作用，因此课题的选取很关键。一般选取原则是选择能突出多媒体特点、发挥多媒体优势的课题，选择用传统教学手段难以解决的课题，选择学生难以理解、教师难以讲解清楚的重点和难点问题。

案例 16

"板块学说"内容比较抽象，利用多媒体的图片、动画、视频等功能进行显示和模拟，能使抽象的地理现象更直观、形象，从而帮助学生理解和记忆。这种效果不是单凭"教师讲，学生听"就能达到的。

课题：海陆的变迁——板块学说

教学环节	教学媒体及作用
地球表层的板块结构	① 出示《地球内部结构图》，让学生了解地球内部结构。 ② 出示《六大板块图》，让学生知道六大板块的名称，为解释板块之间出现的地理现象做准备。
火山、地震带的分布与板块的关系	① 播放火山视频，展示地壳运动的剧烈场面。 ② 观看地震视频，了解地震的危害。 ③ 通过观察《地震分布图》，找出火山地震带的分布规律，探究与板块的关系。 ④ 了解世界两大火山地震带的分布，明确中国在火山地震带中的位置。 ⑤ 讨论"如果地震发生了，我们该怎么办"，对学生进行防震教育。
板块运动产生的地表现象	① 板块相对运动碰撞成山，演示《板块碰撞示意图》。根据板块运动方向，让学生查看《世界地形图》，找出世界主要山系。结合图片，让学生看喜马拉雅山形成的动画。 ② 演示《红海形成示意图》。 ③ 根据板块运动方向，让学生预言未来的地表变化，培养学生探究、探索未知世界的精神。

同时，在教学内容的选取上还要注意效益性原则，因为制作多媒体课件的周期比较长，需要任课教师和制作人员投入大量的时间、付出巨大的精力，所以制作课件一定要考虑效益性原则。用常规教学手段能取得较好效果时，就不必花费大量的人力、物力去做多媒体课件。

③ 设计创作脚本

脚本也叫稿本、剧本，是教学人员为程序设计人员提供的设计要求，是制作课件的直接依据。制作多媒体课件类似于影视创作，需要事先确定结构与布局、界面的表现形式、素材的选取等方面的内容。因此教师在设计脚本时一定要吃透教学内容，才能设计出符合教学目标的课件来。教师设计一个课件时，应该做到心中有数，对每一页面的制作都要做到精益求精，这样做出的课件才能流畅地运行，才能更好地辅助教学。

脚本模式设计流程为界面布局—界面说明—屏显内容—屏显类别—屏显时间—交互控制—配音及配乐。

④ 课件制作

课件制作一般包括这样几个环节：制订课件制作计划—课件素材搜集—课件素材处理与加工—完成课件制作。课件素材搜集，一般可以利用网页搜索引擎从互联网获得，还可以在集体备课时互相交换，也可以自己制作。使用计算机技术对课件素材进行加工制作，这是一个工作量较大、内容烦琐的过程，年轻的地理教师要掌握一些计算机工具软件，如 Photoshop、ACDSee、Authorware、GoldWave、Windows Movie Maker 等图片处理、音频处理、视频处理软件，这样制作出的课件才能更加直观、生动、形象。

⑤ 使用反馈及修改

一个课件的好与坏，只有通过实践才能真正得出结论。课件制作完成后，应用于课堂教学，然后根据学生的反馈信息，将课件加以修改，从而使其达到最优。如果制作的课件引不起学生的兴趣，在课堂上得不到应有的效果，那么这样的课件无疑是失败的。一个课件完成后，一定要经过反复修改，这就需要教师有足够的耐心。

（2）制作和运用多媒体课件的注意事项

① 要在传统授课与多媒体教学之间做出恰当选择和运用。多媒体课件作为一种教学辅助手段，并不一定适合每一节地理课。计算机辅助教学手段更不是对传统教学手段的否定，有的课题可能用传统的教学手段比用计算机辅助教学手段还好，因此，对于二者的运用要进行恰当的选择。

② 课件制作时要突出其辅助性，不可喧宾夺主。课件主要用于解决一节课中难以用传统方法讲解的内容，这样既可以突破教材的重难点，又可以减少课件制作的工作量。发挥传统教学手段和计算机辅助教学各自的优势，可以达到事半功倍的效果。

③ 媒体的筛选很重要。首先，要从知识性角度去筛选，看看选用的媒体与本节课的主题是否搭配；其次，要从教学效果上去筛选，有时候搜集的媒体资料很多，那就要从教学实际考虑，选择最好的媒体资料插入课件。

例如，一位地理教师利用 PowerPoint 课件讲"黄土高原"，一节课用了五六十张幻灯片，每张幻灯片上还有自定义动画，光黄土高原地貌就放映了十几张幻灯片，所以整节课画面切换非常频繁，虽然图片精美、色彩丰富，但课件并没有突出重点。其实精心选择一张黄土高原地貌图片，就可以展示黄土高原的地貌特征，并可以节约时间对黄土高原地貌特征进行讲解，让学生了解黄土高原的典型地貌特点。十几张幻灯片频繁闪过，使学生的注意力无法集中在主要内容上，未能达成教学目标。

④ 对于一些辅助素材，如动态按钮、按键声音、显示效果和伴音等，运用时一定要慎重。有些教师喜欢在课件中插入一些不断闪动、跳跃、发声的装饰素材，而与教学主题又无太大关系，这样的课件会分散学生的注意力，产生不良的教学效果，造成事倍功半的局面。

⑤ 课件的制作是一个费时费力的过程，一个人很难独立完成地理教材中的所有课件。因此，教师间要注意课件的交流与共享，这样既可充分利用课件资源，又能帮助发现问题，不断修改、完善和提高。为了便于交流，教师在课件制作过程中就应该充分考虑课件的可操作性，一个好的课件不仅要便于制作者本人使用，而且要便于其他教师甚至学生操作。

例如，某学校为了评价课件的好坏，制订了评价标准（见下表）。

评分内容	具体评比项目	分值	得分
教育性 （20分）	符合新课程改革精神，突出新课程改革理念，体现新教材教学思想。	8	
	选题恰当，适应教学对象需要，突出重点，分散难点，深入浅出，易于接受。	4	
	注意启发，促进思维，培养能力。	4	
	练习、作业量适当，善于引导。	4	
科学性 （15分）	取材适宜，内容科学、正确。	3	
	模拟仿真形象，举例合理、准确。	3	
	表述的内容准确无误，逻辑严谨，层次清楚。	3	
	场景设置、素材选取、名词术语合乎示范，符合规定。	3	
	各环节用时分配合理。	3	

评分内容	具体评比项目	分值	得分
技术性 （10分）	图像、动画、声音、文字等设计合理。	4	
	画面清晰，动画连续，文字醒目，色彩和谐。	4	
	配音标准，音量适当，快慢适度，声音清晰，无杂音，衔接自然。	2	
艺术性 （15分）	媒体多样，设置恰当，节奏合理，情景逼真。	5	
	动画新颖，插图悦目，声音悦耳，音乐优美。	5	
	有利于提高教学效率，有利于激发学生学习兴趣。	5	
实用性 （15分）	界面友好，操作简单、方便，交互性好。	5	
	紧扣教材，容错能力强，文档齐备，可为系列。	5	
	移植方便，能在不同配置的机器上正常运行。	5	
创新性 （15分）	创意新颖，构思巧妙。	4	
	有利于培养学生的创新能力。	4	
	能够充分体现新课程理念。	4	
	能支持合作学习、自主学习或探究式学习模式。	3	
教学效果 （10分）	有利于完成知识目标。	4	
	有利于完成能力目标。	4	
	有利于完成情感目标。	2	
总　分：			

3. 录制地理课堂录像时需注意的事项

目前，很多教师在教学工作中要录制一些课堂录像以参加各种研讨交流或竞赛、评比。一堂录像课质量的高低，除了涉及课堂教学质量外，录制的质量在其中占据了很重的分量。那么如何录制一节高质量的录像课，是教师需要掌握的一项技能。这里简单介绍一下除了必要的录制场地、录制设备、录制人员以外，教师本人在录制录像课时需注意的事项。

（1）要让录制人员提前了解整节课的教学流程、主要教学内容、重要教学情节等，让录制人员做到心中有数。

（2）教师的服装要简洁、大方，颜色要比黑板浅一些，色彩不宜过于鲜艳，要和黑板的亮度形成一些反差，但反差也不宜过大，不宜佩带明显的饰物。学生的服装应该用低饱和度的浅色调，服装统一则更好。

（3）保持讲台整洁，不宜将提包、饮料等与授课无关的东西堆放在讲台上。

（4）教师和学生都应该化一些淡妆，这样会显得更有神采。

（5）学生的人数不宜过多，一般在 30 到 40 人为宜。学生座次集中，前面几排不宜出现空位。

（6）授课时板书有条理，书写的字要大一些。

（7）考虑到拍摄的效果，教师讲课时要尽量减少走动。

（8）讲课时教师要佩戴话筒，讲话清晰、洪亮，语速适中，语言简练。

下 篇

技能修炼

　　教学技能是教师必备的教育教学技巧，对于提高教学效果、实现教学创新具有十分重要的作用。本篇从教材的整体把握、教学目标的确定、教学设计等方面，具体阐述了教师应具备的教学技能。

专题一　教材的整体把握

每位地理教师都希望通过自己的教学能帮助学生启迪智慧、开阔视野、丰富知识、增强能力。而备课是整个课堂教学工作中十分重要的环节，它是教师能否顺利完成课堂教学的前提和保障。

教师的教材能力是首要的专业基本功，它主要包括教材分析能力和教材再开发能力。教材分析是教师认识教材的结构特点与教育功能的过程。现代教育学认为，要实现教学最优化，就必须实现教学目标和教学过程最优化。教材分析恰恰是实现教学最优化的途径和手段。

教材分析的效果直接影响着教师后续的教学计划制订、教学设计编制，以及最终的课堂教学效果。

教材分析的基本途径：研读新课标与教材，明确地位与作用；巧搭知识框架，突出核心概念和能力；把握学情，凸显对学生发展最有价值的知识（能力）；预设教学策略，突破重点，化解难点。

一、如何进行教材分析

问题：

教材分析的主要步骤有哪些？

新课程倡导的教材观如何体现？

学校的课堂教学活动是多个要素相互联系、相互作用构成的复杂开放系统，教师和学生作为教与学活动的主体参与其中。"教与学这两种活动体系各有特点但又相互依存，统一存在于动态的教学过程中，二者的关系是相互依存、相互作用的双向关系，二者关系的本质则是主导与主动的关系。"教材就是连接课堂双主体的纽带与桥梁。

1. 关于教材的界定

什么是教材？

《中国大百科全书·教育卷》对教材的解释：① 根据一定学科任务，编写和组织具有一定范围和深度的知识技能体系，一般以教科书的形式来具体反映；② 教师指导学生学习的一切教学材料。

《教育大辞典》（顾明远主编）对教材的界定：教材是教师和学生据以进行教学活动的材料，是教学的主要媒体。通常按照课程标准（或教学大纲）的规定，分学科门类和年级顺序编辑，包括文字教材和视听教材。

传统教育派认为，教材是历史积累的人类经验，是学校各学科的内容或材料。现代教育派则认为，教材既包括师生所从事的活动，又包括完成此类活动所应用的各种材料或工具，教材可分为有形的（物质的）和无形的（精神的）两种。

由此可见，教材的定义有广义和狭义之分。从广义上说，凡是有利于学习者增长知识或发展技能的材料都可称之为教材。狭义的教材就是教科书。教科书是一门课程的核心教学材料，学生学习任何一门学科都是通过该学科的教科书进行的。教科书不仅提供了基本且重要的学习内容，还规定了主要的学习过程和方法。

本文中所指教材分析就是对教科书的分析。

中学地理教材集中体现了中学地理课程设置的意义与价值、地理学科的基本知识与技能、新课标的基本要求。它是实施课堂教学的最基本依据，是培养未来公民地理素养与地理能力的重要载体，因此，对教材分析的深度和广度就成为上好地理课的基本前提与保障。

2. 把握新课程核心理念，正确解读新课标

新课标明确提出新课程的三项基本理念，其要义就是要以学生为本，关注学生的全面发展。对于初中地理课程而言，其核心理念就是逐步培养学生的地理素养。

地理素养是一种综合素养，是地理知识与技能、地理能力、地理意识、地理情感等方面的综合反映。从课程目标看，逐步培养初中生的地理素养主要包括这几方面：① 具备一定的地理基础知识，这是学生现代科学文化基础知识体系的有机组成部分；② 形成初步的地理能力，包括地理学习能力、地理实践能力和一定的生存能力；③ 树立初步的地理意识，如空间意识、环境意识、文化理解意识、全球意识等；④ 形成一定的地理情感，这是维持学生地理思维、支配地理实践活动的内在动力，是培养"活跃的、有责任感的公民"的重要组成部分。

课堂是培养学生地理素养的主渠道。教材的分析过程就是教师把教学理念融入、转化为教学实践的过程。这个过程的关键，就是要依据新课程理念，深入挖掘教材内涵，关注教材的每一处细节，把握住每一个培养学生地理素养的契机。

案例 1

新课标要求	了解人类认识地球形状的过程。

新课标指出，"了解人类认识地球形状的过程"一项，即通过该内容的学习使学生受到有关的科学史教育。如何通过对简单知识的深入挖掘，实现对学生地理素养的培养，这是对教师能否把握教育机会的考验。

第一步，新课标解析

1. 学生能描述地球的形状。

2. 学生能用证据说明地球是一个球体。

3. 认识与了解人类对地理形状认识的基本过程。

第二步，教材解析

教材没有明确陈述地球的形状，只是借助示意图、卫星照片、地图等图像形式以及有关的知识讲解、介绍了人类对"地球形状"这个基本地理事实的认识过程，如天圆地方说、海岸观船、月食阴影、麦哲伦环球航行等。教材没有揭示这些人类认识过程的科学研究价值，因此，教师要帮助学生建立一条人类对"地球形状"从主观臆想到科学考察的认识路线，这条科学认识路线就是打开学生学科视野、培养地理素养、进行科学史教育的途径。

第三步，将教材还原为基本历史进程

资料一：古代印度人认为世界是由几只巨象的背撑着的，世界的中央是高耸的山脉，巨象站在一只大乌龟的龟背上，乌龟则骑在一只盘踞的眼镜蛇身上。而古代埃及人认为天被高高的山撑着，星星则从天上垂下，太阳乘着一艘小船，顺着一条大河漂到各地。

资料二：古代中国有"天圆如张盖，地方如棋局"的天圆地方说。

资料三：大约2500年前，古希腊数学家毕达哥拉斯坐在海边的高山上，看着海上的归船，他发现自己总是先看见高高的船桅杆，后看见船身。于是，他产生了"为什么会出现这样的现象"的疑问。

资料四：古希腊哲学家亚里士多德在观察月食时，发现月亮上地球的影子是圆弧形的。他通过月食推断大地是球形的。

资料五：公元前3世纪，球形大地的观念已产生，但因没有直接证据，所以人们对此并没有达成共识。直到1519—1522年，葡萄牙人麦哲伦率领的船队完成环球航行，以确凿的事实证明地球确实是个球体。从此，人们把居住的大地称为地球。

资料六：人造卫星从宇宙空间拍摄到的地球照片，让人一看就能辨别出地球是个球体。

第四步，资料解读，进行科学史教育

人类对自己生活的家园——地球，经历了漫长的认识过程。比如，对地球形状的认识，就经历了从"天圆地方"的主观臆断，到观察月食阴影、海岸观船后提出的"地球是球体"的猜想与假设，再到麦哲伦船队环球航行的成功。经过"主观臆断—质疑假设—实践考察—得出正确结论"，"地球"这个名字也由此诞生。此后的几百年，科学技术获得了长足发展，人们可以看见宇航员从宇宙中拍摄到的地球照片，地球的形状已不再是谜。应该说，人类认识地球形状的过程反映的是科学技术不断发展进步的过程。

从这个案例可以看出，教师的作用不仅在于把教材中的地理事实呈现在学生面前，还在于通过教材的挖掘和资料的补充，把长达几百年的人类对"地球形状"的若干认识活动，梳理成一条对地理环境认识的科学路线，这才是借"地球形状"知识，培养学生地理素养的真正意义所在。

所以，教师只有深刻领会课程核心理念，才能做到有的放矢地研读新课标，才能有效地分析教材，也才能将教材与教学实践有效地整合起来。

3. 章（节）教材分析的基本步骤

初中地理课程包括地球与地图、世界地理、中国地理、乡土地理四个内容领域。宏观层面的教材分析主要以每个内容领域为对象，分析其在整个初中课程中的地位与价值，以及对学生地理素养和能力培养的作用。中观层面的教材分析主要以"章"为单位，分析其在特定内容领域中的价值与作用。微观层面则是以"节"，甚至是"课时"为单位。

无论是哪个层面的教材分析，其基本的分析步骤都是相似的。下面以中观层面为主，谈谈教材分析的几个关键步骤。

（1）研读新课标，确保实现教学的基本要求

新课标是国家对基础教育地理课程的基本规范，它体现了国家对不同学段的学生在地理知识与技能、过程与方法、情感态度与价值观等方面的基本要求；它规定了地理课程的性质、目标、内容框架，并提出了教学和评价的建议。它是地理教科书编写、地理教学及评价、地理考试命题的依据。新课标是从国家层面提出的中学地理课程必须达到的基本要求，教师需要在研读新课标的基础上，结合本地教学实情、学生学习实情对其进行可操作、可测量的解析，以确保达成教学基本要求。

另外，近年来地理高考的态势与走向，不仅对高中新课程实施有重要的导向作用，对初中地理教学也产生了影响。高考越来越注重考查学生的地理学习能力和学科素养，主要表现在四个方面：① 获取和解读地理信息的能力；② 调动、运用地理知识和基本技能解决地理问题的能力；③ 理解、分析、解释有关地理事物，发现地理问题，探究地理问题的能力；④ 论证和探讨地理问题的能力。这些能力的提升与素养的积淀绝不是学生在备考阶段通过紧急突击就可一蹴而就的，而是要求教师将其有目的、有步骤、有方法地渗透在整个中学地理教学过程中。尽管初中地理课程重在讲"地"——地理事实、地理现象，不涉及较深层次的成因，但初中课堂应该是地理素养培养、地理能力训练、地理意识形成的起点，如果教师对这些"起点"的作用不清楚、不明了，就会失掉很多促进学生发展的契机。因此，教师应该认真研读新课标（包括高中地理课程标准），同时也应了解高中新课程基本要求，了解高考发展趋势，这样才能使自己的教学符合基本要求，满足学生地理学习的持续性需求。

如何将新课标与本地区的教学实情结合？如何把"行为目标"具体化、层次化、可操作化？这些问题都需要在研读新课标的基础上逐一回答，从而全面理解与把握初中地理课程的本质。

案例 2

某市教育专家组依据教育部颁发的新课标和本市义务教育地理教学的实际情况，制订了《义务教育教学质量分析与评价反馈系统——地理学科学生学业水平测试方案》

（以下简称"测试方案"），这是进行义务教育阶段地理学科教学质量分析与评价的主要依据。

测试方案包括地理知识领域、能力领域和情感态度与价值观领域三部分。其中，将学生的能力领域具体分为了解、理解、应用三个层次（见下表）。

能力领域	具体要求	内容标准中对应的行为动词
了解	指在阅读地图、数据、图表、文字资料等内容时，对所学过的地理事物和现象的再认和再现。	知道、（运用资料）说出、记住、在地图上指出等。
理解	指能运用地图和资料，对地理概念、现象和过程进行初步的分析、判读、归纳等。	说明、描述、介绍、识（判）别、量（估）算、绘制等。
应用	指能灵活运用地图及相关资料，分析、整理地理概念、现象和过程，能解决简单的地理问题并表达出来。	比较、分析、归纳、评价等。

关于"地图"的内容标准（见下表）：

地图	在地图上辨别方向，判读经度和纬度，量算距离。
	在等高线地形图上，识别山峰、山脊、山谷等，判读坡的陡缓，估算海拔与相对高度。
	在地形图上识别五种主要的地形类型。
	根据需要选择常用地图，查找所需要的地理信息，养成在日常生活中使用地图的习惯。
	列举电子地图、遥感图像等在生产、生活中应用的实例。

这两个表格，分别从知识表述和能力水平方面进行了细化。若把这两个表格整合起来，就成为衡量日常教学是否"有准儿"的标尺（见下表）。

"地图"的内容标准	了解	理解	应用
在地图上辨别方向，判读经度和纬度，量算距离。		√	
在等高线地形图上，识别山峰、山脊、山谷等，判读坡的陡缓，估算海拔与相对高度。		√	
在地形图上识别五种主要的地形类型。		√	
根据需要选择常用地图，查找所需要的地理信息，养成在日常生活中使用地图的习惯。			√
列举电子地图、遥感图像等在生产、生活中应用的实例。		√	

（2）通读教材，明确其地位与作用

对教材地位与作用的分析，能够反映出教师对整个学科体系的理解，对教材全局的把握程度，以及对学生学情的总体认识。其目的在于明确本章（节）在整个教材体系中的意义，明确其对学生的学习和终身发展的价值。

对教材地位和作用的分析，主要要做到以下几点。

① 确定本章（节）教材的"目录位置"，理解这样编排的意义。比如，本章（节）前后的知识逻辑，能力训练的内在联系等，即教材是如何承前启后的。

② 明确本章（节）内容对学生的学习和终身发展的重要作用，对学生学习方式改变的重要意义等。

另外，教材内容的呈现由文字系统、图像系统和活动系统组成，三者相互联系、相互渗透，共同构成教材的整体结构，教材的结构特点决定着它的教育功能。

通读教材，应做到以下几点。

① 教材所有内容在阅读时不能遗漏。

② 要找到、挖掘三个系统之间的内在联系。比如，文与图的关系、文与文的关系、图与图的关系，以及正文与活动系统的关系。

案例 3

中图版七年级上册"地球与地球仪"一节的地位与作用

地球是宇宙中一颗既普通又特殊的天体，是人类唯一的家园。它的运动和变化受到其他天体的影响，如太阳和月球。所以，教材把有关地球的基础知识安排在整个初中地理课程的开始，这种安排是为了让学生首先对地球有宏观、动态、联系的认识。

虽然地球在宇宙中只是一颗小小行星，但对生活在地球上的人类来说体积还是太大了。人们为了更好地研究地球，仿照地球的形态按比例缩小制成了地球仪。地球仪是模型化的地球。

地球仪由底座、固定架、球、地轴组成。地球仪上有各种符号、文字、颜色，用来表示陆地、河湖、海洋、山脉、城市等，还有经线、纬线、南北极。地球仪是绕地轴转动的，它指向北极星附近，这是一个假想轴，与球面的交点为北极点和南极点。

地理学是一门空间科学，空间性是地理科学的属性。地球仪作为人们认识地球、认识地球环境的空间研究工具，在整个学科体系中占有重要地位。同时，地球仪也是帮助学生建立科学的空间意识的学习工具，而空间意识恰好是地理素养的核心之一。

"地球与地球仪"一节的教学重点是经纬线（度）的空间分布规律，这是地理事物（现象）在地球表面精确定位的基础。同时，由于这部分知识涉及立体几何，对于头脑中只有平面地图的七年级学生而言，是学习难点。因此要求教师选择有效的教学策略，激发学生的兴趣，比如，可以采用直观的教学方法，让学生在动手、动脑、充分观察的基础上得出结论，并结合多媒体教学，培养学生的观察力、想象力、空间思维能力等。

（3）研读全文，梳理知识结构，概括核心知识，明确能力训练任务

在这一步的教材分析中，梳理与概括是操作关键。

每章（节）的教材包括学科知识体系、学生掌握知识的认识体系和表述体系。这三大体系相互渗透、彼此联系，形成教材系统。

研读教材首先要梳理出这三大体系，特别是学科知识体系，要做到对知识点（包括技能训练点）不遗漏。当然，这种梳理不是知识点的堆砌与罗列，而是应该转化为有逻辑关系的知识结构图。这样做有三个目的：一是帮助学生从学科角度找到知识间的内在关系；二是便于把逻辑情境转化为问题情境，有利于学生地理思维的训练和地理能力的培养；三是可以帮助教师选择有效的教学案例、教学策略。其次，要理解三大体系之间的内在联系，比如，各种图像是地理教材中最常见的表达形式，它既是地理学科的知识载体，又是学生的认知途径，因此图像就成为三大体系的焦点，同时，图像能力也就成为地理学习能力的核心。

当然，梳理知识框架只是教材分析的基础，更重要的是要在此基础上，概括出本部分教材最重要的核心知识。核心知识是指能突出地理学科特色的知识，是具有统摄作用、能下位迁移的知识。此外，在概括的基础上，还要找到对学生终身发展最有价值的知识（包括能力）。

因此，从教材到知识框架是个梳理、提炼的过程，从知识框架到核心知识则是提升、概括的过程。

案例 4

中图版八年级上册"国家和地区"一节中，"发达国家和发展中国家"的知识结构可梳理为下图内容：

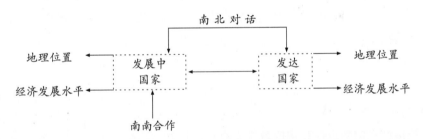

在全球经济一体化的背景下，发达国家和发展中国家已成为不可分割的利益共同体。

这种不可分割现象就是地理梯度理论的反映。

地理梯度又称地理势能，是衡量地理过程强度和方向的概念。它包括气压梯度等自然方面的地理梯度，也包括生活水平梯度等社会方面的地理梯度。决定地理梯度的强弱有两个要素：一是两地间的绝对指标差度；二是两地间的距离。地理梯度的强弱与前者成正比，与后者成反比。地理梯度是物质、能量和信息等要素流动的基础。

发达国家与发展中国家尽管存在政治、文化、社会等多因素的影响甚至干扰，但依据地理梯度理论，借生产要素流动形成利益共同体的大趋势不会改变，但在共同体内部实现共同发展还需要漫长的过程（见下页图）。

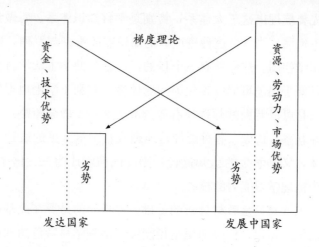

梯度理论

资金、技术优势

资源、劳动力、市场优势

劣势

劣势

发达国家

发展中国家

（4）确定教学重难点知识，选择合适的教学策略

教学重点是指新课标中提出的，在教材中最基本、最重要的知识和技能。换言之，教学重点是在学科知识、技能体系中起支持作用的内容。精心设计重点内容的教学，能有效促进学生心智的发展，帮助他们形成正确的学科思想、掌握科学的研究方法。因此，能否准确确定教学重点，对实现教学目标往往有决定作用。

教学重点确定的依据有哪些？以下几方面可作为参考。

① 新课标中规定的教学内容往往是教学重点。每条标准均用"行为动词＋知识点"的形式表述出来，而不同的行为动词对应着不同的能力要求。比如，新课标要求"在地图上找出秦岭、淮河，说明秦岭—淮河一线的地理意义"。其中，"说明"属于理解层面的能力要求，意味着学生能够列举秦岭—淮河一线两侧（我国南方、北方）诸多地理要素（人文要素）的地域差异，而这种比较则是对中国地理总论知识的高度概括，是较高层面的能力运用。

② 统摄性强的知识往往构成教学重点。

案例 5

某教师在讲授"中国降水量的空间和时间变化"时，制订的教学重点为中国降水的时空分布。

分析：新课标要求"运用资料说出我国气候的主要特征以及影响我国气候的主要因素"。这句话有两层含义：气候的特征、气候的影响因素。这就决定了这节课的知识目标有两个：中国降水量的时空分布特点、中国降水量的时空分布原因。

哪个是教学重点呢？

综合性与地域性是地理学的显著特征。认识区域的基本内容包括位置与分布、联系与差异、环境与发展，其中位置与分布是基础。因此，地理要素的分布就是具有统摄作用、上位概括的概念。

地理要素的分布包括某地理要素在特定时段的空间分布，观察它的既定形态；在特定空间的时间分布，了解它的变化（演化）过程。

因此，在本节课两个知识目标中，教师将"中国降水量的时空分布特点"确定为教学重点是合理的，它是"地理要素分布"这一学科核心概念在"中国"这一特定区域和"降水量"这一自然地理要素中的具体体现。

③ 在章（节）练习中从不同角度、以不同方式反复出现的知识、技能训练点，也具有判定教学重点的参考价值。

教学难点是指教材中学生难以理解或掌握的知识、技能。教学难点制订的前提是对学生已有认知水平、认知状况有准确的把握，也就是常说的学情分析。学情分析的重点不仅在于教师能说出学生已经学习了哪些知识、具备了哪些技能——这些还只是对学生学习结果的静态描述，更重要的是，教师还要能说出学生在学习过程中容易"失手与得手"的地方是什么，这是教师诊断教学、诊断学生的理性过程。这个过程恰恰是年轻教师容易忽略的，没有对学生的"诊断"，就不能进行全面的学情分析。

教学难点的制订，往往是教师已有教学经验的积累，是长期"诊断"的积累。年轻教师在教材分析过程中，对教学难点的确定有一定困难，这就需要经常向老教师虚心请教。

什么样的知识容易让学生产生学习困难，构成教学难点呢？主要有以下几种情况。

① 比较抽象的内容。比如，新课标要求"举例说明地球表面海洋和陆地在不断的运动和变化之中"。地球表面的运动和变化占据着巨大的时空尺度（火山、地震等是地球快速运动的表现），对于只生活在地球表面某一处的十几岁的中学生来说，这是比较抽象的知识，这就需要教师在课堂上借助多种教学手段和丰富的教学媒体，为学生提供大量的地理事实（现象），建立地理思维的载体。

② 容易混淆的内容。比如，天气与气候、土地资源与土地利用状况等，都需要教师进行案例化的概念教学，帮助学生从本质上解读案例、形成概念。

③ 综合性强的内容。比如，新课标要求"在等高线地形图上，识别山峰、山脊、山谷"。这个要求可分解为等高线概念、等高线地形图的绘制和判读方法等内容的集合，是综合性很强的地理知识。学生学习这些内容时，教师不可操之过急，要将综合性知识拆分，逐一解析。

④ 逻辑推理比较复杂的内容。

这些都可以作为确定教学难点的依据。当然，有些难点兼有上述多种特点，教师要具体分析所教教材的内容，具体分析学生的学习情况，从中找出教学难点。

另外，教师要注意区别教学重点和难点。有的内容既是教学重点，又是教学难点。但是，对于重点内容学生接受不一定都困难，对于非重点内容学生不一定都容易理解，对此要做深入的分析和研究。

案例 6

某教师在给七年级学生讲授"等高线和等高线地形图的判读"时，设置的教学重难点是这样的。

65

重点：

1. 利用模型初步学会绘制等高线地形图。

2. 在等高线地形图上识别山顶、山脊、山谷、鞍部和陡崖等各部分。

难点：

等高线地形图的判读。

分析：新课标要求"在等高线地形图上，识别山峰、山脊、山谷"。

这里的行为动词"识别"是辨别、辨认的意思，因此"科学的比较"是达成要求的重要认知方法。等高线地形图表示某地区的地势高低起伏和坡度陡缓，这里涉及等高线的概念及等高线地形图的成图原则，如同线等高、同图等距等。山峰、山脊、山谷等地形部位，需要先在真实地表环境中（立体模型）辨认其特征，在地形图上学习其图像特征，然后才能将实物与图像建立内在联系。因此，这是一组综合性很强的知识。

地图是地理学习的重要"语言"。地形图是地图的一种，是地球陆地（海底）地形的客观描述，是学生学习自然地理环境的重要认识途径。因此，地形图的学习与使用是整个中学地理教学的重点，也是地理素质培养的重点。

将这个重点内容安排在七年级上学期学习，对一般学生而言有一定困难。原因在于：① 学生在日常生活中缺少对自然地理环境中地形部位的关注和科学观察，对地理事实缺乏感性认识；② 等高线地形图的学习需要建立较强的立体空间概念和空间思维，而七年级学生尚未形成这一思维方式，因此对学习产生认知困难；③ 由于这两方面知识和能力的缺失，势必造成学生不能将地理事实与地理图像建立联系，而学习评价的重点又落在图上，因此这一内容成为教学重难点。

从前面分析可以看出，本课时的教学重点也是教学难点。因此，教师需要选择有效的教学策略帮助学生克服学习困难、达成学习目标。

（5）教材的创造性开发

"一标多本"的局面，反映了新课程理念倡导的教材多样化。教师对教材知识的传授只是课程实施的一个方面，而课程实施的关键在于学生能力的发展。因此，教师的教材观也就成为决定实际教学活动效果的重要影响因素。

是"教材唯上"，做教材的宣讲者？还是"教材是范例"，做教材的开发者和创造者？选择的标准，就看哪一种教材观统领的教学实践能够实现教材的普遍性与本地教学特殊性的有机结合，能够与学生的能力发展、素质培养有机结合。显然，"信奉教材而不唯是，遵循教材而有所立"的应用教材观是新课程所提倡的，也是新课程的实施重点，为教师的专业发展赋予了新的生命力。

目前的初中地理教学在培养学生的地理素养方面，呈现三条途径：① 网络化途径，表现为教学与现代信息技术接轨；② 实践化途径，表现为教学向学生的实际生活延伸；③ 学科综合途径，表现为地理课与其他学科有机融通。这三条途径为教师的

"教材创造性"提供了方向与通道。

案例7

打开一扇"地理之窗"

教师在七年级组织学生开展了名为"地理之窗"的课外活动。教师的做法是① 让学生自由组成地理学习小组（4～6人），并取一个与地理有关的组名，展示小组成员的共同爱好；② 每个小组专门准备一个硬皮本制作"地理之窗"，组员相互配合，轮流当主编；③ 内容可自由选择，有时教师会结合教材内容为学生确定主题。

分析：教科书不是地理学习的全部。如何调动学生的地理学习积极性和自主性？如何引导学生关注身边的地理知识，懂得从多个渠道搜集课外资料？如何把地理教材内容与学生其他课程的学习有机整合？教师在这个活动中进行了大胆的尝试。教师和学生共同打开的这扇"地理之窗"，对学生终身的地理学习兴趣、地理学习习惯和地理学习能力都有很大帮助。

创造性地开发与使用教材是以新课标为指导、从理论到实践的认识深化过程，是教学内容与教学方式整合优化的过程，也是教师学科知识、教学智慧与学生创造性学习的有机融合过程。因此，教师应该千方百计地做到充分理解教材、正确把握教材、深入挖掘教材、合理利用教材，让自己的课堂成为点亮学生智慧、彰显生命活力的精彩之地。

67

二、"区域地理"分析案例——以"东南亚"为例

问题：

如何突出区域要素的内在关系？

如何突出区域特征？

（一）新课标

1. 在地图上找出某地区的位置、范围、主要国家及其首都，读图说出该地区地理位置的特点。

2. 运用地形图说明某地区河流对城市分布的影响。

（二）结构分析

初中地理课程中世界地理部分涉及三类空间尺度的区域：大洲、地区、国家。例如，中图版八年级下册教材分别选择一个大洲、五个地区、五个国家（见下表）为案例，展开世界区域地理的教学。

大洲尺度	亚洲
地区尺度	东南亚、中东、欧洲西部、撒哈拉以南非洲、两极地区
国家尺度	日本、美国、澳大利亚、巴西、俄罗斯

在世界区域地理学习过程中，新课标强调要让学生对所学区域有深刻印象，通过若干区域的学习，掌握区域学习的基本方法，并能迁移到其他区域的学习上。同时明确，区域学习的目标是学会认识区域并掌握所学区域的自然和人文地理的基本特征，即区域特征。可见，抓住区域特征、掌握学习方法、具备迁移能力、提高地理素养是区域地理学习的目的所在。

"东南亚"是继中国地理、亚洲地理之后，学生接触的第一个地区尺度的区域。东南亚位于亚洲东南部，包括中南半岛和马来群岛两大部分。这两部分作为一个整体的地理区域，无论从自然地理条件，还是从历史、经济发展方面都有许多共性。本节从"连两洲、通两洋"的地理位置、山河相间的中南半岛和多火山的马来群岛、湿热的热带气候等方面讲述了东南亚的自然条件，从热带经济作物和水稻生产、锡矿和石油的开采等方面讲述了东南亚的经济特征，从人口稠密、华人聚居方面讲述了其人文地理特征。教材突出表现了东南亚各地理要素之间的相互联系和人类活动与地理环境之间的关系。如地处低纬度位置决定了热带气候，而热带气候又使东南亚成为世界上最大的热带经济作物产地；处于"十字路口"的地理位置对东南亚各国的经济起着十分重要的作用；地形地势与河流之间相互联系、相互影响，它们的分布又影响着东南亚人口、城市分布和经济的发展。

东南亚因其区域特征和发展历史，成为世界发展进程中不可或缺的一部分。后续将要学习的几个地区（中东、欧洲西部、撒哈拉以南非洲、两极地区），也因某些特别的区域特征而在世界上占有举足轻重的地位。因此，对"东南亚"的学习，不是一般区域地理学习方法的简单重复，而是借助一些新的认识途径帮助学生打开"一扇看世界的窗"。这个认识途径就隐藏在对教材的理性思考和深入挖掘中。

人是生活在区域中的，人们对区域的认识往往集中在几个问题上：在哪里（地理位置）？有什么（地理要素分布）？现状如何（客观评价）？将来怎样（区域发展）？显然，这里既有对区域现状的空间静态描述，也有对区域动态的时间分析，这样才能构成对区域的完整认识。"东南亚"这一节教材就在这明暗两线的交会点上。

（三）内容分析

1. 地理位置

世界某区域的地理位置，包括该区域的半球位置、经纬度位置和海陆位置等，这些都是对以某事物为参照的位置的客观描述，属于地理事实。比如，东南亚地区由于绝大部分位于北回归线和南纬10°之间，属于热带地区。

教材对东南亚地理位置特征的概括为"重要"，显然，这是人们对其客观位置的主观评价。这个重要性的判断体现在其区域地理位置对区域的环境和发展，乃至世界的环境与发展产生了相当大的影响。

对东南亚地理位置的"重要性"应有三点把握。

（1）纬度位置。通过读图知道本区绝大部分位于热带，因而影响本区的大气环流为热带低压带和热带季风环流，这些环流对其湿热的热带气候形成有决定作用，本区有被誉为"世界左肺"的大面积热带雨林和占世界重要地位的多种热带经济作物。

（2）海陆位置。本区位于太平洋与印度洋、亚洲与大洋洲之间的"十字路口"，沿航海线向东西延伸可到达欧洲、非洲和南北美洲，是世界海上运输和空中运输的枢纽。

（3）马六甲海峡交通位置的重要性，为后续学习苏伊士运河、英吉利海峡奠定基础。

案例8

以"马六甲海峡"为例，谈如何挖掘资料

阅读资料：马六甲海峡位于马来半岛和苏门答腊岛之间，是从欧洲、非洲到东亚和东南亚最短航线的必经之地，也是世界海上运输的咽喉要道。马六甲海峡全长1185千米，最窄处仅37千米，航道最窄处仅2千多米。海峡底部较平坦，主航道水深25～151米，可供25万吨级船舶满载通过。马六甲海峡走向与当地盛行风向垂直，当海峡外风浪滔天时，海峡内却风平浪静，船只可顺利航行。每年通过海峡的船只多达10万艘，其中18万吨级以上的巨轮近2000艘。

分析：海洋运输由于运量大、距离长、成本低，成为国家间贸易往来的重要纽带，世界经济与海洋运输是互为发展的推动力。海洋运输由船舶、航线和港口等多种要素组成。

这段文字从航海线、港口自然条件、运输量等方面介绍了马六甲航线在世界海洋运输中地位的重要性。其重要性不仅促进了东南亚地区的经济发展和文化交流，也对世界的繁荣起着不可替代的作用。

对于这段文字的理解，需要教师结合教材中的《马六甲海峡图》，借助问题引导学生从阅读走向思考，理解其交通位置的重要性。

① 如果把东南亚位于两洲两洋之间的位置比喻为"十字路口"，那么，马六甲海峡在"十字路口"的什么位置？马六甲海峡是不是沟通两大洋的唯一通道？

② 马六甲海峡航线是从欧洲、非洲到东亚和东南亚的最短航线，说一说"最短"带来的经济效益有哪些。

③ 在《世界海洋交通图》上，找一找马六甲海峡航线连接的亚洲、欧洲、非洲沿岸的重要港口，如上海、东京等，指出所在国家，说一说这条航线对这些国家的作用。

④ 查找资料，了解这条航线运输货物种类的变化，试分析其变化的原因。

⑤ 查找资料，了解新加坡的发展与马六甲海峡航线的关系。

⑥ 查找资料，了解马六甲海峡航线未来的发展。

2. 地形、河流与城市分布的关系

（1）城市是人类的聚落形式之一。自然环境是城市形成和发展的物质基础，不同自然环境造就了城市分布的宏观差异，其中地形、气候对城市地域分布的影响较大，河流对城市的城址选择影响较大。

平原与城市：平原地形平坦，土壤肥沃，便于农耕，能为城市提供农副产品，利于交通联系，节省建筑投资，是城市发展的理想环境。

河流与城市：河流对城市的影响与河流的供水、运输和防卫功能有关。河流的供水和运输功能往往决定城市的位置，原因在于这几方面：① 城市是人口集聚、工业活动集中的大型聚落，生活、生产用水量大，河流是城市的主要用水来源之一；② 城市与周围地区、城市与城市之间的物质交换、人口流动等各种联系频繁，水运在交通运输中占重要地位，当然，随着交通运输业的发展，有些地方水运的地位逐渐被其他交通方式取代。

（2）东南亚地形总体特征是多山，教材按中南半岛和马来群岛两大单元分别叙述了各自的特征：中南半岛地形可概括为"山河相间，纵列分布"，在河流下游地区形成冲积平原和三角洲，由于地势平坦、土地肥沃，便于灌溉，已成为东南亚重要的农业生产区；马来群岛多山岭，因位于环太平洋地震带和地中海—喜马拉雅地震带的连接处，多火山地震。

（3）东南亚人口多分布在河流沿岸平原和河口三角洲地区。中南半岛上的主要河流及其流经的主要大城市有以下几个（见下表）。

河流	流经首都
红河	越南河内
湄公河	老挝万象、柬埔寨金边
湄南河	泰国曼谷
伊洛瓦底江	缅甸仰光

3. 人口

（1）东南亚是世界人口稠密地区之一。教材提供了东南亚人口分布图，借人口密度反映当地人口分布不均的特点。在学生读图时，教师要特别突出自然环境对人类分布的影响。例如，中南半岛的河流三角洲人口稠密，农业发达，城镇集中，而爪哇岛由于火山喷出的火山灰形成肥沃的土壤，适宜耕种，成为人多地少的稠密区。

（2）东南亚是中国的南邻，自古以来就是中国通向世界的必经之地。东南亚的华人、华侨大多是历史上"下南洋"而安家于此，他们对东南亚的建设与发展做出了突出贡献。

4. 气候与物产

（1）受纬度位置和海陆位置的影响，除少数高山地区外，东南亚地区以热带气候类型为主，高温多雨是其总体气候特征。热带雨林气候和热带季风气候是东南亚的主要气候类型，教材分别阐述了这两种气候类型的分布及特征。

（2）气候与农业生产关系（见下表）主要解释当地物产丰富的自然成因。

气候类型	主要特征	分布地区	对农业生产影响
热带季风气候	全年高温多雨，降水较多，一年中有旱季（11～5月）和雨季（6～10月）之分	中南半岛和菲律宾群岛的北部	农作物在雨季播种，旱季收获
热带雨林气候	全年高温多雨，年降雨量2000mm以上	马来群岛的大部分地区和马来半岛的南部	农作物在一年中随时可以播种和收割

（3）地形、气候、土壤等自然条件影响了东南亚的农业生产类型和农作物分布。东南亚是世界上最大的热带经济作物（如天然橡胶、油棕、椰子、蕉麻等）和稻谷产地。同时，锡和石油等矿产资源也在世界占有重要地位。

5．经济

东南亚的经济这一框题承接在其丰富的物产之后，其意图是强调当地的经济特点，即以初级产品输出为主。区内各国经济发展水平受自然条件等诸多因素影响，呈现出明显的差异性。而"东盟"组织的建立为东南亚地区的共同发展提供了条件。

（四）教学建议

1．课时安排

建议本节安排2课时。将东南亚的地理位置与地形、河流与城市分布合为第一课时，将人口、气候、物产与经济等内容合为第二课时。

2．教学目标

（1）知识与技能

① 学生能在地图上找出东南亚的范围、主要国家和首都，运用地图说明该地区地理位置的特点，运用地形图分析东南亚地区山河及平原分布特点，以及地形、河流对城市分布的影响。

② 运用《东南亚气候类型图》和《主要物产占世界的比重图》，说出东南亚的主要气候类型及气候特征，说明重要的热带经济作物的生产情况，解释东南亚的气候给农业生产带来的有利条件。

（2）过程与方法

通过读《东南亚图》，分析该区地理位置的重要性，说明中南半岛山河分布的特点，分析该区地形、河流对城市分布的影响。

（3）情感态度与价值观

通过分析自然地理要素（地形、河流）与人文地理要素（城市）的关系，初步树立因地制宜、人与环境协调发展的观念。

3. 教学重点

（1）东南亚重要的交通位置。

（2）东南亚地势变化和地形分布特征。

（3）东南亚主要河流及其对城市分布的影响。

4. 教学难点

（1）东南亚交通位置的特点。

（2）地形与河流的分布特点。

5. 教学方法建议

通过学习，学生对区域地理的一般学习方法和步骤有了一定了解，所以，可以利用课前学案强化一般知识的落实，提升学生的自学能力。课堂上，建议教师通过补充资料，突出教学重点，突破教学难点，同时，突出认识路径。

6. 部分教学内容建议

（1）重要的地理位置

教师活动	学生活动
出示《东南亚政区图》。	指出两洲（亚洲、大洋洲）、两洋（太平洋、印度洋）、马六甲海峡和重要航线。 描出经过马六甲海峡的航海线。
提供资料：① 来往于马六甲海峡的船舶数量及进出货物种类；② 新加坡与老挝经济发展水平的相关数据。 提问：用图、资料说明两国产生经济发展差距的原因。	观察地图，寻找两国地理位置的差异。 得出结论：地理位置对国家经济发展有重要影响。
设计意图：突出学生"观察地图—资料阅读分析—图文联系、转化—两国差异比较—判断—得出结论"的认知过程，在两国比较中认识地理位置的重要性。	

（2）地形、河流与城市分布

教师活动	学生活动
出示《东南亚地形图》。	指出中南半岛的主要山脉、河流、国家首都（大城市）。
提供资料：① 湄公河基本概况；② 视频片段。 提问：利用资料简要分析湄公河对两岸地区人类活动的影响有哪些。	观察湄公河两岸的自然景观、人文景观。 识别地理要素，如自然地理要素有地形、气候、植被等，人文地理要素有人口、城市、农业生产、交通、商业等。 大致说出各要素特点，以及自然环境（地形、河流等要素）对人类活动（城市分布）的影响。
设计意图：湄公河是东南亚最长的国际性河流，沿途自然风光秀丽，人文景象丰富，是极好的教学资源；选择动态视频在于它与静态图片相比，信息量大，更具观赏性，可激发学生兴趣。 观看视频的目的：① 帮助学生认识丰富的地理知识，提供解决问题的事实性素材，让学生"说话有据"；② 训练学生回答问题的地理思维顺序，"观察事实—识别要素—要素联系—得出结论"。	

（3）"东盟"对世界的影响

教师活动	学生活动
提供数据和文字资料：① 东南亚主要物产占世界的比重（教材中的统计图）；②"东盟"成立的背景；③ 中国和"东盟"关系；④"东盟"对世界的影响。 提问：① 东盟各国自然条件的相似性和差异性分别是什么？对经济发展产生怎样的影响？②"东盟"成立的积极影响是什么？	依据材料展开研讨。
设计意图：通过资料拓展，使学生对"东盟"这一热点区域性组织有所了解，引导学生关注时政、关注世界、关注中国发展的外部环境；初步理解区域性组织对世界的影响，以及区域经济集团化和全球经济一体化的关系。	

三、"人文地理"分析案例——以"地方文化特色与旅游"为例

问题：

如何突出人文地理要素的分析？

如何进行以人文要素为主线的人地关系的分析？

（一）新课标

举例说明自然环境对我国具有地方特色的服饰、饮食、民居等的影响。

（二）结构分析

"地方文化特色与旅游"是中国地理总论的最后一部分。前面章节分别介绍了我国地理概况、自然环境、自然资源和经济发展，涉及自然、社会、经济、环境等方面内容，重点突出我国的自然地理环境，教学的侧重点在于让学生初步理解地理环境的发展变化，理解各个地理要素之间的相互关系。但如何从文化视角看待这些关系，特别是自然环境与人类生活、生产活动的关系，却没有着力体现。

人地关系研究的是人类活动与环境的相互影响和作用，这是中学地理课程内容的核心，是贯穿中国地理总论的主线。本章教材以"文化"为主题，从多个方面反映人类在某个特定地区长期与自然环境相互作用的结果，将人地关系作为明线凸显出来。

本章包括自然环境对民居、服饰和饮食的影响"地方文化特色对旅游的影响"和"学习与探究——设计一个旅游方案"三节。其中，第一节是文化地理学的内容。

文化地理是从文化的时空发展中探索人类文化与自然、经济和人文诸环境因素的关系。在初中地理课程中，一些文化现象与地理环境的关系是其研究重点。

在这节中，教材内容虽然只涉及民居、服饰和饮食等物质层面的文化现象与自然环境的关系，但却有着丰富的内涵与广阔的外延。本节对学生地理素养培养的价值表现在这几点：① 为学生开辟了新的学习领域，让学生尝试着从文化视角看待地理环境，看待人与环境的关系；② 为学生介绍文化地理学的一般研究方法，如实地考察、比较与类比等方法，这从教材"以文辅图"的编写结构中可以看出，因此，本节的教

学重点还在于对文化地理学一般方法的学习与领悟；③ 为学生树立人地协调发展的观念提供文化领域的支撑。

除了培养学生的地理素养外，本节也为后续学习奠定了基础。八年级上册将开始涉及中国区域地理的内容。届时，教材将在各分区地理特征的基础上融入人类生活、生产活动等内容，也就是有区域特色的、多层面的文化现象。这些都需要学生具备初步的将人文地理现象与当地地理环境建立联系后的"分析—解释—说明"的能力，而本节恰是这些能力训练与培养的起点。

因此，尽管本节教材呈现形式比较简约、图像化，内容与学生生活接近，似无学习难点，但从学生能力发展的长远角度看，却起着"四两拨千斤"的作用。这就需要教师仔细研读新课标，深挖教材内涵，认真分析学情，选择有效的教学策略，以促进学生地理素养和地理能力的发展。

（三）内容分析

1. 中国民居、服饰和饮食的地方特色

每一节每一框题的前半部分介绍的分别是中国民居、服饰和饮食的地方特色，主要从人们的衣、食、住等物质层面比较地域文化差异。

（1）我国地域辽阔，自然地理环境复杂多样，综合地形、气候等自然地理要素的地域差异显著。我国陆地分为四大地理区域：北方地区、南方地区、西北地区和青藏地区。其中，北方地区和南方地区处于我国东部季风区，大致以秦岭—淮河一线为界。在我国东部地区，南北差异是文化区域差异的主旋律。

中国文化的南北差异要目

要目	具体特点
南繁北齐	南方语言繁杂，北方语言比较划一。
南细北爽	南方人说话比较婉转，北方人比较直率。
南老北孔	南方是老庄学说发源地，北方是孔孟学说发源地。
南顿北渐	南方佛学有顿悟说，北方佛学禅宗讲渐修说。
南骚北风	南方文学以浪漫色彩的《离骚》为首篇，北方文学以现实主义的《诗经》为首篇。
南柔北刚	杏花春雨江南，南曲如抽丝；古道西风冀北，北曲如抡枪。
南拳北腿	南方武术以拳见长，北方武术以腿见长。
南文北武	南方多文才，北方多武将。
南米北面	南方人爱米食，北方人爱面食。
南甜北咸	南方人口味偏甜，北方人口味偏咸。
南敞北实	园林建筑南方多敞口，北方多封闭严实。
南经北政	南方经济文化发达，北方政治军事活跃。
南上北下	南方意识形态多次挺进中原，北方经济军事八次统一大陆。

上述表格比较的内容涉及物质文化、精神文化、制度文化等多层面的文化现象，教师可依据表格内容对教材做适度补充。补充内容的选择应依据近体性原则，即选择那些学生容易接受并理解的物质文化层面的南北差异。

（2）本节教材的编写独具匠心：一是凸显了人地关系主线，在民居、服饰、饮食等学生熟悉的方面选择了大量的文化地理现象，帮助学生初步建立了文化视角；二是突出了学生的认知方法，学生受生活地域的限制，对其他地域文化特色最好的了解途径就是各种形式的图像资源，因此，教材出示了三组典型图片，形象直观地说明了民居、服饰、饮食文化的地方特色，同时，图片本身也蕴含文化地理学的一些基本研究方法，如实地考察法，比较法等；三是教材呈现形式互补，如果书中只有典型图片，是不足以帮学生建立有效的知识结构的，因此书中还辅以简约的文字说明和阅读材料，这也为教师教学预留了很大空间。

从教材文图比例看，三组图片是教材的重点内容，编写者的意图在于培养学生的地理图像解读能力，这种能力既是地理知识又是重要的地理学习方法。

对教材中图片的教学把握，应体现几个层次。

① 正确辨识。学生能正确、快速识别基本地理事实，如能说出北京四合院、蒙古包、傣族服装、藏袍、烤馕等图片的主题，也就是回答"是什么"的问题。

② 分析说明图片中的文化特色所在区域的地理环境背景，能回答"在哪里"。如北京四合院分布在华北大平原，这里地势平坦开阔，是典型的温带季风气候，北京是中国历史名都，也是世界历史文化名城，有着深厚的皇城文化积淀。

③ 观察并说出图片呈现的文化特色，特别是对细节的观察，能回答"有什么"。如蒙古袍宽大、厚重，傣族服装的质地轻、薄、软。

④ 结合旧知，试着将区域文化特色与其地理环境建立联系，能回答"为什么"。如蒙古族世代生活在大草原上，过着游牧生活，马是他们最重要的交通工具和生产工具，而蒙古袍宽大、厚重，既便于骑射又能够御寒。

2. 自然环境对地方文化的影响

第一节每一框题的后半部分主要介绍自然环境对民居、服饰和饮食的影响。

我国各地自然条件差异显著，形成了不同空间尺度的独特的区域地理环境特征。这些独特的地理区域环境必然对长期居住于此的人们的生活和生产产生深刻的影响，从而形成各具特色的地域文化。

如果说，每一框题前半部分的意义在于为学生提供大量客观的文化地理现象的话，那么后半部分的价值就在于对这些文化现象进行地理归因。但是，考虑到学生已有知识和能力的局限，教材没有展开归因过程，只是陈述了结论，这符合初中地理教学的难度要求，也为教师预留了创造的空间。

需要注意的是，地理环境是文化发展的舞台，它直接或间接地影响着一些文化的发展。当然，也有些文化与地理环境的关联甚小，甚至几乎没有关联。所以，教师在地理归因时，不要陷入地理环境决定论之中。

（四）教学建议

1. 课时安排

1 课时。

2. 教学目标

（1）知识与技能

学生能根据一些图片中的典型事物，判断、说出我国一些地区的民居、服饰和饮食名称。

（2）过程与方法

学生通过观察图片、比较分析、简单归因，能把文化现象与所学地理知识联系起来，初步说明某地方的文化现象与地理环境的关系。

（3）情感态度与价值观

学生通过观看地方文化特色图片，初步学会欣赏和理解地方文化的多样性和丰富性，激发学生对地方文化的好奇心和探究兴趣。

3. 教学重点

（1）能根据图片内容说出地方文化与地理环境的关系。

（2）将读图感知的信息与已有的地理知识建立联系。

4. 教学难点

在文化现象与基础知识之间建立联系。

5. 教学方法建议

本课内容丰富，选材空间大，贴近学生实际生活，可选取以合作学习为主的探究式教学方法，从而调动学生学习的自主性和积极性。

教师可先提出有关问题，让学生以小组为单位，利用网络、实地调查等多种形式，收集以民居、服饰、饮食为代表的地方文化特色的资料，并加以筛选、利用，分析它们与自然环境的关系，最后学生汇报、展示自己的研究成果。

6. 教学过程建议

（1）引入新课

① 本节是中国地理总论的最后内容，此时学生已对我国主要自然地理要素的空间分布有了一定掌握。教师可运用中国地形图、中国气候图等专题地图叠加，帮助学生再现中国四大地理分区图。

② 展示我国各地多样的民俗风情图片，让学生直观感受各地独特的文化特色，了解人们对"文化"的基本界定，以及简单的"文化"划分。

（2）主要内容

① 提供一组民居（北京四合院、湘西吊脚楼、蒙古包、傣家竹楼等）的图片，指导学生读图：a. 说出它们的名称；b. 观察民居的建筑材料、构造和功能有什么特点。

② 提供一组民族服饰（藏族、高山族、鄂伦春族、傣族等）的图片，指导学生读图：a. 它们各是哪个民族的服饰？b. 这些民族服饰各有什么特点？（提示：从服装、服饰的款式、原料、薄厚、色彩、穿着方式等方面考虑）

③ 提供一组饮食文化（米饭、面条、大葱、大蒜、山西老陈醋、重庆麻辣火锅等）的图片，指导学生读图：说说它们都适合什么地区人们的口味。

这一步的教学有两个目的：a. 增强学生对物质文化层面的感性认识，积累素材；b. 帮助学生学习"观察—分析—比较"景观图片的文化地理学的一般研究方法。

④ 对照中国地形图，将这些图片逐一贴在图中相应的位置上，并简单说明理由。

这一步的教学目的是使学生将已有的对各地人们的衣、食、住等感性认识在地图上"对号入座"，帮助他们借助地理思维将地理事实转换为地理认识，并提升为对地方文化特色的理解与认同。

（3）教学拓展

初中地理教学重在地理现象、地理事实的呈现，难度不大，但对学生地理思维、地理能力的培养，以及进入高中，乃至进入社会都起着奠基作用，因此要关注与高中教学的能力"接轨"，并运用富有挑战性的问题调动学生的探究兴趣。

本节内容若站在初中教学的角度看，就是用文化视角看待地理环境；如果站在高中教学的角度看，则是环境整体性和差异性的文化表现。因此，建议教师从后者的角度选取案例，进行教学拓展，训练学生地理思维的灵活性和深刻性。

本节教材呈现的地方特色多表现为我国南北方的地域差异，从沿海到内陆的地域差异，这部分内容是学生容易理解的。因此建议教师从发现文化现象的垂直变化规律的角度，对学生提出新的挑战。比如，可为学生提供若干民居和服饰的图片，以及我国特定一处高山地区，请学生将民居和服饰图片排列组合后布置在山区的某个特定高度，并简要说明理由，进而总结出民居、服饰、饮食等文化现象的分布与地理环境的垂直变化也存在一定的关系，帮助学生发散地理思维，培养"建立联系"的地理能力。

专题二　教学目标的确定

明确地理教学目标是开展有效地理课堂教学的首要环节，是教师进行教学工作的指导方针，是教师确定课堂教学内容的基本依据，也是教师进行课堂教学评估的主要依据。如果要从根本上提高课堂教学的效率、质量和水平，就必须全面关注教学目标的确定与实施，如教学目标的合理性、丰富性等。教学目标不仅要指向明确而直接的教学结果，还要指向包括主动学习的兴趣、习惯、愿望、态度、方法、经历、体验、能力等因素。

本专题我们将探讨初中地理教学目标的有关内涵和功能，以及教学目标设计的基本要求和表述方法等，并通过一些案例加以分析说明。

一、认识教学目标的含义

问题：

教学目标与教学目的有什么不同？

课程目标与课堂教学目标是什么关系？

怎样才能更好地制订新课程下的课堂教学目标？

教学目标是对学习者通过教学后应该表现出来的可见行为的具体、明确的表述，包括外显行为和内部心理的两方面变化。

1. 教学目标的主体定位

我们可以把所要研究和讨论的初中地理课堂教学目标理解成对学生在地理课堂上的学习行为的一种目标定位，强调的是这种学习行为的可测量性和可检验性。

新课标中提到的有关地理教学的内容标准，可以理解为我们通常所说的教学目的，它与教学目标之间有着密切的联系，但也有所不同，具体体现在以下几方面。

首先，教学目的是教学领域里为实现教育目的而提出的一种概括性的、总体的要求，它对各级各类学校所有的教学活动都具有普遍的指导意义；教学目标只是对特定的教学活动起指导作用。

其次，教学目的体现了社会意志和客观要求，是以指令性的形式表现出来的，带有规定性；教学目标则更多地体现了教学活动主体的要求，带有相当程度的自主性。

最后，教学目的是某一个历史时期内学校教学的规范，不允许随意变更，具有很强的稳定性；教学目标则是一种策略，可以由教师根据需要加以调整、变更，具有较大的灵活性。

教学目标是教学活动的出发点和归宿，在教学过程中制约着教学策略和教学评价的设计，起到提纲挈领、纲举目张的作用。就一门具体课程而言，教学目标可以划分为不同的层次：课程教学目标、单元教学目标、课堂教学目标。其中，课堂教学目标又称为课时教学目标，是教学目标体系中最基础的层面，也是最具体的教学目标，是开展课堂教学活动和评价课堂教学效果的重要依据。

下面是一位教师在讲述"巴西"一课时设计的课堂教学目标，我们可以分析一下这样的设计是否合理，有没有需要改进和优化的地方。

1. 知识与技能

（1）让学生用自己的语言介绍巴西的概况。

（2）引导学生说出巴西的主要地形、主要气候特征等。

（3）培养学生根据巴西的相关资料提炼并阐述其自然和经济特征的能力。

……

2. 过程与方法

（1）能提升查阅资料获取有用信息的能力。

（2）在自主与合作的过程中增强综合应用能力，包括语言表达能力、与人合作能力、材料分析能力等。

3. 情感态度与价值观

……

（3）提高学生对热带雨林遭到破坏的忧患意识和积极保护、合理开发的意识，让学生懂得协调人地关系、保护生态环境的重要性和迫切性。

以往的地理课堂教学，很大一部分受传统的教学大纲的影响，过于强调教师的主导作用，反映在教学目标设计上就是，习惯于居高临下地使用"让学生……""使学生……""培养学生……""提高学生……"等语句，更多的是考虑教师的课堂教学是否完成了某一项或某几项任务，而不是检验学生在课堂学习中有没有达到预期的学习结果。这种课堂教学模式强调的是教师的主体地位，忽视了要把课堂作为学生学习、成长的平台的精神。

新课标认为，学生是学习的主人，是课堂活动的中心，是实现教学目标的主体，教师则是课堂教学活动中的指导者和参与者。因此，对教学目标的定位应该从学生学习的角度出发，陈述的是学生的课堂学习的行为结果，即变传统的"以教师为中心"的目标表述方式，为现在的"以学生为中心"的目标表述方式，做到以学生为第一人称来描述教学目标。在行为动词的陈述上，避免运用"培养""提高"等笼统、模糊的术语，而应采用更为具体、明确的可操作和可把握的动词。如中图版七年级上册中的"纬线和经线"的教学目标可以这样设计：① 运用地球仪，说出经线与纬线、经度与纬度的划分；② 能用经纬网确定任意地点的位置。再如，人教版八年级下册的"祖国的神圣领土——台湾省"的教学目标可以这样设计：① 能在地图上指出台湾省的位置和范围；② 会分析台湾省的自然地理环境和经济发展特色；③ 会运用资料，说明台湾省自古以来就是祖国不可分割的神圣领土。

2. 地理课堂教学目标三个维度的内涵

在现代教学理论中，课堂教学观念已经超越了传统的三维目标（地理知识目标、地理能力目标、思想品德目标）。现代教学理论不仅强调传统的重视结果的教学目标，更强调要在教学目标中突出教学的过程，这就是新课标中明确规定将课程目标概括为知识与技能、过程与方法和情感态度与价值观三维教学目标的意义所在。

（1）知识与技能

知识与技能主要指地理学科的基础知识和基本技能，重视知识与技能的培养，但不强求学科的系统性和完整性。

① 知识

感性知识——地理名称、地理分布、地理数据、地理景观、地理演变等。

理性知识——地理概念、地理特征、地理原理、地理规律、地理成因等。

② 技能

认知技能——地理观察、地理调查、图表分析、地图辨识、地理分析等。

动作技能——图表绘制、地理计算、地理统计、地理实验、工具使用等。

（2）过程与方法

过程与方法是地理课程改革的亮点，是指了解科学探究的过程和方法，学会发现问题、思考问题、解决问题的方法，学会学习，形成创新精神和实践能力等。

① 过程

学习过程、思维过程、探究过程、实验过程、解决问题的过程等。

② 方法

学习方法、思维方法、探究方法、实验方法、解决问题的方法等。

（3）情感态度与价值观

情感态度与价值观涵盖的内容十分广泛，它包括形成积极的学习态度，健康向上的人生态度，实事求是的科学精神和正确的世界观、人生观、价值观，从而成为有责任感和使命感的社会公民。就地理学科而言，包括诸如全球意识，环境伦理，人口、资源、环境与社会协调发展的观念，地理求知与创新的欲望，地理爱国情操，人文地理情怀，民族自尊、自信的情感，对异域文化的尊重，地理审美情趣等。此外，课程目标中情感态度与价值观还十分强调树立正确的人地观、环境伦理观和可持续发展意识，养成关心和爱护人类环境的行为习惯。

① 情感

学习情感——学习兴趣、学习热情、学习动机、学习目的、内心体验等。

地理情感——热爱祖国、热爱家乡、爱护环境、关爱他人等。

② 态度

学习态度、生活态度、个人态度、为人处世态度、务实态度、科学态度等。

③ 价值观

个人价值、社会价值、科学价值、审美价值、生态价值、资源价值等。

二、教学目标的陈述与设计要求

问题：

如何在教学目标中体现学生的学习水平？

如何表述体验性评价的教学目标？

如何表述结果性评价的教学目标？

教学目标陈述的是课堂教学过程中教师可以预期的学生学习的结果，从这个意义上来看，教学目标的陈述应该是可观察、可检测的。新课标的一个重要特点就是标准具有可操作性和可理解性，其内容标准把学生当作行为主体，以行为目标的方式进行具体、精确地陈述，使标准有了较好的清晰度，保证了标准的可测性。地理教学作为实施新课标的主要途径，其教学目标的陈述应与新课标保持一致。

1. 新课标要求下的课堂教学目标陈述

传统的教学目标在设计时往往存在不可检测、陈述含糊不清等缺点，比如，"通过……""使学生认识到……""使学生了解……""培养……精神""使学生树立……观念"等。尽管这些目标也含有期望学生经过学习后产生很大变化的意向，但它并没有包含检查学生实际是否达到上述意向的标准，不同的人对它的理解也不尽相同。这种目标由于不具有可测性而给教学评价带来了一定困难，使教学目标应有的评价功能大打折扣。就上述提到的目标而言，"学生认识到了没有""了解了没有""观念树立了没有"等问题，都无法直接被观察到、检测出。因此说，在实际教学中，这种目标形同虚设。

在新课程改革中，对教学目标的设计要求有"可测性教学目标"的陈述。这种陈述与传统的教学目标陈述存在着明显的不同（见下页表）。

三维目标	传统教学目标陈述	可测性教学目标陈述	两者之比较
知识与技能	1. 知道黄河的发源地,注入的海洋,长度,流经的省区、地形区和主要支流。 2. 了解黄河上、中、下游的划分界限及各段特征。	1. 能说出黄河的发源地,注入的海洋,长度,流经的省区、地形区和主要支流。 2. 说出黄河上、中、下游的划分界限及各段特征。	1. 传统目标陈述不准确,简单,泛化,难以操作,难以检测。 2. 可测性目标陈述较明确、具体、细化,便于操作和测量。 3. 可测性目标陈述采用梯级设计,层次性较强。 4. 可测性目标陈述采用活动性目标反映情感态度的变化。
过程与方法	了解黄河的相关资料,知道黄河既是中华民族的母亲河,又是世界上最难治理的河流之一,从而培养辩证思维。	通过课外阅读、上网浏览、讨论等学习方式和途径搜集黄河的相关资料,知道黄河既是中华民族的母亲河,又是世界上最难治理的河流之一,从而培养辩证思维。	
情感态度与价值观	通过学习本课,增强民族自豪感,树立可持续发展观。	1. 从了解灿烂的黄河文化、中国文化的博大精深的过程中增强民族自豪感。 2. 在了解黄河的利用与治理并在为黄河流域的可持续发展献计献策的过程中,培养主人翁意识,树立可持续发展观。	

此外,对教学目标的设计还要求采用结果性目标和体验性目标两种目标陈述方式,并且规范了在教学目标的陈述中能体现学生学习水平与行为的动词。

对于学生的学习结果,应该用尽可能清晰的、便于理解及操作的行为动词从知识与技能、过程与方法、情感态度与价值观三方面进行描述。

结果性目标的陈述方式,明确表达学生的学习结果是什么,所采用的行为动词要求具有表达明确、可测量、可评价的特点。这种方式指向可以结果化的课程目标,主要应用于知识与技能领域,如"运用地图辨别方向、量算距离、估算海拔与相对高度"。

体验性目标的陈述方式,主要描述学生自己的心理感受或体验,明确安排学生表现的机会,所采用的行为动词往往是体验性、过程性的。这种方式指向无需结果化的或难以结果化的课程目标,主要应用于过程与方法、情感态度与价值观领域,如"通过角色模拟讨论有关地理问题,如扮演政府官员、热带丛林土著居民、世界环保组织成员、开发商等角色,讨论亚马孙流域热带雨林的开发与保护问题"。

无论是结果性目标,还是体验性目标,都应尽可能地采用便于理解、便于操作、便于评估的行为动词来刻画。

如对于知识的了解,新课标没有仅仅停留在简单地以"了解"描述对有关知识内容的要求上,而是以"说出""背诵""辨认""列举""复述"等操作性较强的动词来进一步刻画"了解"的具体含义，以便教师在教学和评价过程中把握要求。

（1）有关结果性要求的目标动词

① 知识方面

a. 了解水平

了解水平包括再认或回忆知识，识别、辨认事实或证据，举例，描述对象的基本特征等。行为动词有"说出、描述、举例、列举、识别、知道、了解、指认、确定"等。实例：

"运用地球仪，说出经线与纬线、经度与纬度的划分。"

"识别常用的天气符号，能看懂简单的天气图。"

b. 理解水平

理解水平包括把握内在逻辑联系，与已有知识建立联系，进行解释、推断、区分、扩展，提出证据，收集、整理信息等。行为动词有"解释、说明、比较、理解、归纳、判断、区别、预测、对比、收集、整理"等。实例：

"用地理现象说明地球的自转和公转。"

"区分'天气'和'气候'的概念，并能正确运用。"

"运用地图和其他资料归纳世界人口增长和分布的特点。"

c. 应用水平

应用水平包括在新的情境中使用抽象的概念、原则，进行总结、推广，建立不同情境下的合理联系等。行为动词有"应用、运用、设计、编辑、撰写、总结、评价"等。实例：

"运用世界地图说出七大州、四大洋的分布。"

"运用地图简要评价某区域的地理位置。"

"围绕某区域自然资源开发利用、自然灾害防治、节能减排、低碳生活等主题，自拟题目，撰写小论文。"

② 技能方面

a. 模仿水平

模拟水平包括在原型示范和具体指导下完成操作，对所提供的对象进行模拟、修改等。行为动词有"模拟、模仿、重复、再现"等。实例：

"开展我国省级行政区单位拼图游戏。"

"自选实验材料或使用计算机，设计实验，模拟海底扩张、大陆漂移。"

b. 独立操作水平

独立操作水平包括独立完成操作，进行调整与改进，尝试与已有技能建立联系等。行为动词有"绘制、测量、测定、查阅、计算、试验"等。实例：

"运用气温、降水资料，绘制气温曲线和降水量柱状图。"

"比较不同交通运输方式的特点。"

c. 迁移水平

迁移水平包括在新的情境下运用已有技能，理解同一技能在不同情境中的适用性等。行为动词有"联系、灵活运用、举一反三、触类旁通"等。实例：

"选择一个教材没有介绍过的区域，收集、整理资料，归纳该区域地理特征，以适当方式（如墙报、图片展等）予以展示，并回答同学的质疑。"

"开展乡土地理调查、为家乡建设献计献策等活动。"

（2）有关体验性要求的目标动词

① 经历（感受）水平

经历（感受）水平包括独立从事或合作参与相关活动，建立感性认识等。行为动词有"感受、体验、体会、尝试、感知、寻找、交流、参观、访问、调查、考察、接触"等。实例：

"收集并交流反映我国主要民族风俗、服饰的图片和文字资料，描述、讲解这些民族的风土民情。"

"参观当地的气象台站或大气环境监测站。"

② 反应（认同）水平

反应（认同）水平包括在经历基础上表达感受、态度和价值判断，做相应的反应等。行为动词有"认同、接受、反对、欣赏、喜欢、讨厌、感兴趣、关心、重视、尊重、爱护、珍惜、拥护、帮助"等。实例：

"关心家乡的环境与发展。"

"尊重世界不同国家的文化和传统，增强民族自尊心、自信心和自豪感，理解国际合作的意义，初步形成全球意识。"

③ 领悟（内化）水平

领悟（内化）水平包括具有相对稳定的态度，表现出持续的行为，具有个性化的价值观念等。行为动词有"形成、养成、树立、建立、坚持、增强、领悟、追求"等。实例：

"养成关心和爱护地理环境的行为习惯。"

"了解家乡的发展规划，关注家乡的未来发展，树立建设家乡的志向。"

2. 教学目标设计的基本原则

教学目标反映的是学习结果的类型和相应的学习水平。其范围广泛，不仅包括知识，还包括能力和情感，要求有层次性、发展性，切实可行。总体来说，教学目标设计应该符合以下几个原则。

（1）整体性和联系性原则

尽管课程目标是从三个维度陈述的，但其实质是相互渗透、水乳交融的有机整体。过程与方法是桥梁与纽带，是学生获得地理知识、地理技能，形成正确地理情感态度与价值观的主渠道，是掌握科学学习方法的途径；知识与技能是基础性目标，是学生地理知识与技能的积淀之源，是过程与方法、情感态度与价值观的物质载体；情感态度与价值观是终极目标，是实现知识与技能的掌握、形成有效性过程和科学方法的动力，在探索知识和学习方法的过程中起到推动作用，是实现教育育人的基本功能。

教师在课堂教学目标设计中，要将三维目标有机地整合起来，以达到提高学生综合素质的目的。如在人教版七年级上册"聚落与环境"的教学中，可以将教学目标设计成，学生根据课本插图（《西亚的村庄》《北极地区因纽特人的冰屋》《我国黄土高原上的窑洞》《我国云南西双版纳地区的傣族竹楼》等）和自己搜集到的世界各地民居的资料图片，分组探讨聚落民居与当地自然环境的密切联系，总结出各地民居与气温、降水等的关系。学生借助资料讨论得出结论：世界各地民居的建筑外貌、建筑材料都因环境而异，说明了人类活动必须尊重自然规律，顺应当地环境，而各具特色的建筑之美又都来自于同自然环境的巧妙结合，同时，不同地域居民的生产、生活，也由于环境不同，而变得多姿多彩。这样，就使学生由分组讨论时对民居与环境的关系的感性认识上升到理性认识，即在前面的知识与技能、过程与方法两个目标维度的基础上，生发出"树立人地协调发展的环境观""培养正确的审美情趣""形成科学的生活态度"等情感、态度目标。这种三维目标的有机整合，对提高本节课的综合教学效果、促进学生的全面发展将起到良好的推动作用。

（2）层次性和适应性原则

地理教学目标分为不同的层次。其中，课程目标是所有层次教学目标的总方向，是最高层次的目标；单元目标是课程各个组成部分的具体要求；课堂教学目标是对每课时教学的具体要求，也是教学目标体系中最基础、最具体、最具操作性的目标。

因此，教师在确定某一堂课的课堂教学目标时，必须从地理课程的总目标出发，在明确阶段目标、单元目标的基础上，有针对性地确定课堂教学目标，注意考虑目标体系的横向作用，如知、能、情的相互联系和转化，同时，还要注意各层次目标的纵向联系，使各单元教学目标之间、课时教学目标之间具有连续性和递进性。

当然，不同层次的教学目标的要求和定位是存在差异的。在根据不同层次的教学内容设计教学目标时，教师应该根据具体的教学内容和学生的实际状况，制订层次不同的教学目标。目标设计不能没有层次，没有区分度，不能有不同层次的目标叠加、错乱等现象。

例如，某教师在设计"中国的人口"一节（第一课时）的教学目标时，把知识与技能目标设计为：

1. 知道我国人口众多，是世界上人口最多的国家。

2. 记住我国人口分布不均，东南多，西北少。

3. 记住我国农村人口比重大，城镇人口比重小。

4. 知道我国外籍华人、华侨多。

分析：该目标的设计不太合理，仅仅局限于了解水平，对初中生来说偏低了。存在这些现象的原因主要是教学设计者仅仅对新课标和地理教材进行了一定程度的分析，而没有对学生的已有知识和学习能力进行调查和分析，难以满足大多数学生的学习要求，这样就很难保证教学任务的统一完成和顺利进行。

（3）可测性（可操作性）原则

教学目标是评价教师教学效果和学生学习效果的依据。教学目标要发挥"标准"的作用，就必须是可观测的。如果教师提出的教学目标是含糊的、笼统的，那就难以观测。因此，在进行地理教学目标设计时要尽量避免使用含糊笼统的行为动词，克服地理教学目标陈述模棱两可的现象，应使用意义比较单一的行为动词，如说出、列举、区分、解释、使用、分析、归纳、设计、计算、绘制等，力求目标的陈述明确具体，可以观察、测量和操作。

然而，有些教师设计教学目标时还在使用一些含糊笼统、抽象的行为动词，使得结果难以测量、过程难以操作。

例如，在"中国的农业"一课中，在教学"因地制宜发展农业"这一环节时，教学目标被设计为：

1. 掌握农业生产的主要区位因素及其发展变化对农业生产区位选择的影响。

2. 懂得对不同的农业生产部门进行合理的区位选择。

3. 树立农业生产要因地制宜、人地协调的发展理念。

分析："掌握""懂得"等词，都是表示内部心理过程的术语，缺乏质和量的具体规定性。由于人的心理过程无法直接观察，对这些词语的理解就可能有很大差别。因此，用这些术语表述教学目标，就会使教学目标比较含糊、笼统、抽象，难以测量和操作，从而使目标的设计流于空泛，甚至形同虚设。

三、设计优秀的课堂教学目标

问题：

好的课堂教学目标有什么特点？

好的教学目标的设计是唯一的吗？

怎样写出好的教学目标？

在网络上可以搜集到众多关于"什么样的课堂教学目标设计是优秀的、科学的"的观点和看法。例如，有的观点认为，好的教学目标应符合以下标准。

（1）教学目标陈述的是学生学习的预期结果，包括认知、情感和动作技能三个领域。

（2）教学目标的陈述应力求明确、具体，可以观察和测量，尽量避免使用含糊的和不切实际的语言。

（3）目标的陈述应反映学习结果的类型，如陈述性知识、程序性知识、策略性知识、言语信息、概念、规则、问题解决、态度和动作技能，等等。

还有的观点是从教师在设计具体的课堂教学目标时应该考虑的一些问题出发的，主要考虑到以下几点。

（1）目标应适应学生的年龄、已有经验和能力发展的需要。

（2）目标制订应该是有依据的，如学业成绩、能力倾向、个性和行为测试等。

（3）目标内容应具有科学性、真实性与权威性。

（4）目标制订应符合学与教的原理。

（5）应以学生的兴趣和要求，而非教师或成人的要求来制订目标。

（6）目标内容应涉及多个学习领域，而不仅是学习的一个方面或认知领域。

（7）目标应尽可能培养学生的较高思维水平的技能，而不仅仅是知识或简单任务。

（8）目标应与本学科目标、本年级的培养目标一致。

（9）目标应具有适应性，可随不同的教育和社会情境而变化。

我们认为，任何教学目标的制订都必须结合新课标的要求，结合学生先前的学习状况，结合具体学习任务的特点等教学因素。接下来，我们要讨论的就是如何设计比较合理的课堂教学目标。

1. 如何设计课堂教学目标

首先，要以新课标中的三维目标为基础，系统考虑课堂教学目标的设计。

知识与技能、过程与方法、情感态度与价值观三维目标是针对整个地理课程的，是将地理课程要达到的各种目标先综合再分类的一种表述形式。教师设计教学目标，需要以新课标规定的整体目标为依据，同时，还要根据自己的教学实际进行表述。比如，除了考虑一个学期的总目标外，还要考虑按专题而不是仅仅按课时来设计的单元教学目标。课程总目标中的很多东西，不是在一节课中就可以实现的，如地图学习和使用的意识及能力等。但设计中只有一个总目标，如学期目标，然而在教学中又不好把握，就需要设计单元或专题目标。

实际上，新课标中的"标准"一栏中，已经将学习内容、涉及的技能和能力、可能有的情感态度与价值观等都结合在一起了。教师只要根据自己的班级情况稍加调整，就可以作为我们的教学目标。比如，新课标有一条为"在地图上找出某地区的位置、范围、主要国家及其首都，读图说出该地区地理位置的特点"，如果在讲台湾省，就可以设计这样的教学目标："学生会运用地图说出台湾省的位置和范围，并说出台湾省的地理位置的特点。"

其次，从学生的角度考虑教学目标。

简单地说，教学目标的具体内容是为学生设计的，所以教学目标可以使用上述"学生会……"之类的表述方法。因为学生是有差异的，所以设计教学目标时，如有必要，可将某些目标分层次。比如，对一些新课标要求的内容，可设计"全体学生能够……"的目标；对有些内容，可设计成"大部分同学能够……"；如果班里有一些能力比较强的学生，也可以设计"个别学生能够……"的目标。新课标是最低标准，可有的学生学习能力很强，觉得新课标的内容比较简单，对这些学生应该怎么办？针对这种情况，教师就可以在设计课堂教学目标时分层设计一些超出新课标的目标。当然，要根据学生的实际情况灵活设计，避免形成新的束缚。

最后，使用容易把握的行为动词。

教师设计目标后，应该及时检查。用行为动词写教学目标，便于我们检查学生是否达到了这些目标。比如，"说出""举例"都是与"理解"有关的动词，但比"理解"更好把握，所以，在设计教学目标一般提倡使用"说出""举例"等具体、可测的词，而较少用"理解""了解"等比较泛化的词。

2. 强调"过程与方法"的目标设计

过程与方法作为课堂教学目标的一个非常重要的维度，要求教师在教学目标的设计中，将能力与知识的要求紧密地联系起来，体现出教学目标是对学生学习行为的描述，尤其是绝大多数学生所能达到的目标。在描述中如何更好地体现这样的要求呢？我们认为，在描述过程与方法教学目标时，要注意以下几个要素：行为主体、行为动词、行为条件、表现程度。通过对这四个要素的说明，教师可以将课堂教学目标的基本要求表达出来。例如：

"运用地球仪　　说出　　经纬线、经纬度的划分。"
　　行为条件　　行为动词　　　　主题内容

这就是通过省略了行为主体，以行为动词、行为条件等说明学生在学习有关地球的经纬线的知识中的有关教学目标。

过程与方法是将新课程改革的三个维度目标的要求综合起来的重要纽带。例如，在设计让学生学会通过读图分析，说出我国地形、地势的主要特征的教学目标时，可以把这个目标写成"学生会运用中国地形图，指图说出我国地形、地势的主要特征"，这一写法已经将"我国地形、地势的主要特征"这个知识方面的要求和"会运用地形图"这个技能方面的目标结合在一起了。

3. 地理课堂教学目标设计实例分析

下面是教师实际课堂教学的教学目标设计实例，其中有些设计科学、合理，符合课标的要求，也有一些目标的设计仍存在问题。希望通过对具体实例的分析，大家能更好地理解有关课堂教学目标的设计要求。

案例1

"统一的多民族国家"教学目标设计

教学目标：

1. 知识目标

(1) 识记我国是统一的多民族国家，各族人民共同缔造了伟大的祖国。

(2) 理解我国新型的民族关系，以及处理民族关系的基本原则。

2. 能力目标

（1）理解我国解决民族问题的原则，坚持从实际出发，适合我国国情，让学生尝试用历史的、辩证的眼光观察、评价问题，提高学生的比较、鉴别能力。

（2）引导学生利用已有的历史、地理知识，深入学习本课，培养学生善于将不同学科的知识综合起来，不断提高综合运用知识的能力。

分析：本课的教学目标很明显是按照传统的知识、能力和德育目标的教学设计要求而设置的。按照新课程改革的要求，在表达方式上，应改为知识与技能、过程与方法、情感态度与价值观。

在本课的教学目标设计中，对行为动词的运用仍然还有比较模糊、空泛的词语，如"理解""尝试"等。在知识目标方面，有明显的知识遗漏，如对我国民族"大杂居、小聚居"的分布特点如何把握，没有具体提到。在对学生的能力要求上，设计比较空、大，学生在实际的学习中难以把握。

最突出的问题是，本节应该是一节很好的对学生进行情感态度与价值观教育的内容，但设计者在这一方面没有太多的设计要求，忽视了初中地理对学生该方面的学习要求，没有从"各民族互帮互助，和睦共处，组成统一的祖国大家庭"的学习中，增强学生"加强民族团结"的意识。

案例 2

"地球的震颤——地震"教学目标设计

教学目标：

1. 知识与技能

（1）举例说明地震的危害，包括直接危害和间接危害。

（2）复述产生地震的原因。

（3）能够区分可以避免的地震和无法避免的地震的类型。

（4）举例说明在地震的不同阶段（地震前、地震中、地震后）正确保护自己的方法。

2. 过程与方法

（1）以任务驱动的形式体验"猜测—试验并收集试验数据—分析试验结果"的探究活动过程。

（2）通过阅读文字资料、观看影像资料，思考、探究、协作学习，能够从相关信息中提取有用的信息，并对信息进行归纳，使之条理化。

（3）在小组讨论交流中，能够清楚地表达自己的观点或意见，并能对他人的意见进行评估和借鉴。

（4）当处于地震的不同阶段时，能选择正确的方法保护自己。

（5）在与实际生活紧密相关的问题的探究解决过程中增强对地理学习的兴趣。

3. 情感态度与价值观

（1）通过对可避免地震成因的分析，增强对环境、资源的保护意识。

（2）树立正确的防灾减灾意识，培养面对灾难沉着冷静的态度。

（3）树立珍爱生命、关爱生命的态度。

分析：本节课属于北京市义务教育课程改革实验教材七年级上册第二章"我们生活的地方——北京市"中第五节"地震的威胁"中的内容，包括"北京是地震多发区""地震的发生""防震和抗震"三部分。"北京是地震多发区"包括"中国和世界地震带的分布"和"地震的危害"，其中"地震的危害"是重点内容；"防震与抗震"是重点也是难点，要求学生通过教师提供的资料，小组协作学习、探究、讨论，在地震前、地震中、地震后能选择正确的方法保护自己，从而脱离险境。本节课在教材的基础上进行了深入探讨和拓展。

本节课的设计充分体现了贴近学生生活实际、学习对生活有用的地理的思想。通过学习，达到指导学生生活的目的：万一灾难来临，学生能够运用所学知识，保证自己的生命安全，把灾害减到最小。

专题三 教学设计

教学设计就是应用系统理论、传播学理论和学习理论对教学过程各要素进行整合，并合理安排和计划的过程。教学设计可概括为三个问题：① 教什么和学什么；② 如何教和如何学；③ 教得怎样和学得怎样。其实质依次是目标、策略、评价三个方面的问题。

教学设计的本质是一个分析学习需求，确定教学目标，设计解决方法，就解决方法进行实施、反馈、调整、再实施直至达到预期的教学目标的过程。教学设计主要包括分析教学中存在的问题和学生在学习中的需求，确定解决问题的策略、方法和步骤，选择合适的反馈及评价方式等三个方面的内容，教学设计是一个不断完善的过程，在教学过程中会不断生成新问题、新情境，教师必须随时调整自己的教学策略和方法，也就是说，教学设计要伴随教学实施的始终。

一、教学设计概述

问题：

什么是教学设计？

教学设计为什么需要理论分析？

如何看待教学设计中的各种理论？

优秀的教学离不开教师精心的设计，学生会在精心设计的教学中受益匪浅。

1. 教学设计的基本含义

教学设计也称教学系统设计（Instructional Design，简称 ID）。教学设计是一个为达成一定的教学目标，分析教学任务、学习对象、学习内容，设计教学策略、学习资源和评价方式的系统过程。教学设计以传播理论、教学理论和学习理论为理论基础，运用系统方法进行操作。教学设计主要包括三个方面的内容。

一是教师要钻研、吃透教材，明确教学目标。教师要准确把握教材中包含的基本知识、基本技能、基本方法和智能训练。例如，初中地理以人地关系为线索，阐明地球的宇宙环境，构成地理环境的大气圈、水圈、岩石圈和生物圈，以及资源、能源、农业、工业、人口、城市、人类与环境的基础知识和基本原理，使学生了解和认识地理环境的基本面貌和特征，学会运用材料、图表、地图去阐述问题和分析问题。

二是了解分析学生状况。学生是教学的对象，是学习的主体。教师要了解学生的身心特点、学习兴趣、思想情绪、现有知识水平等，以便预测和解决学生学习时可能出现的困难与问题。

三是要选择恰当的教学方法。教师要坚持"教必有法，但无定法，重在选择，贵在得法"的原则，以教学目标为依据，结合学生知识水平和接受能力的实际情况，认真选择行之有效的教学方法，从而圆满地完成教学目标。

根据教学内容的不同，教学设计可以分为学科课程教学设计、学科单元教学设计和学科课堂教学设计三个层面。

本专题重点介绍的是初中地理课堂教学设计，着重研究在初中地理课堂教学过程中，针对不同的教学内容，如何设计课堂教学的教学目标、教学内容、教学媒体、教学过程等基本要素。

一般情况下，课堂教学设计应该包括新课标的分析、学习者及其需要的分析、教学内容的分析、教学目标的确定与阐述、教学策略的制订与教学方法的选择、教学媒体的选择和运用、教学过程的设计、教学评价的设计等要素。

2. 教学设计的重要作用

教师在实施课堂教学活动前，为什么要进行有关课堂教学的教学设计呢？简单地说，教学设计就是为了解决教师在课堂教学中"教什么"和学生"学什么"的问题，是为了解决"怎样教"和"怎样学"的问题，也是为了解决"教学效果"的问题。

由此可以看出，教学设计的过程实际上就是为教学活动制订蓝图的过程。通过教学设计，教师可以对教学活动的基本过程有整体的把握，可以根据教学情境的需要和教育对象的特点确定合理的教学目标，选择适当的教学方法、教学策略，采用有效的教学手段，创设良好的教学环境，实施可行的评价方案，从而保证教学活动的顺利进行。另外，通过教学设计，教师还可以有效地掌握学生学习的初始状态和学习后的状态，从而及时调整教学策略、教学方法，采取必要的教学措施，为下一阶段的教学奠定良好基础。从这个意义上说，教学设计是教学活动得以顺利进行的基本保证。好的教学设计可以为教学活动提供科学的行动纲领，使教师在教学活动中事半功倍，取得良好的教学效果。相反，如果我们在实际课堂教学工作中，忽视教学设计，则不仅难以取得理想的教学效果，而且容易走弯路，使课堂教学出现随意性，进而影响教学任务的完成。

3. 地理教学设计的理论基础

探究地理教学设计的基本理论，掌握地理教学设计的基本方法，是提高地理教学设计质量、提高地理教学效果的基本途径。

（1）地理教学理论

地理教学理论是地理教学设计最直接的理论来源，是地理教学实践经验的总结和系统反映。地理教学理论认为，突出人地关系、注重空间关系是地理学科教学的鲜明特色。人地关系既是地理教学的核心内容，也是地理教学设计的思想论、方法论。地理教学设计应有利于学生认识人地关系，理解协调人地关系的基本途径，懂得可持续发展的重要性。地理事物之间存在着空间关系、因果关系、层次关系、包容关系、并列关系、利害关系等错综复杂的多种关系，它们共同组成了绚丽多彩的大千世界，其中最重要的是空间关系。地理教学设计中突出地理事物的空间关系是促进学生地理智慧成长的有效途径。

（2）建构主义学习理论

学习理论的意义在于探索和揭示人类学习过程的本质和规律，指导人类的学习活动，特别是在指导学生的学习和教师的课堂教学方面具有重要意义。

建构主义者认为，知识不是通过教师传授得到的，而是学习者在一定的情境即社会文化背景下，借助其他人（包括教师和学习合作伙伴）的帮助，利用必要的学习资料，通过意义建构的方式获得的。

在这种理论的指导下，教学设计不仅要考虑对教学目标的分析，还要考虑有利于学生建构意义的情境的创设。建构主义者把情境创设看作是教学设计的最重要的内容之一。在课堂学习方法上，建构主义提倡在教师的指导下，以学生为学习的中心，强调学生作为学习者的认知主体作用，但又不忽视教师的指导作用。教师是意义建构的帮助者、促进者，而不是知识的传授者与灌输者，学生是信息加工的主体，是意义的主动建构者，而不是外部刺激的被动接受者和被灌输的对象。

在教学中，明确学生的主体地位对于发挥学生在地理学习过程中的主观能动性有重要作用。从学生在地理教学活动中的认识方式看，他们主要通过听讲观摩、阅读课本、识图用图、形象感知、思维操作、计算操作、解题练习、质疑问难、情境探索、讨论交流等方式，学习、理解和领悟地理科学知识与价值观念，养成行为技能。所以，在进行地理教学设计时，教师要注意通过以上这些认识方式，结合学习内容为学生积极主动的学习创设情境、提供条件。

（3）系统科学理论

地理教学是由教学目的、教材、教师、学生、教学方法、教学媒体、教学环境等诸多因素构成的运动系统。系统科学理论能为地理教学设计提供指导。在地理教学设计中应用系统科学的整体原理、有序原理和反馈原理，能有效整合教学因素，发挥教学系统的整体功能。在具体的教学设计中既要做到明确每个教学因子在教学进程中的作用，又要为每个因子发挥作用提供时间、条件或机会。设计教学过程应遵循一定的顺序，即应符合学生认知、心理发展，尤其是认知发展的顺序。例如，地理感性知识是地理理性知识掌握的基础；陈述性、程序性和策略性的地理知识的学习与掌握也存在内在联系和学习顺序；学习能力的培养和发展应遵循由简单到复杂的顺序。同时，任何系统只有进行反馈才能实现有效控制，因此要注意教学中的反馈设计，这样才能更好地完成教学任务，实现教学目标。

（4）传播理论

教学是一种信息传播的活动。因此，传播理论是构成教学设计的理论基础之一。

传播理论中有关信息通道、信息结构、信息数量方面的理论对地理教学设计具有直接的指导意义。

① 信息通道与地理教学设计

研究表明，人类各种感觉器官的功能是不同的，在相同条件下，五官获得知识的多少有差别，通常，视觉和听觉的效果最好。如果在课堂教学中，能够将这两种感官结合起来，学习的效率就会大大提高。因此，我们在教学设计中，对于教学媒体的选择、教学活动的组合就要考虑视觉和听觉的配合，以实现高效率的课堂教学。

② 信息结构与地理教学设计

传播不仅与信息的意义相关，而且与信号的形式和结构也有密切的关系。信号的合理结构是有效传播的必要条件，无序的信号常常由于缺乏结构易被遗忘。

③ 信息数量与地理教学设计

信息的多少也会影响教学效果。过多的信息会形成信息冗余，没有意义；而信息量不足，又会滞后于学生的智力，对学生发展不利。所以，教学设计中选择适量的地理信息是十分必要的。

按照信息理论的观点，教学过程是一个信息传播，特别是教育信息传播的过程。美国政治家拉斯韦尔提出了"5W"模式，分析了教学传播活动中的"谁"（who）、"说什么"（says what）、"通过什么途径"（in which channel）、"对谁说"（to whom）、"产生什么效果"（with what effect）。布雷多克在此基础上又增加了"为什么"（why）、"在哪里"（where），提出了"7W"模型。这七个方面对应的教学设计的主要内容见下表。

序号	传播过程要素	教学设计过程要素
1	为了什么目的（Why）	学习需要分析、教学目标分析
2	传播什么内容（What）	学习内容分析、教学内容分析
3	由谁传播（Who）	教师、教学资源的可行性分析
4	向谁传播（Whom）	学习者（教学对象）分析
5	如何传播（Which channel）	教学策略的制订、教学媒体的选择
6	在哪里传播（Where）	教学环境分析
7	传播效果如何（What effect）	教学评价

可见，传播过程要素是构成教学设计过程的基本因素，其相应领域如传播内容分析、受众分析、媒体分析、效果分析等研究成果在不同程度上被教学设计中的学习内容分析、学习者分析、教学媒体的选择及教学评价等环节所吸收。

传播理论作为教学设计的理论基础，对教学设计的意义在于这几方面：第一，说明了教学传播过程所涉及的要素；第二，揭示了教学过程是一个复杂的动态的传播过程；第三，指出了教学过程的双向性；第四，指出了教学过程中各种要素之间的动态的联系。

二、教学设计的主要内容

问题:

教学设计的基本环节有哪些?

教学设计的基本流程如何?

如何进行各个教学环节的设计?

最初的课堂教学活动是教师凭借自己多年的教学经验来备课、上课的。随着教学经验的积累,我们会发现教学中的许多东西都是有规律可循的,教学活动是一种有序的活动,我们可以通过对教学活动进行认真的设计,把教学过程中的一些主要内容,如教学目标、教学策略等进行分析和概括,制订出初步的课堂教学实施顺序,从而更好地为课堂教学提供依据和指导。那么,一般的课堂教学设计是一个怎样的过程呢?

我们认为,完整的教学设计,应该包括以下三个基本环节。

分析环节:包括地理课堂标准的分析、地理教材的分析、学习者的分析等。

设计环节:主要由地理教学目标设计、课堂教学内容设计、课堂教学策略设计、课堂教学过程设计等组成。其中,教学策略设计又包括地理教学顺序的确定(教学流程图)、地理教学活动的安排、地理教学形式的组织、地理教学方法的选择、地理教学媒体的设计等。

评价环节:主要是对教学设计过程、成果和教学实际效果的综合评价。

地理课堂教学设计的主要内容及其流程见下图。

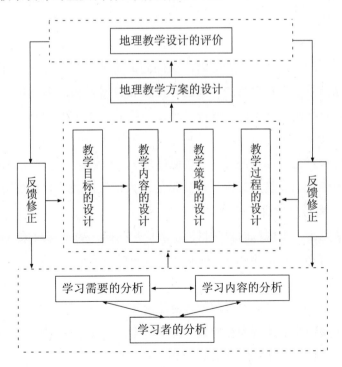

1. 教学设计的前期背景分析

（1）新课标的分析

新课标是教材的指向标，更是教材的精髓，教材则是新课标要求的具体体现。新课标具体规定了学生在每部分课堂学习结束后应该达到的基本水平（一般认为是最低标准要求），教师可以根据自己教授的教材（可能有多种不同版本的教材）中的有关内容和新课标中规定的具体要求，设计相应的教学过程和教学策略。

例如，在进行地理课堂教学设计时，可以依据新课标，把握教学内容的深浅尺度：新课标要求掌握的内容，作为重点教学；新课标要求了解的内容，只需简略讲解；新课标没有要求掌握的内容（甚至是教材中尚未出现的），可以让学生阅读，最多是做了解要求，以免增加学生的学习负担而降低学习地理的兴趣。

（2）教材的分析

说明教材使用版本、第几册、第几单元、第几课等；分析具体的教学内容及其地位和教育功能等。

（3）学生情况分析

教学设计的重要环节之一就是对学习者的分析，主要包括对学习者的认知发展特征、学习需要、学习动机、学习风格与学习方式等方面的分析。其中，对学习者的学习需要分析最为重要。

在教学设计中，学习需要是一个特定的概念，指学习者目前的学习状况与所期望达到的状况之间的差距，即学习者学习成绩的现状与教学目标（或标准）之间的差距。学习需要分析具体包括三个方面的工作：通过调查研究，分析教学中是否存在要解决的问题；分析所存在的问题的性质，以判断教学设计是不是解决这个问题的合适途径；分析现有的资源及制约条件，以论证解决该问题的可能性。学习需要分析是一种问题或差距分析，其结果是获得可靠的"问题"资料和数据，从而形成切实可行的教学目标，而这个教学目标则是指引教学设计一环接一环正常进行的主要依据。

2. 教学目标分析

教学目标也称行为目标，是对学习者通过教学以后将达到何种状态的一种明确的、具体的表述。教学目标应是可观察、可测量的。为了保证教学目标的可操作性，通常采用 ABCD 方法编写教学目标。

ABCD 方法是指一个规范的教学目标一般应包括四个要素：对象（Audience）、行为（Behavior）、条件（Condition）、程度（Degree）。

对象——教学对象。

行为——主要说明通过学习，学习者应能做什么。

条件——主要说明上述行为在什么条件下产生。

程度——规定行为应达到的程度或标准。

在一个教学目标中，行为的表述是最基本的部分，不能省略。相对而言，条件和程度是两个可选择的部分。描述行为的基本方法是使用一个动宾结构的短语，其中行为动词说明学习的类型，宾语说明学习的内容。具体分析可以参见专题二中的有关内容。

3. 教学策略设计

教学策略是指在教学过程中，为完成特定的目标，依据教学的主客观条件，特别是学生的实际情况，对所选用的教学顺序、教学组织形式、教学方法和教学媒体等的总体考虑。

教学策略的制订是教学设计的一大难点，也是最具创造性的一项工作，极具灵活性。同样的内容、对象、环境、条件，如果设计者——教师不同，就会有不同的设计方案和结果。每一位教师都要在教学设计的实践当中反复去修改、去总结，形成具有个人特色的教学策略。

（1）地理教学方法的设计

教学方法设计的主要依据是教学目标要求、教学内容特点和学生学习特点等内容，当这些都确定以后，我们就要有针对性地选择与组合相关的教学方法。然而，"教学有法，教无定法"，教学方法的设计既有一些基本的原则，又不是一成不变的，而是具有灵活性和多样性的。

我们教出来的学生不能只会机械地识记、了解所学知识，而应达到理解、领会直至应用的层次。因此教学方法首选启发式讲授、探究学习和体验学习，以提高学生的学习兴趣。

讲授法是教师通过语言向学生讲述、讲解、讲读地理知识，发展学生智力的教学方法，它是目前地理课堂教学中普遍使用的重要方法。这种方法能充分发挥教师的主导作用，将科学的地理知识在短时间内直接传授给学生，教师富有启发性地对地理事物的成因、规律进行系统的讲解，不仅能使学生系统地掌握地理知识结构，还能有效地培养、训练学生的智力，对学生进行思想品德、审美方面的教育。讲授法有很大的灵活性、适应性，既可以用于讲授新课，又可用于复习课、练习课、实习课等。讲授法一般又可以分为描述讲授和解释讲授两种。在讲授各种地理事物的概念、特征时经常用到描述讲授法，如在讲解"地球在宇宙中"时，教师可以通过讲读和展示图片的方式向学生分别讲述"宇宙""太阳系""地球"等概念和特征，这些知识通过教师的描述讲授，完全可以被学生接受和掌握，从而达到教学目的。

当然，地理课堂教学的方法是多种多样的，且每种教学方法都有自己的特点和风格，教师在进行教学设计时，可以根据自己的分析和需求，选择合适的教学方法。实际上，对于一堂课，教学方法的使用不是唯一的，每节课教师用到的教学方法，总是在一种教学方法的基础上，综合了其他的教学方法，只有将这些方法综合在一起，才能达到最佳的教学效果。

（2）教学手段的设计

教学手段是教学过程中师生相互传递信息的工具、媒体或设备等。根据教学媒体的先进程度，可将其分为传统教学媒体和现代化教学媒体，其中传统教学媒体主要指地球仪、地图、地理模型、地理图片、地理标本等，现代化教学媒体则包括计算机软件、多媒体数字资源、网络平台等。

教学手段分析着重说明本节课必须使用这种教学手段的必要性与可行性，说明其他教学手段在该课应用中的不足之处。例如，在教学"地球的运动"时，我们一般要选择多媒体辅助教学的手段。因为本节课最重要的是让学生从观察到分析、画出示意图，再说出地球运动的基本规律，如果教师只采用讲授的方式，就很难让学生理解有关"地球的运动"这一比较抽象的概念。所以，本节课采用多媒体辅助教学，不仅可以为学生创设直观的印象，营造良好的探究式氛围，还能极大地提高学生学习地理的兴趣。此外，案例分析时也需要展示大量的景观图片、文字和数据资料，可见，对于这节课，采用多媒体辅助教学是非常必要的。

随着社会和科技的不断发展，运用多媒体辅助教学的手段和方式被越来越多地运用于地理教学中，习惯上我们称之为 CAI 课件的应用。这种多媒体教学能多角度、多层次、多渠道地刺激学生的感官，不仅能提供丰富的教学信息，优化教学环境，而且对课堂教学的方法、手段、容量、效率及教学结构模式也产生了极其深刻的影响。但在实际的课堂教学设计中，我们还是要注意解决好这种教学媒体的"直观性与科学性并重""突出交互性，发挥学生的主体作用""艺术性和实用性相结合""注意教学内容的精确性"等方面的问题。

4. 教学过程设计（含流程设计）

根据教学内容的不同，地理教学过程的设计可以分为地理单元教学过程的设计和地理课堂教学过程的设计。这里，我们介绍的是以课时为单位的课堂教学过程的设计。

一般来说，地理课堂教学过程的主要内容包括教学板书设计、课堂教学流程、课堂教学活动设计（教案）、课堂教学评价（练习）等。

在进行教学过程设计时，教师应注意根据新课标的要求、学生的需要和客观条件的限制来优化教学过程，要求将课堂教学中教师、学生的活动设计，教学设计的意图等比较客观地反映出来。在教学活动的设计中，教师的活动设计是比较确定的，也是比较好预设的；学生的活动设计则要给学生的思考、分析留出足够的空间和时间，满足学生在实际课堂上的学习需要。教学活动的设计可以是比较全面的，但在具体实施过程中，教师也可以根据实际情况进行合理取舍与修改。

这样的活动设计通常有两种表述方法：文字和表格。无论选择哪种表述方法只要能将课堂教学的活动设计和任务描述清楚就可以了。

案例

"气候多样 季风显著"（第一课时）

板书设计：

	特点	成因
第二节 气候多样 季风显著	冬季南北温差很大	1. 纬度位置不同（主要因素） 2. 冬季风的影响 3. 南北昼长不同，南长北短
	夏季南北温差不大	1. 太阳直射北半球 2. 南北昼长不同，南短北长
	温度带	划分依据：气温南北差异和农业生产实际 类型：寒温带、中温带、暖温带、亚热带、热带 （由北至南）

教学流程：

一、创设情境，导入新课

方法1：随着科学发展的脚步，手机也进入了移动互联网时代。今年春节，在黑龙江省的小娜和在海南省上学的姐姐用可视手机通了电话。课件出示两人手机上的画面图片，导入新课。

方法2：运用课件播放哈尔滨冰雕艺术节的录像和海南岛的人们在大海中嬉戏的录像，导入新课。

设计意图：一方面从感性材料入手，让学生感受南北方的冬季景观和人们活动的差异，从而引出气温的差异；另一方面引领学生从生活中感悟地理。

二、启发引导，学习新课

（大屏幕出示）《我国1月平均气温图》。

（读图观察）下面请同学们仔细阅读《我国1月平均气温图》，你们有没有见过类似的图？（生：有，《世界气温分布图》）这上面的分布曲线是什么线？有何特点？（生回答后，师小结：等温线，上面每个点的温度都相等，等温线越密，温度变化越大，反之亦然）会读这幅图吗？① 请大家仔细观察气温递变有什么规律？（生回答后，师小结：我国冬季气温的空间分布规律是由南向北递减，即越往北去，气温越低）② 观察等温线的延伸方向及突变部分，了解、分析气温空间分布的变化趋势及影响其分布的因素。（师引导生在图中找到0℃等温线，用彩笔描出来，观察此线穿过哪些地形区、河流等，在哪些地形区发生突然变化）请大家想一想为什么会发生变化？（生回答后，师小结：从图中可看出，0℃等温线大致穿过秦岭—淮河一线，在青藏高原的东部边缘向南弯曲，主要受地形地势的影响）③ 观察1月份0℃等温线以南，平均气温有什么特点？（生：在0℃以上）0℃等温线以北，平均气温有什么特点？（生：在0℃以下）④ 再观察一下等温线的疏密和空间变化的幅度。想一想：等温线分布密集，说明了什么？（生：说明气温的差异较大）⑤ 在图上找出我国最南、最北的气温极端数值（生：最南为16℃，最北为-32℃）计算一下，我国南北1月平均气温大约相差多少摄氏度？（生：相差近50℃）

设计意图：培养学生从图上获取知识的能力。

（师小结）由此可见，我国冬季气温分布的特点是，越往北去，气温越低，冬季南北气温相差很大。

（提问）为什么我国冬季南北气温相差这样大呢？

（大屏幕出示）冬至日下列三地的正午太阳高度、昼长时间概况。

地点	纬度	正午太阳高度角	昼长时间
漠河	53°29′N	13°4′	7时30分
北京	39°54′N	26°40′	9时12分
广州	23°8′N	43°25′	10时43分

（读表）（1）比较一下，在冬至日，漠河、北京、广州三地正午的太阳高度角和昼长时间有什么不同？（生：冬至日，纬度越低，正午太阳高度角越大，白昼时间越长；反之，白昼时间越短）

（2）想一想，在冬至日，为什么我国北方的正午太阳高度比南方低，昼长也比南方短？（生：因为冬季太阳直射在南半球，越往北去，太阳高度角越小，白昼时间越短）

（3）纬度越低，太阳高度角越大，白昼时间越长，反之，白昼时间越短。这往往意味着什么？（生：白昼时间越长往往意味着接受太阳光热越多，气温越高；反之，气温越低）

设计意图：培养学生读图表和分析数据的能力。

（师小结）可见，纬度位置是影响我国冬季气温南北差异大的重要因素。

（提问）歌剧《白毛女》里有这样一句歌词："北风那个吹，雪花那个飘，雪花那个飘飘，年来到。"从这句话里可以看出我国冬季以吹什么风为主？对北方有没有影响？（生：北风，使北方更冷）冬季风加剧了我国北方的寒冷，具体内容我们在下节课讨论。

（提问）至此，你能告诉我我国冬季南北温差大的原因有哪些了吗？主要原因是什么？次要原因有什么？（略）

（过渡）刚才，我们搞清了我国冬季气温分布的特点：冬季南北气温相差很大。下面我们再来看看我国夏季气温分布有什么特点，以及为什么会形成这样的特点。

设计意图：学以致用，训练学生读图技能。

（大屏幕出示）《我国7月平均气温分布图》。

（读图思考）① 与1月气温分布特点相比，7月等温线分布的疏密程度如何？7月，我国大部分地区的平均气温在多少摄氏度？这说明了什么？② 等温线在何处出现明显弯曲？什么地形区平均气温明显低于全国其他地区？③ 七月南北气温的极值是多少？南北平均气温相差多少摄氏度？

（引导学生根据这些问题阅读《我国7月平均气温分布图》，并总结我国7月气温的分布特点。）

（生回答完上述问题后，师小结）① 从图中可以看出，我国7月等温线分布比1月等温线分布稀疏，全国大部分地区平均气温在20℃以上，说明我国夏季气温的南北差值较小，全国普遍高温。② 等温线在四川盆地的西部出现明显向南的弯曲，并且青藏高原的气温明显低于全国其他地区，这主要是因为青藏高原的地势很高。③ 我国最北的黑龙江省北部7月平均气温在16℃，最南的海南省7月平均气温在28℃，7月南北平均气温相差12℃。由此可见，我国夏季气温分布的一个显著特点是夏季南北温差不大，全国（除青藏高原等地区）普遍高温。

……

5. 课堂小结

如何及时获取学生的反馈信息，是教师在课堂教学设计中要考虑的问题。我们可以通过多种方法和途径对课堂教学进行评估，如课堂提问、学生置疑、小组讨论、实际操作、微型调查、课堂测验、检查单等，这些方法可以使教师从多方面了解教学情况，诊断问题，优化学生学习习惯，提高学生学习效果。教师还可以通过课堂作业练习对课堂教学进行评估，如纸笔作业、口语交际作业、综合实践作业、实验操作作业、小组合作作业、个性化作业、表现性作业等。此外，教师还可以引导学生总结本课的重点和难点，一方面可以考查学生对知识的掌握程度，另一方面可以训练学生的概括能力及语言表达能力。

三、教学设计的评价

问题：

什么是教学设计的评价？

教学设计的评价与教学评价、教学设计成果的评价有什么不同？

教学设计评价的原则和需要注意的问题有哪些？

新课程改革对于评价的建议是比较多样的，其中一个突出的特点就是强调过程性评价。然而，有些教师认为只要将教学设计方案在各个班级具体实施，就算完成了课堂教学任务，至于这样的教学设计是否适合不同班级学生的学习，设计的教学目标、活动内容是否得到了学生的认可等问题，往往不会考虑。针对这样的情况，我们认为教师有必要对自己的教学设计进行评价，通过对教学设计的评价提高教学的质量，加快自身的专业发展水平。

1. 教学设计评价的含义

教学设计的评价，主要是对方案进行形成性的评价，是指对教学设计进行的价值判断和事实判断的统一。它以对评价的反馈为途径，通过对教学设计方案的诊断性评价，对教学过程的形成性评价，以及对教学效果的总结性评价等来检验、修正教学设计，使教学设计不断完善，从而引导教学设计沿着预定的目标发展。例如，可以通过课堂教学的师生对话，从学生的反应来检查、修正教学设计；也可以设计出具体的评价方案（量表），由学生和教师通过课后的对照评议做出评价。

教学设计评价与教学评价、教学设计成果的评价是不同的。教学评价主要是以教学目标为依据，制订科学的标准，运用有关技术手段对教学活动过程及学生的学习结果进行测量、测试，强调比较学生学习的结果，需要通过对教学活动的评价客观地把握学生发生了哪些变化。而所谓教学设计成果，一般指一种新的教学设计方案，可以是一套新的教学材料，如教科书、教学录像、多媒体课件等，是一个比较大的系统，这些设计成果一般在推广前要在学校范围内试用，测定其可行性、适用性和有效性等。

2. 教学设计评价的分类

根据教学设计评价的时间和顺序不同，可以将教学设计评价分为以下两种类型。

（1）教学设计的前测评价

教学设计的前测评价指的是在教学设计实施前，教师对教学设计所做出的诊断行为。换句话说，教师在设计一份教学设计时，应时刻考虑设计出来的每一个环节是否涵盖了教师、学生、教材、媒体等各个方面在教学中的地位与作用，使之相辅相成、互相促进。同时，在一份教学设计初步完成后教师也应该及时回顾与反思。上述做法的基本出发点就是为了使设计出来的教学能够更加科学、更能适应现代课堂的需要。

（2）教学设计的后测评价

教学设计的后测评价是指在教学设计实施之后，教师根据课堂实际情况结合教学效果对教学设计本身做出的必要反思。真正的教学设计不是一次性的活动，而是一个连续的活动，教学设计的后测评价起到了承上启下的作用。一方面，它可以为当前的教学设计给出一个合理的评价；另一方面，它为后继的教学设计提供了更可靠的方法和依据。设计与实践本身总会存在一定程度的误差，理论上再合理的教学设计也只有经过实践的检验才能真正有效。因此，教学设计的后测评价是非常必要的。

3. 教学设计评价的功能和意义

（1）教学设计评价的功能

① 诊断功能

地理教学设计的评价可以诊断出学生在地理学习过程中出现的困难及其原因，帮助教师对症下药，提高学生的学习积极性和解决问题的能力。

② 激励功能

地理教学设计的评价，一方面可以监督和控制教学过程；另一方面，通过评价，可以提高学生的学习动力，激发教师的教学热情，让教学更有活力。

③ 调控功能

地理教学设计的评价，能为教师提供课堂教学的各种反馈信息，让师生对课堂教学有一个比较清晰的认识，所谓"不识庐山真面目，只缘身在此山中"，让师生站在课堂之外来看课堂，效果会更好，更能使教学设计得到进一步改进和完善，从而不断提高教师的教学水平。

（2）教学设计评价的意义

① 促进当前设计的优化

教学设计是教学理论和教学实践之间的桥梁。正因为现代教学设计体现了现代教学理论和教学实践之间的紧密结合，因此不再是教师随心所欲的过程，而是一种比较科学的逻辑过程。然而有些教师盲目相信自己的教学水平，盲目相信自己的学生，而对学生的进步做出过于乐观的估计，使得教学设计过程中一些非科学的和非逻辑的因素隐藏起来，这样的教学设计虽不能说是无效的，却是非常危险的。而教学设计的评价，特别是前测评价，由于考虑了各个因素及相应的参考指标（如教师在拟好一份教学设计后，回过头来看看理念是不是先进、目标是不是清晰、内容是不是可靠、过程是不是合理等），因而能起到查漏补缺的功效，有助于促进当前设计的优化。

② 帮助后继设计的完善

在教学效果不太理想的情况下，教师就要及时地反思自己的教学设计了，虽然不理想的教学效果并不一定都是教学设计造成的。如果教师发现教学设计确实存在一些不合理的地方，就应该及时将对课堂教学的反思写在教学设计的最后一栏"反思与评价"上。正是因为有了这样及时的反思，后继的设计才不会再犯同样的错误，才能促进后继教学设计的改进与完善。

③ 加快教师的专业成长

教学设计评价的目的"不在于证明，而在于改进"，良好的教学设计评价不应仅仅指向过去，更应指向未来，是一种发展性的评价。教师在进行教学设计的评价时，是以自觉反思课堂教学实践为基础的，因此，所得出的评价也是有实实在在的教学行为作为支撑点的，那么，评价得出来的结果肯定也不会是空洞的、乏力的。这样的评价可以加快教师吸取现代课堂教学设计新理念和新方法的速度，促进教师现代课堂教学设计自觉化行为的形成，从而最终促进教师的专业发展。

4．好的教学设计评价的指标要素

怎样对教学设计进行评价，每个教师的想法可能不尽相同。为了保证客观、公平、合理，必须有一个比较统一的评价标准。那么，如何来统一这些评价指标呢？一般情况下，我们可以从教学目标、学生活动、教师活动、教学内容、教学方法和常规课堂教学管理等方面来统一评价的指标要素。当然，不同的教学设计，侧重的要素不完全相同。教师在制订有关评价的标准时，可以根据实际情况有所侧重。下面，将与这些因素有关的评价指标做一些介绍。

（1）教学理念的评价指标

评价一份教学设计，首先要看设计的理念是不是符合新课程改革的精神，是否具有先进性。为了使传统教案向现代教学设计过渡，先进的理念必须渗透到教学设计的每一个环节，从而更清楚地反映教师深刻领会新课标的积极性和主动性。

（2）教学目标的评价指标

好的教学设计应该具有具体、明确、有层次和可操作性强的教学目标，新课程改革将教学目标设为知识与技能、过程与方法、情感态度与价值观三个维度，根据这三个维度的要求，可以把地理教学设计的目标评价概括为以下几方面。

① 学生独立解决地理问题的能力如何。

② 学生掌握科学方法的状况和探索新生活的水平怎样。

③ 学生对地理概念、区域的自然特征和人文特征的理解水平如何。

④ 学生在地理学习中形成的情感、态度和价值观是什么。

（3）教学内容的评价指标

地理教学设计一般是多种地理知识和地理技能的组合，而不同的地理知识和地理技能对学生学习地理知识、发展地理能力的影响不同。如何将教材内容设计好、如何突出重难点等，是教学设计评价的重要指标。例如，在设计"地球的公转"时，新课标要求将"地球公转的地理意义"变成学生"用地理现象说明地球的公转"，这就降低了学习难度，不再将地球运动的有关原理作为学习的难点了。

（4）教学过程的评价指标

对教学过程的评价是最重要的评价内容和指标，教师的教学设计中必须有一个较为详细的教学过程，以备在实际的教学中能够有一个标准可以参照。在这个设计中，教师设计的"教学环节""教学方法""学法指导""学生活动设计""教师的教学机智"等都是教学设计评价的重要指标。例如，教学中每个环节的时间分配问题，知识导入环节、知识发生环节、知识发展环节、知识运用环节、知识迁移环节、知识归纳环节等都应该有合理的时间分配，每一个环节的时间不能太短也不能太长，太短了教学时可能会束手束脚，太长了教学时随意性就会太强。

（5）教学结果的评价指标

教学结果的有效性也是教学设计评价的重要指标。一份好的教学设计应该能够有效地促进学生的学习。但是，并不是说不好的教学效果都是由教学设计造成的，因为教学效果的好与差还会受到教育环境中其他因素的影响，并非仅仅取决于教学设计本身。根据教学设计，教学可能需要某一特定类型和频率的提问，在这方面教师做到了什么程度、教师真正放手到什么程度等都应该是评价教学结果的重要指标。

（6）其他评价指标

教学结果还可能受到课堂上的一些其他因素的影响。例如，实施教学时的教室环境、突发事件等都会影响教学的结果。因此，为了更准确地评价一份教学设计的好坏，我们应该适当控制其他变量，换句话说，我们应该适当剔除其他变量对教学效果所造成的影响，因为即使一份良好的教学设计也不可能包含使教学设计方案都能如期进行的所有措施。

　　下表为某学校初中地理组设计的教学设计评价量表，基本能体现我们在上面提到的有关教学设计的各项指标。

初中地理课堂教学设计评价量表

作者＿＿＿＿　课题＿＿＿＿　年级＿＿＿＿　评委＿＿＿＿

评价项目		评价要点	综合程度			
			优秀 100%	良好 80%	合格 60%	差 50%
教学目标 (20分)		1. 符合新课标和学生实际。（5分）				
		2. 目标明确，重点突出，难点突破。（10分）				
		3. 重视养成教育，寓思想教育于教学之中。（5分）				
学生学习状况 (50分)	学生活动	1. 学生参与活动的态度。（5分）				
		2. 学生参与活动的广度。（10分）				
		3. 学生参与活动的深度：能提出有意义的问题或能发表个人见解，能按要求正确操作，能够倾听、协作、分享。（10分）				
		4. 学生活动时间（不少于20分钟）。（5分）				
	课堂气氛	1. 课堂气氛的宽松程度：学生人格受到尊重，学生的回答和质疑问难受到鼓励，学习进程张弛有度。（10分）				
		2. 课堂气氛的融洽程度：活跃、有序、平等。（10分）				
教师能力 (30分)	指导与调控	1. 教师讲课时间（不超过15分钟）。（5分）				
		2. 对学生的学习活动进行有针对性的指导，根据学习方式创设恰当的问题情境，及时采取积极、有效、多样的评价方式。（10分）				
		3. 能根据反馈信息对教学过程和教学难度进行调整，灵活、恰当地解决教学问题。（5分）				
		4. 教师的语言表达清晰、准确，有激励和启发性，能合理使用地理语言等。（5分）				
		5. 板书设计（板图、板画）、多媒体技术应用等。（5分）				
		6. 特色加分（特色教学、创新教学等）。（不超过5分）				
总评		总得分		等级		

专题四　教学方法选择

自推行新课程改革以来，广大一线教学工作者便在教学方法上进行了不断的探索和尝试，因为没有教学方法就无法完成教学任务，更重要的是教学方法是科学文化知识传播的桥梁。在不同方式的教学活动中，师生所处的地位、构成的关系及其积极性都不一样，教学效果与教学质量也相差悬殊。由此可见，教学方法在教学活动中具有举足轻重的作用。

一、教学方法概述

问题：

研究教学方法的意义何在？

教学方法、教学方式、教学手段、教学模式、教学策略之间有何联系与差异？

在课堂教学过程中，教师应根据教学内容、具体情况不同，综合运用恰当的教学方法，以提高教学质量，更好地完成教学任务。

1. 教学方法的概念

对教学方法有很多不同的解释，但是归纳起来大概有两种倾向：第一类对教学方法的定义着眼于教师的"教"；第二类对教学法的定义则提倡既要体现教师的"教"，同时还要包含学生的"学"。显然，第二类教学方法的理念更符合现代教学论的观点，因此得到了大家的普遍认同。

尽管对教学方法定义的表述各异，但有人概括出教学方法的含义基本都包含了"教师""学生"和"手段"（或"方式""途径""程序""步骤""技巧"等）三个关键性词语，因而不妨把教学方法看作"教师教""学生学"的"手段和方式"。

教学方法具有目的性和双变性。所谓目的性就是教学方法产生于实现教学目的、完成教学任务或解决教学问题的活动之中，是为目的、任务服务并受其制约的。双变性是指教学时由教与学两方面统一组成的双边活动。

基于对教学方法的认识，地理学者概括了地理教学方法的概念："地理教学方法是在地理教学过程中，教师和学生为实现地理教学目的，根据特定的地理教学内容而采取的教与学相互作用的一系列活动方式、步骤、手段和技术的总和。"

2. 易混淆概念解析

在实际教学中，我们经常还会用到这样一些词：教学方式、教学手段等。它们与教学方法有什么样的关系呢？我们将就这些词语做一个简单的阐释与对比。

（1）教学方式

就字面意思来讲，"方式"与"方法"属于近义词，方式属于方法的范畴。所以在实际中，很多时候我们将教学方式与教学方法混用，其实二者还是有细微区别的。

教学方式有广义与狭义之分。广义的教学方式包括教学方法，甚至还涉及教学内容的组合与安排。如教学中经常强调教学活动要以一定的教学方式进行，这里的教学方式就是广义的。

但在多数情况下，我们说的教学方式是狭义的。狭义的教学方式常常是指教学方法所运用的细节或形式。如我们在教学中运用读书指导法时，可以事先把问题抛给学生，让学生带着问题去读书；也可以让学生自行阅读，在阅读过程中，自己提出疑问；也可以是教师引导学生阅读，共同解决疑问。真正选择哪种方式则因人而异。

由此可见，不同的教学方法可以有不同的教学方式，而同样的教学方式也可以被应用于不同的教学方法中。二者的区别就在于，教学方法是某种连续的有目的的活动，它能独立完成教学任务，而教学方式只能被应用于教学方法中，它是为教学方法服务的，它本身不能独立完成某种教学任务。

（2）教学手段

教师在撰写教案的时候常常用到"教学手段"一词，而且教学手段也贯穿每一堂课、每一次教学之中。教学手段是指为完成教学任务，配合某种教学方法而采用的器具、资料与设施。如在讲解"地球的运动"时，必然要用到的地球仪就属于教学手段的一种。教学手段的含义很广，主要包括教学用书（教科书、参考书、工具书）、教学资料（学案、习题、学生作业）、直观教具（实物、标本、图片、图标、模型、仪器）、现代化教学手段（幻灯片、CD、录音机、录像机、计算机、各种电脑软件及课件），还有最近兴起的地理专用教室等。如今，教学手段在教学中的作用日益重要，尤其是地理信息技术的应用，它们已成为高效课堂的推动力。

但是，不管多好的技术或者产品，都需要人来操作、利用，也就是说教学手段始终是为教学服务的，只有教学手段是不能完成教学任务的，还需要教师的合理利用。

（3）教学策略

教学策略是指为达成教学目的与任务，组织、调控教学活动而进行的谋划。它隶属于广义的教学方法范畴，但又不同于教学方法。它具有三大特点：第一是目的性，即它是为教学目的与任务、解决特定的问题服务的，具有明确的指向性与可操作性。第二是主体性，是指作为主体的教师为达成一定目的、任务，考察客观条件和主体的优势而采取的主观决策，充分表现出主体的认识、意愿、谋略和选择。所以对同样的教学内容，不同的讲授者会体现出不同的风格和特点，也就是说教学策略中更多地融入了教师本人主观上的特征。第三是调控性，是指对教学活动起组织、策划、调节作用，以保障达到目的、解决问题与任务。由此可见，教学策略的价值就在于能够充分发挥主体的能动性、创造性，以最佳的决策力促进教学目的、教学任务的实现。

（4）教学模式

教学模式在最近十多年来发展很快，一度成为研究的热点。教学模式是指在教学实践中形成的，具有一定指导性的简约理念和可照着做的标准样式。它具有为完成一定任务而活动的方法特性，也属于方法范畴。但是教学模式又不同于单一因素的某种方法，它是在一定理念指导下的多种方法的特定组合，因而它既有其简约的理念特征，又有可照做的实践特性，是理论与实践相结合的产物，所以教学模式在教学中起着单一的教学方法难以达到的具体而明确的引导和示范作用。目前比较多的教学模式有以使学生便捷地掌握系统知识为目的的传授—接受学习模式，以及以主动探究知识、发展智力为目的的问题—探究教学模式，此外还有一些传统教学模式，如精讲多练模式、自学辅导模式、情境教学模式等。它们都具有稳定的特性及使人可以照着做的"样板"的力量。

3. 教学方法的选择原则

要想高效完成教学任务，充分调动学生的学习兴趣，选择正确和合适的教学方法是前提。要选择合适的教学方法，需要考虑如下几个方面。

（1）教学过程、教学原则、班级授课的特点。

（2）学科特点和章节教学内容。

（3）授课班级学生的特点（包括学生已经具备的知识与技能两个方面）。

（4）教师自身的特点，教师的专业素质和个性、特长。

（5）学校具备的硬件和软件条件。

（6）教学课时的限制。

（7）教学过程中的交往、沟通、合作与竞争。

（8）教师与学生活动的配合、互动，教师主动性与学生主动性的动态平衡。

（9）讲与练，学与用，班级、小组与个人活动，课堂教学与课外作业或课外活动等方面的结合。

（10）预期可能达到的效果。

合适的教学方法不仅能够充分有效地调动学生的积极性，培养学生学习地理的兴趣，也能够顺利引导学生学好地理知识，掌握基本的地理学习方法和技能，从而促进学生的全面发展。同时，合适的教学方法有利于教师课堂教学的实施和开展。

教学有法，但教无定法。教师在实际教学中应该根据具体情况，恰当地选择和创造性地运用教学方法，彰显出个人独特的教学艺术和教学风格。

二、以教师讲授为主的教学方法

问题：

各种以教师讲授为主的地理教学方法的优势和弊端有哪些？

任选教学案例1～2个，谈谈自己的收获。

划分标准不同，教学方法的分类也不同。根据各种教学方法所能完成的教学任务与职能，可以分为讲授法、引导法、直观法、逻辑法、练习法、复习法、成绩考核法；根据学生获得地理知识的来源，可以分为语言运用法、直观法、实习法。除此之外，还有其他的划分标准，如根据在形成地理知识体系中的地位和作用分类，根据教学活动的性质分类等。我们在这里不是讨论哪种划分标准好、哪种方法好，而是和大家共同学习实际教学中常用的教学方法及其应用案例。目的是从中选择合适的教学方法，以便更好地开展我们的教学活动，最终完成教学任务。

1. 讲授法

讲授法是教师通过口头语言向学生传授地理科学文化知识、地理思想、地理理念，从而促进学生情感价值观形成的方法。由于语言是传递经验和交流思想的工具，故讲授法是教学的一种主要方法，运用其他教学方法时，都需要配合一定的讲授。作为一名教师，一定要先熟悉讲授法，练就扎实的功底。讲授法又可分为讲述法、讲解法和讲读法。

（1）讲述法

讲述法是教师用形象的语言向学生叙述或描述地理事物和地理现象的方法。讲述法常常用在对地理事物、现象特征的描述时，如对分区地理中各个区域的自然景观和人文景观的描述。以下是一位教师对自然界水循环的过程的描述：

"让我们展开想象的翅膀，跟踪水质点做一次循环旅行，那将是极其有趣的。你可以想象你所喝的那杯水中的水质点，曾经在唐古拉山的冰晶中闪烁，然后它奔入山中的小溪，流入小河，又随小河进入滔滔长江，汇入东海，来到太平洋，在广袤的大洋上游荡……在灼热的阳光下，它从洋面蒸发到空中，开始周游世界——也许它出现在北京天空的彩虹里，赤道上空的雷雨中，西伯利亚的沼泽里，非洲的大瀑布中，吐鲁番的坎儿井里，南极洲的冰原上；也许它从土壤中被吸收到甘蔗的枝叶里、纺锤树的躯干中、仙人掌的茎球中；或许它又摇身一变，成了骏马身上的汗珠、巨鲸喷射的水柱、鳄鱼流出的眼泪、草履虫体中的细胞液；或许它正在为人类做贡献——流淌在水乡泽国的稻田上，沸腾在发电厂的锅炉里，或在病房的吊瓶中缓缓滴入病人的体内……通过这次漫游世界的追踪旅行，你完全可以体会到，地球表层几乎任何地方、任何时刻，都有水的踪迹，并且它们是处在永无休止的循环运动中的。"

让学生了解世界气候类型时，可以这样做：

借助投影设备展示各种气候类型的景观图片，并配上相关的文字介绍。

可以这样描述热带草原气候：这个地方一年有明显的雨季和旱季。雨季来临的时候，一片郁郁葱葱，会让人觉得进入了热带雨林。而当旱季来临的时候，满目萧条，一片荒凉的景象。成群的角马开始举家迁徙，它们不远万里，经过重重危险，要找一片水草肥美之地。迁徙的途中，它们看到了很多干涸的湖泊，还有被晒干了的鳄鱼干，它们心里很高兴，因为鳄鱼是它们的天敌。最后，它们终于看到了一个湖泊，喝口水吧，哎，无奈，湖边有只鳄鱼。但角马们口渴难耐，只好冒着生命危险，在鳄鱼的眼皮底下喝了口水。

可以这样描述温带海洋性气候：这里孕育了很多的绅士和职场女性。即使在冬季，男士也是身穿燕尾服，手腕上挂着一把直柄伞；女士穿着一身职业短裙。而很多患有鼻炎的贵族也在这个季节来这里居住。

讲述法以叙述、描述为主，目的是让学生获得感性认识。教师意在创设一种情境，如何让学生进入这种情境，首先教师要有较好的文字组织能力，其次教师的表述要富有感召力，使描述的景观能形象生动地浮现在学生眼前。

（2）讲解法

讲解法是教师运用富于理性的语言向学生说明、解释或论证地理概念和地理规律的方法。它可以运用于了解地球运动的地理意义、分析气候直方图、在极地地区识别方向、学习区域地理的方法等。

案例1

如何分析概括某种气候类型的特点

概括某种气候类型的特点，需要学会判读气温曲线和降水量柱状图。

1. 如何绘制和判读气温曲线

学生应该能够根据所给的气温数据绘制气温曲线图。教师给出三个地区的气温数据，分别来自热带、温带、寒带。将全班分成三组，不同组绘制不同地区的气温数据。学生绘制完毕后，每组各选取一幅图。将三幅图通过实物投影投到大屏幕上，教师和学生一起分析判读方法。

判读最高气温和最低气温，确定气温年较差大小。一般有如下规律。

（1）热带：全年高温，气温曲线变化起伏小，气温年较差小。

（2）温带：四季变化明显，气温年较差大，夏季气温较高，冬季气温较低。

（3）寒带：气温年较差大，年平均气温较低。

2. 如何绘制和判读降水量柱状图

学生应该能够根据所给的数据绘制降水量柱状图。教师给出四个地区的降水量数据，分别是雅典、新加坡、北京、比尔马（非洲）。将全班分成四组，不同组绘制不同地区的降水量柱状图。学生绘制完毕后，每组各选取一幅图。将四幅图通过实物投影投到大屏幕上，教师和学生一起分析判读方法。一般降水有如下几种类型：全年多雨型、全年少雨型、半年多雨型。

任何一种气候类型的特点都是气温和降水的综合，将某地气温和降水的特点综合概括起来就是当地的气候特点。如热带地区，一般会把全年综合概括为全年高温多雨、全年高温少雨等。还可以把全年分为两部分：夏季和冬季，分别概括夏季气温和降水的特点，然后概括冬季气温和降水的特点。另外，还有的地区全年都很热，没有明显的四季划分，但是有明显的雨季和干季之分。

分析：案例中教师借助气温曲线和降水量柱状图进行讲解。讲解内容富有逻辑性，条理清晰。教师讲解的不单单是两幅图，而是一种方法，不同区域的气温曲线和降水量柱状图会有所不同，但是分析方法是相同的。通过教师的讲解，学生掌握了气候特点的分析方法。

（3）讲读法

讲读法是将讲述、讲解和朗读结合起来运用的一种方法。讲读法一般在讲课本中的重点段落，需要深刻理解其含义并熟记的部分时运用，尤其是听读性强的内容应用最多。如地理阅读材料《偶然的发现　伟大的假说》，这个阅读材料在课本的基础上补充了魏格纳的其他事迹，从而更加凸显了魏格纳对科学不断探索的精神。

魏格纳少年时便向往到北极去探险，由于父亲的阻止，他没能在高中毕业后就加入探险队，而是进入大学学习气象学。1905年，他以优异的成绩获得气象学博士学位后，便致力于高空气象学的研究。1906年，他和弟弟两人驾驶高空气球在空中连续飞行了52小时，打破了当时的世界纪录。后来他又参加了去格陵兰岛的探险队，岛上巨大冰山的缓慢运动留给他极其深刻的印象，这可能催化了后来他面对世界地图时迸发的联想和兴趣。魏格纳开始利用业余时间搜集地学资料，查找海陆漂移的证据。

1912年1月6日，魏格纳在法兰克福地质学会上做了题为"大陆与海洋的起源"的演讲，提出了大陆漂移假说。此后，由于研究冰川学和古气候学，他第二次去了格陵兰。在随后的第一次世界大战中，他的研究工作中断了，他在战场上身负重伤，1915年养病期间他出版了《海陆的起源》一书，系统地阐述了大陆漂移说。他在《大陆和海洋的形成》这部不朽的著作中努力恢复地球物理、地理学、气象学及地质学之间的联系——这种联系因各学科的专门化发展而被割断——用综合的方法来论证大陆漂移。魏格纳的研究表明，科学是一项精美的人类活动，而不是机械地搜集客观信息。在人们习惯用流行的理论解释事实时，只有少数杰出的人有勇气打破旧框架，提出新理论。但由于当时科学发展水平的限制，大陆漂移说由于缺乏合理的动力学机制而遭到正统学者的非议。魏格纳的学说成了超越时代的理念。

大陆漂移说一提出，就在地质学界引起轩然大波。年青一代为此理论欢呼，认为它开创了地质学的新时代，但老一代均不承认这一新学说。魏格纳在反对声中继续为他的理论搜集证据，为此他又两次去格陵兰考察，发现格陵兰岛相对于欧洲大陆依然有漂移运动，他测出的漂移速度是每年约1米。1930年11月2日，魏格纳在第四次考察格陵兰岛时遭到暴风雪的袭击，倒在茫茫雪原上，那是他50岁生日的第二天。直到次年4月，搜索队才找到他的遗体。

当然除了可以利用课本上的内容之外，教师还可以搜集一些课外的与地理有关的诗词、记忆口诀等，以此来丰富课堂。如"人口和人种"一节中方便学生掌握三大人种及其特征的记忆顺口溜如下：

自然优越经济兴，人口稠密要记清；

恶劣自然人稀少，世人分布不均匀。

三色都浅白种人，高高鼻梁薄嘴唇；

肤黄发黑黄种人，体毛中等面庞平；

皮黑发卷黑种人，体毛较少厚嘴唇。

欧北大洋多白人，非大美国有黑人；

东亚分布黄人种，世界各地多华人。

人种没有优劣分，各个人种应平等。

2. 谈话法

谈话法是凭借学生已有的地理知识和生活、学习经验，通过问答的方式传授地理知识、启迪智力的方法。谈话法一般分为两种类型：问答式谈话法和启发式谈话法。问答式谈话法一般用于检查学生对已学过的地理知识是否遗忘，教师和学生一问一答。如课堂导入中，通过回忆旧知识导入新课，这个回忆就属于问答式谈话法。又如，讲地球公转时，可以先复习地球自转知识，在巩固知识的同时，也让学生能够将两种运动对比学习，教师可以问这样的问题：生活中白天和黑夜的交替是由什么运动引起的？这种运动的周期是多少？运动的方向是什么？等等。启发式谈话法则是教师把较复杂的问题分解为几个小问题，然后通过启发、诱导，进而层层深入的方式，这种方法能使学生一步一步利用自己已有的地理知识，寻求问题的正确答案，最后完成教学任务。启发式谈话法要求教师对问题的设计一定要精益求精，先让学生感兴趣，使学生不仅能够回答问题，还要层层深入。

案例 2

澳大利亚养羊业

学生观看视频《澳大利亚的羊》。

师：澳大利亚的农业以什么部门最为发达？

生：养羊业。

师：有什么依据呢？

生：澳大利亚是绵羊数量最多的国家之一。

生：澳大利亚是羊毛出口量最多的国家。

师：两位同学从数量上说明了澳大利亚养羊业在本国的重要地位，那么质量呢？还记不记得澳大利亚产什么羊？

生：美利奴细毛羊。

生：羊毛质地好。

师：很好。为什么澳大利亚的养羊业这么发达？有哪些有利的自然条件？

生：澳大利亚有众多的自流井，多平原，地广人稀，草原广阔。

师：××同学从地形、水源、人口等方面说明了澳大利亚的自然条件对养羊业的影响。回顾一下我们讲东南亚、欧洲西部等地区的农业时，还有什么条件可能也十分重要？

生：气候。

师：对了，是气候。下面，我们来看气候、地形、水源等自然条件对养羊业的影响。

分析：谈话法一般都是在讲区域地理时使用的。区域地理中很重要的一点是自然环境和人文习俗之间的联系性。教师从生活中的某个现象入手，精心设计一系列问题，然后步步追问，启发学生思考，达到教学目的。看似简单的对话，其实是在向学生渗透一种学习方法。

3. 读书指导法

读书指导法是指教师指导学生通过阅读地理课本和有关参考书以获得地理知识的方法。地理教学中读的比较多的是各种各样的图，如地图、统计图表等。初中地理教学主要培养的是学生读地图的能力。所以我们在读书指导法中重点讲如何引导学生读图。

案例3

东南亚重要的地理位置

教师活动	学生活动
【读图、描图】 读 P26 和 P27 图 7.17、图 7.18 和图 7.19。 东南亚位于我国的哪个方位？	与教师一起读图、描图、圈图，概括范围。
从领土组成上看，东南亚有什么特点？启发学生根据陆地形态判别出陆地类型。（半岛、岛屿、群岛）	学生指图回答。
从整体上看，东南亚由哪几个部分组成？用红笔描出东南亚的边界，用蓝笔描出中南半岛的海岸线，在图上指出马来群岛的范围和北部临海，最后用红笔圈出中南半岛和马来群岛的文字注记。	范围：包括中南半岛和马来群岛两大部分。
【读图练习】 东南亚有哪些国家，在图上指出位置。 找找东南亚哪些国家与我国陆地接壤，哪些国家是世界上最大的群岛国家，唯一的内陆国是哪个。	学生读图说出：与我国陆地接壤的国家共11国，其中东帝汶为新建的国家。与中国相邻的国家有越南、老挝、缅甸。世界上最大的群岛国家是印尼。内陆国是老挝。

113

教师活动	学生活动
【读图导学】 看图说出东南亚位于哪两个大洲,哪两个大洋之间,圈出其名称。 【提问】 这样的海陆位置有何好处?(交通便利) 读图7.19,经过马六甲的航线连接了哪些地区?东南亚在世界海洋运输上有何重要地位? 【分析、指导】 仔细观察会发现,东南亚像是我们日常生活中看到的十字路口。它沟通亚洲和大洋洲,太平洋和印度洋。东南亚正因为拥有这样得天独厚的地理位置而成为各国往来的"十字路口"。	海陆位置:西临印度洋,东临太平洋,大部分国家是临海国和岛国,受海洋影响较大。 读图:得出东南亚位于"十字路口"处,马六甲海峡是通过该十字路口的咽喉要道。
【课件】 出示马六甲海峡的航线图,看图后请大家思考:日本称马六甲海峡为"海上生命线",为什么? 教师补充:日本从波斯湾进口石油,向西欧等国出口工业产品,都要途经该海峡,因此日本才会把马六甲海峡称为"海上生命线"。	马六甲海峡位于马来半岛和印度尼西亚的苏门答腊岛之间,是从欧洲、非洲向东航行到东南亚、东亚各港口最短航线的必经之地,是连接太平洋和印度洋的重要海上通道。

分析:教师首先从读图开始,让学生看清半岛、群岛和国家的位置特点,为下面学习自然环境和经济特征打好基础;其次用问题链来引导学生通过观察分析概括东南亚范围,培养学生的读图技能,锻炼学生的自主学习能力。

案例4

两极地区如何辨别方向

教学媒体	教学环节	设计意图
出示北极地区和南极地区的地图。	逐一出示:全球地图,半球图,南极地区、北极地区图。 让学生观察两个极点在哪里。	这样的极地投影图对于初中生来说较难理解,因此先帮助学生回忆,再现原有的知识储备。
南极地区、南极点闪动,经线闪动,纬线圈闪动。	让学生思考下列问题: ① 图的中心点是什么地方?(南极点) ② 图中以南极点为中心向外呈放射状的一系列线是什么线?(经线) ③ 图中以南极点为中心的一个个圆圈表示什么线?(纬线)	借助问题引导学生一步步深入思考。

续表

教学媒体	教学环节	设计意图
出示南极地区地图，在图上标注。	① 图中的方向是如何确定的？（经线指示南北方向，纬线指示东西方向，即内南外北，顺东逆西） ② 地球的自转方向在图中应如何标注？ ③ 在南（北）极点，每一个方向都指向哪里？（在南极点每个方向都指向北）	回忆、思考并回答，同时在图上标注，强化读图能力。
在南极地区图、北极地区图上标注出南极圈和北极圈。	找出南（北）极圈，说明南（北）极地区的位置和范围。 归纳：① 北极地区：位于地球最北端、北极圈（66.5°N）以北，包括北冰洋的大部分，以及沿岸的亚、欧、北美洲的陆地和岛屿的广大地区； ② 南极地区：位于地球的最南端、南极圈（66.5°S）以南，包括南极大陆，以及周围的海洋的广大区域。 学生读图，找出北极地区中心大洋的名称，以及环绕南极大陆各大洋的名称。（北冰洋；大西洋、太平洋和印度洋）	一步步指导学生明确南极地区、北极地区的位置和范围。

4. 演示法

演示法是教师通过展示实物、直观教具、实验，或播放有关教学内容的软件、特制的课件，引导学生认识事物、获得知识或巩固知识的方法。在地理教学中这种方法很常用。因为地理中的很多内容由于时空限制，距离实际生活较为遥远，通过演示可以使学生获得形象的认识，便于后续教学工作的开展和深入，有利于学生对知识的掌握和理解。如浩瀚的宇宙、地球的全貌、白雪皑皑的南极、广阔的撒哈拉沙漠、高寒的青藏高原和珠穆朗玛峰、扑朔迷离的罗布泊、令人神往的西双版纳热带雨林等。借助演示，学生可以获得表象认识。

案例5

地球自转产生的地理意义

活动一：课件演示地球的自转

（教师提问）请同学们认真观察并思考：地球是绕什么不停自转的？地球自转的方向怎样？（地轴，自西向东）（在学生回答的基础上，教师加以归纳，并讲述地球自转的周期）

（学生演示）学生分组演示地球的自转。四人为一小组，每小组一个地球仪，分组运用地球仪演示地球的自转并说明自转特点。教师选一组在全班演示，并让小组汇报地球自转的特点：定义、方向、周期。（教师或学生纠正、补充）

（教师演示）让学生画出从侧面、南极和北极看到的地球自转方向图。

（教师提问）地球不停地自转，引发了一系列自然现象，哪个同学能列举几种我们能观察到或者能体验到的现象？

（教师演示）利用多媒体的投影代表太阳，在贴近黑板的位置高举一个地球仪代表地球，将房间弄暗，演示昼夜的产生，并讲解产生的原因；然后再转动地球仪，演示昼夜更替，并讲解产生的原因。在演示过程中提示学生观察：地球仪表面有哪些部分被灯光照亮？哪些部分没有被灯光照到？如果地球不自转是否会发生昼夜现象？是否会发生昼夜交替？如果地球是一个透明的球体，会产生什么现象？

（引导学生归纳描述）地球是一个不透明的球体，向着太阳的一面是白天，背着太阳的一面是黑夜，由于地球不停地自西向东转动，所以产生了昼夜交替。总结自转的第一个地理意义：昼夜交替。

活动二：学生动手演示并思考

（学生演示并思考）利用多媒体的投影和地球仪，指导学生演示当前地球上昼夜的分布，要求学生指出昼半球、夜半球的范围，要求学生观察此时除中国是白天外，还有哪些国家是白天，哪些国家是黑夜。

学生将地球仪转动180°，再观察：中国和美国分别处在白天，还是黑夜？

学生连续转动地球仪，观察中国和美国昼夜更替的情况，再次体会昼夜更替的形成。

学生结合生活体验计算：每天我们在夜半球大致经历多长时间？（学生回答后，教师指出是12个小时左右，究竟多长时间，依季节不同而有差异，上高中时再深入了解）每完成一次昼夜更替需要多长时间？

请一位学生阅读教科书中的阅读材料，让学生思考产生时间差异的原因。

（教师讲述）可见，地球自转还使地球上不同经度的地区产生了时刻的差异。这就是自转的第二个意义。在地球上，处于不同经度的地方，有不同的时刻。

（教师演示）教师利用地球仪和多媒体投影进行演示，让学生计算伦敦、北京、新加坡、东京、莫斯科等城市之间的时差各相差多少小时。在演示过程中，引导学生根据地球自转的方向与太阳东升西落的规律，理解东边的地方比西边的地方先见到太阳，在时间上表现为东早西晚，了解时刻计算"东加西减"的一般方法。

让学生总结学习的收获，屏幕显示主要内容。

分析：教师演示教学内容，目的是把抽象、难懂的知识具体化，便于学生消化和吸收。而由学生来演示教学内容，可以加深学生对知识的理解和掌握，比教师的演示更深入，难度加大了，也更能检验出学生是否掌握了知识，教师是否完成了教学内容。

三、以学生活动为主的教学方法

问题：

各种以学生活动为主的地理教学方法的优势和弊端有哪些？

任选教学案例1~2个，谈谈自己的收获。

以学生活动为主的地理教学方法主要有实验法、实际调查法、讨论法等。

1. 实验法

实验法是指学生在教师的指导下，通过实验得出结论，从而完成既定学习任务的教学方法。

案例6

"海陆热力性质差异"实验

这一任务不用安排在课内，可以布置学生课外完成。让学生找两个质地、体积一样的烧杯，一个装水，另一个装沙，水和沙子的高度一致。早上起床后把两个烧杯都放在太阳光能够照射到的地方。按照表中给出的时间测出杯内水和沙子的温度，填写下表：

测量时间	11:00	11:15	11:30	11:45	12:00	14:00	14:10	14:20	14:30	14:40	14:50
水温度（℃）											
沙子温度（℃）											

如果这一任务安排在课内，则要小心谨慎，因为需要用到酒精灯来加热。对同样准备好的装着水和沙子的烧杯进行加热，要注意不要把水加热到沸腾。需要完成以下表格：

测量时间	加热			冷却		
	5分钟	10分钟	15分钟	5分钟	10分钟	15分钟
水温度（℃）						
沙子温度（℃）						

分析：学生通过实验观察了解到的规律，有助于学生了解全球陆地和海洋的热力性质差异，理解季风形成的原因。这种方法避免了教师在课堂上空洞的讲解，有利于学生理解和掌握，同时也培养了学生的观察力。

案例7

"水土保持"实验

一、实验目的

使学生了解滥伐森林，滥垦草原，破坏自然界的生态平衡，不但会引起土地沙漠化，而且会造成水土流失严重、河水的含沙量增大、水旱灾害频繁等一系列环境问题。从实验中可以看出，地上有无植被会影响流水中的含沙量，从而使学生进一步意识到保护生态环境的重要性。

二、准备工作

做一个长60厘米，宽25厘米，高10厘米的玻璃箱。在玻璃箱的中间，用玻璃条隔开，分成两格（用一个差不多大小的塑料盒子一分为二也可以），两格各设出水口。一格放没有植被的土壤，另一格放草类生长茂盛的土壤，再准备一个洒水壶和两个烧杯。

三、实验过程

首先可由教师向学生说明，玻璃箱的一格代表由于滥伐森林、滥垦草原造成的无植被保护的地面，另一格代表没有遭到破坏、自然界植被生长良好的地面。同时设疑提问：当大气降水落在这两类不同类型的地面时，会产生怎样不同的结果呢？

然后，请一位学生用洒水壶把水均匀地洒在玻璃箱的两边，再请两位学生用烧杯接住两个出水口流出的水，其他学生仔细观察两个出水口在出水时间、水量、含沙量上各有什么差异。

分析：学生通过观察，认识到没有植被保护的地面，水流速度快，水量大而浑浊，含沙量大；植被生长茂盛的地面，水流速度慢，水量小而清，含沙量小，从而进一步体会到由于人类滥伐森林、滥垦草原，破坏了自然界的生态平衡，造成水土流失严重、河水的含沙量增大、水旱灾害频繁等一系列环境问题的严重性。人类社会要实现可持续发展，就必须研究、解决环境问题。

案例8

认识黄土高原的黄土

教师引导	学生活动
1. 展示黄土标本，做黄土溶于水的实验。 实验准备：一块黄土、一包砖红壤、一个装有水的透明容器、纸巾、一把小锤子、一把铁尺子。 2. 多媒体展示当地民居建筑和当地人生活的图片。	1. 学生通过触摸，捏一捏，观察表面，观看教师与同学演示的小实验，分享实践感受，产生情感体验，归纳黄土的特性。 2. 观看图片，了解黄土对当地生活的影响。

分析：教师设计的目的有两个：一是贴近学生实际，让学生直接感受黄土实物，拉近知识和学生之间的距离；二是进一步说明黄土的性质。同时通过窑洞这种特殊的民居建筑，使学生了解黄土对当地人生活的影响。

2. 实际调查法

实际调查法是学生在教师的指导下开展一定的实践活动，完成一定的任务，从而达到掌握地理技能的方法。如可以让学生通过自行考察来绘制学校的平面图；学习了气温和降水后，可以组织学生利用学校气象设施进行观测，测量学校某区域的温度、湿度；如果条件允许，还可以组织学生开展乡土地理调查，考察本地的自然环境和人文环境情况；等等。

案例 9

制作校园五星花园平面图

热身：让学生试着制作个人桌面平面图或教室的平面图，通过制作活动，简单掌握地图的三要素，以及平面图和立体空间之间的转换。

实践：制作校园五星花园平面图。

步骤一：成员分组。每组六个人，由组长负责。

步骤二：实地测量。小组成员测出五星花园的具体数据，数据要尽量准确，可以取各个成员测得的平均值。测量工具是从学校物理实验室借的量程为 100 米的卷尺。如果没有卷尺，可以采取步测，即选取某同学，测量他一步的长度，然后数出每次测量的步数，要求测的时候，步幅尽可能一致。

步骤三：绘制平面图。

注意事项：事先做好准备，学生一定要明确完成任务需要哪些数据，以及地图上能够展现的地理事物，比例尺的选取一定要适当。本次活动需要 2 课时，为了节省时间可以派代表去测量数据，全班统一数据，然后进行独立创作和平面图绘制。

案例 10

外来务工人员对北京经济产生的影响

调查地区：学校 5 千米以内的集贸市场、建筑工地、小区。

调查时间：1 周。

调查提纲：

1. 流动人口在京从事的工作类别有哪些？

2. 流动人口日常的工作任务是什么？

3. 他们每天的工作时间有多少小时？

4. 他们日常的休息时间有多少小时？

5. 他们一年的假期有几天？

6. 春节期间是否离京？

7. 春节离京回家乘坐的交通工具是什么？

8. 多长时间回家一趟？

9. 老家人多长时间来京看望一次？

10. 他们在北京的住房类型是什么？

11. 他们现在的住房居住时间有多长？

12. 他们现居住的是楼房还是平房？

13. 他们现住房屋是否设置独立卫生间、厨房、起居室？

14. 他们是否携带子女一起来京？

15. 他们的子女是否在京接受九年制义务教育？

16. 他们的生活必需品主要从哪里获取？

17. 他们家庭每月花费最大的项目是什么？

18. 他们每月用于解决温饱的费用大概有多少？

19. 他们家庭中哪些项目的开销还比较大？

调查方法：抽样调查和访谈法。

资料整理与分析：绘制打工人员经济收入支出统计表。

撰写调查报告：调查报告应尊重客观事实，突出重点，注重对调查结果的分析，语言通俗易懂。调查报告要求包含标题、引言、主体、策略与建议四部分。

实际调查法的意义不言而喻。但是这种方法的操作很考验教师的组织能力，需要教师付出更多的努力。教师既要保证完成任务，还要保障学生的安全，因此有必要在实施调查前，培训学生掌握调查方法。如和调查对象之间对话的方式方法，对接受调查的对象表现出尊重和礼貌等。有了调查信息，如何撰写报告是难点，需要学生有一定的文字表达、信息提取、分析归纳等能力。

3. 讨论法

讨论法是学生在教师的指导下为解决某个问题而进行探讨，辨明其是非真伪以获取知识的方法。讨论法的种类很多，可以是整堂课的讨论，也可以是几分钟的短暂讨论；可以是全班性的讨论，也可以是小组讨论，还可以是它们的整合。

案例11

南北方对抗赛

第一阶段：

1. 教师展示反映南北方自然风貌差异的景观图片：地形、地形区、气候、植被类型、河流等方面的差异。

2. 教师总结：一方水土养一方人，在不同的环境下，人们的生产、生活特点也不同，夸夸自己的家乡。

3. 分组：根据学生的籍贯将学生分成南方组和北方组。

4. 辩论主题：南方地区的人文环境比北方地区的人文环境好；北方地区的人文环境比南方地区的人文环境好。

第二阶段：

1. 各小组查找资料并撰写对抗赛词。

2. 各小组选派四名选手准备进行对抗。四名选手依次陈述的内容为受到地形影响呈现的人文特点、受到气温影响呈现的人文特点、受到降水影响呈现的人文特点、受到多个自然因素影响呈现的人文特点。

第三阶段：

1. 各小组按一辩、二辩、三辩、四辩的顺序阐述观点。由北方地区代表队先开始。

2. 全体学生补充观点和论据。

3. 双方各选一名同学做总结陈词。

上面这个例子是整堂课的讨论。在实际教学中我们经常用到的是课堂上围绕某个环节展开的讨论，是小组讨论。上述案例中巧妙的一点是教师分组的方式——按照籍贯分组，学生在知识之外还增加了热爱自己家乡的情愫，调动了学生的积极性，使课堂更加活跃。使用讨论法还可以就某个问题展开讨论。如教授"西部开发的重要阵地——新疆维吾尔自治区"时，教师可以设计围绕新疆农业问题展开的讨论，时间虽短，但效果会比较明显。

案例 12

新疆农业问题

教学环节	教师活动	学生活动	活动意图
探究环节	新疆政府发展农业的棘手问题是什么？	小组讨论、回答。	调动学生的思维，提出适当可行的解决方法。
	当地要增加农作物产量、扩大种植面积，但是水资源不足，怎么解决农业用水紧张？	小组讨论、回答。	了解适用于当地生产、生活的节水措施和方法。
	农产品在运输中，由于距离遥远，时间较长，易发生变质，损失严重。怎么解决这一问题？	小组讨论、回答。	明确该地农产品发展的方向。

案例 13

黄河的治理与开发

教学环节	学生活动	教师活动
小组选议题。	各个小组选择本小组讨论的素材，每组1个。小组长随机抽取序号。序号对应的详细内容见附1。	组织小组长抽取序号。
小组讨论。	小组内部讨论完成任务。	随机查看各小组的讨论情况，解答学生疑惑。
组间交流。	小组汇报，相同议题小组或者其他小组同学可以补充。	通过追问、设问等方式，带领学生逐步完善小组讨论结果。
汇总信息：考查小组成员的概括能力。	小组根据讨论结果，汇总所有素材反馈的有关黄河的信息。用表格的形式概括黄河各河段特点。表格见附2。	通过追问、设问等方式，带领学生逐步完善小组讨论结果。

教学环节	学生活动	教师活动

附1:

　　素材一:

　　玛曲位于甘肃省甘南藏族自治州,是九曲黄河之首曲,黄河在玛曲县境内流程达433千米,流域面积约10190平方千米。黄河从青海省久治县流入玛曲县时水量为137亿立方米,只占黄河总水量的20%,而流经玛曲境内再从欧拉秀玛乡返入青海省河南县时流量则增加到164.10亿立方米,占黄河总水量的65%左右。1981年,玛曲县草原平均产草量为586050千克/平方千米,2000年平均产草量为420000千克/平方千米,降幅四分之一,草层平均高度从45厘米下降到20厘米;草场载畜量在20世纪80年代为147.09万个羊单位,现在为113.43万个羊单位,下降了33.66万个羊单位。

　　任务:

　　1. 玛曲县面临什么环境问题?

　　2. 这个问题会对黄河产生什么影响?

　　3. 你有何良策应对玛曲县的这一环境问题?

　　素材二:

　　河南开封有很著名的琉璃塔,因塔身琉璃砖瓦的颜色浑如铁铸,所以称它为"铁塔"。在铁塔附近有一道著名的景观,当地人称之"人在水上走,船在天上行"。

　　任务:

　　1. 形成这种景观的原因是什么?

　　2. 采取何种措施应对这一现象?

　　3. 哪些区域还有类似的现象发生?

　　素材三:

　　宁夏回族自治区提供的一段关于凌汛的视频资料。

　　任务:

　　1. 发生凌汛的原因是什么?

　　2. 黄河哪些河段也会发生凌汛?

　　3. 有何良策帮助宁夏回族自治区应对凌汛?

　　素材四:

　　山东利津水文站一位工作人员这样描述他的所见所闻:黄河频繁的季节性断流始于20世纪70年代初,从1972年山东利津断面断流开始,至今累计断流57次。从断流天数看,1972年首次断流仅历时15天,1996年断流136天,1997年断流已达181天;从断流河段看,1972年断流仅产生于山东利津的下游,1995年断流上溯至河南开封附近,断流683千米;从断流始发时间看,过去断流一般始于五六月份,近几年来提前到三四月份,1997年,黄河从2月7日就出现了断流。古话所说的"奔流到海不复回"的豪放诗句,是否要改为"奔腾而不到海"了?

　　任务:

　　1. 黄河断流呈现出哪些特点?

　　2. 黄河为何会断流?

　　3. 黄河哪些河段会发生断流?

　　4. 如何应对黄河断流?

　　素材五:

　　一位华县人讲述的故事:华县位于秦岭东部、渭河南岸,因处于华山的姐妹山少华山脚下而得名,它的西南85千米处即西安市。2003年9月4日,华县县城以北一片汪洋,数十万亩庄稼地全部被淹,洪水漫溢地区距离华县县城仅有1千米左右。数万军民在县城北筑起了1米多高的临时防洪堤,当地军民正在组织力量设法加固决口两旁堤防,防止决口扩大。

续表

任务：

1. 引发华县洪灾的是哪条河流？请在图上标出华县的位置。

2. 华县洪灾过后，哪些地区也会遭受洪灾？

3. 你有何良策帮助华县做好洪灾预防工作？

素材六：

黄河沿岸的一位普通农民这样描述他生活的区域：它被称为"塞上粮仓"或"塞北江南"，是一个肥美之地。这里种植小麦、水稻、谷、大豆、高粱、玉米、甜菜、瓜果等作物，很多农作物在全国都很有名，另外，这里的畜牧业和水产业也很发达。

任务：

1. 农民的家乡在哪里？

2. 从农民的描述中可以看出当地的自然条件有哪些特点？

附2：

河段	事件	原因	对策

分析：关于"黄河的治理"一节课，采用了"学生讨论、汇报，教师总结"的教学方式。在本节课中，学生能够通过现象分析问题，充分调动大脑中已有的知识和生活经验，去积极寻求解决的办法和途径，课堂气氛活跃。学生讨论的结果一部分是已经实施的，而另一部分是他们创造力的结果，可以给有关部门提出建议。

专题五　课堂实施过程

地理课堂教学是地理教学工作的中心环节，是发挥地理教育功能、实现地理教育目的的主要渠道。课堂教学的实施是完成教学任务、落实教学重点、突破教学难点、最终实现教学目标的过程。新课程强调学生的主体地位、强调学生获取知识的过程。因此，在地理教学中，教师应结合教学内容，运用相应的教学方法，采取适当的、有效的评价手段，通过一定的教学形式和教学活动，使学生积极主动地进行自主学习。

本专题主要从课堂教学的各个环节入手，介绍地理教师在课堂教学过程中最基本的技能。如设计教学主线的技能、导入的技能、承转的技能、提问的技能、突破重难点的技能等。

一、地理课堂的教学主线

问题：

为什么要设计课堂教学主线？

如何设计一堂课的教学主线？

课堂教学的结构是课堂教学系统内部整体性的反映。课堂教学系统由教学目标、教学内容和师生活动等方面构成，它们必须紧密地联系起来，构成一个环环相扣、层层深入、相互作用和相互促进的有机整体。也就是说，课堂教学一定要有一个完善的整体结构，才能提高教学效率。

1. 地理课堂教学主线的作用

很多地理教师往往只注意教学细节的安排，而对教学的整体结构把握不够，这样的课堂常常显得凌乱，不能形成一个整体，甚至影响学生认知能力的培养。要想正确地把握课堂教学的整体结构，就必须根据教学内容的特点、学生的认知特点、教师自身的教学风格等，设计出一条比较清晰的教学主线。

一堂课的教学从某种意义上说是一个完整的生命体，好比一篇文章，构思、实践直至完成都需要有一条明确的文思主线。这条主线把既是作者又是读者的师生的理解、倾听、学习清晰地串联起来，形成一条认知线索，促进了师生双方的理解和感悟。对于教师来讲，依照设计好的主线，将对教材的理解、取舍融合进去，细化教学目标，便可以轻松地驾驭课堂，避免零敲碎打的情况出现。对于学生来讲，顺着这样一条主线，能清晰地主动建构起课堂所要达成的教学目标，避免因认知零散而造成学习效率偏低。

正如专家所说，"成功的课堂教学应该有一条清晰明朗的主线。教学主线是教者在反复钻研教材的基础上形成的比较成熟的教学思路。凡是成功的课堂教学必定有十分清晰的教学主线，凡是不成功的课堂教学也必定主线不明或思路混乱"。

2. 如何设计地理课堂的教学主线

下面我们就来谈一谈如何设计地理课堂的教学主线。

(1) 按照地理知识的内在联系设计教学主线

综合性是地理学的显著特点之一。地理环境由大气圈、水圈、岩石圈、生物圈及人类智慧圈等圈层构成，是地球表层各种自然现象、人文现象有机组合而成的复杂系统。组成地理环境的各要素之间是相互联系、相互影响、相互制约的，因此地理知识之间往往具有紧密的内在联系。教师只有认真钻研新课标，研读教材，把握知识的内在联系，理清知识线索，才能抓住教学的整体结构。

地球自然环境具有整体性的特点，组成环境的各要素之间联系紧密。因此在自然地理原理和规律部分的教学中，教师可按照知识的内在联系来选择和构建教学主线。

案例 1

"季风成因"的知识线索示意图

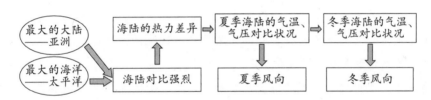

分析：本课按照知识之间的因果关系构建主线，使整堂课成为一个有机整体。

按照地理知识的内在联系来构建教学主线，需要注意以下几点。

① 在更大的知识背景下把握本堂课的知识结构，明确这一部分知识在中学地理知识体系中的地位和作用。

② 知识脉络清晰，因果关系成立，把本堂课所有的知识点都放到知识线索中。

③ 可以采用框图式的板书，进一步明确课堂主线，提示知识的内在联系。

④ 教学的主线、知识的线索可以预设，但不能一成不变地去贯彻，要根据学生的认知情况和课堂教学的实际情况随机应变。

(2) 抓住区域突出特征提炼教学主线

在区域地理的教学中，往往需要教师抓住区域的主要特征，创造性地提炼出教学的主线。这对教师对知识体系的把握能力、对区域的认识能力和创新能力都提出很高的要求。

在过去的区域地理教学中，往往按照知识的体系组织教学，一般都是按照"位置—自然（逐一介绍各自然要素特征）—人文（逐一介绍人口、农业、工业等发展概况）"的线索来组织教学。然而初中地理部分要学习世界和中国的很多个区域，第一次这么讲，学生还比较有兴趣，第二次这么讲，学生逐渐就能学会如何分析区域的一般方法，但是如果第三次、第四次甚至每一次都这么讲，学生就会失去兴趣。所以区域地理教学中往往要抓住区域的突出特征，设计不同的教学主线，既要激发学生的学习兴趣，让他们对区域的特征形成深刻的认识，又要让他们学会从不同的角度观察和分析区域。

案例 2

"巴西"一课教学主线的选择

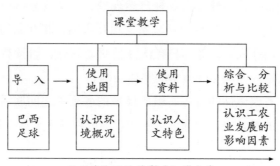

巴西是拉丁美洲的一个缩影，拉丁美洲国家的各项发展自始至终受到殖民统治的影响，不论是社会文化还是经济发展都深深带有殖民统治的烙印。因此教师在教学时选择以"殖民统治的影响"为主线。

分析：本节课打破了按照"位置—自然—人文"的顺序学习区域的固有模式。主要利用学生掌握的分析位置、自然和人文特征的方法，突出区域的显著特征，以"殖民统治的影响"为主线来组织教学，帮助学生学会从不同角度来研究和认识区域，使学生在实际问题中运用所掌握的学习方法和技能，锻炼学生的实际应用能力。

在进行教学主线的选择时仅仅把握住区域的特征是不够的，还需要教师具有一定的创新能力。

案例 3

"台湾省"一课教学主线的设计

新课标要求：认识台湾省自古以来一直是祖国不可分割的神圣领土；在地图上指出台湾省的位置和范围，分析其自然地理环境和经济发展特色。

教学主线：紧紧抓住台湾宝岛的"宝"字，设计教学主线，通过"寻宝—析宝—用宝—护宝"四个主要环节，落实新课标的要求。

分析：整堂课思路清晰、一气呵成，学生兴趣盎然，始终跟随着教师的思路，积极地参与教学活动。新课标总共要求落实四个内容，这四个内容通过四个教学环节分别得到落实：寻宝——了解台湾省的自然环境特色；析宝——分析台湾省物产丰富的原因，落实台湾省的位置和范围；用宝——分析台湾省如何因地制宜发展经济，落实台湾省的经济发展特色；护宝——落实情感态度与价值观的要求，认识台湾省自古以来就是中国不可分割的神圣领土。

抓住区域的突出特征提炼教学主线时，要注意以下几点。

① 教学主线的设计一定要建立在教师熟悉教学内容、完整把握知识体系的基础上。

② 教学主线的选择应该以落实新课标要求、完成教学目标为目的，也就是说，教学主线要能够把新课标要求的每一个知识点串联在一起，不能有所遗漏。

③ 所选择的区域特征一定是区域最突出的特征，并且这一特征能够体现区域的自然、人文等要素之间的相互关系。

（3）以活动构建教学主线

初中地理课程要改变传统的地理学习方式，通过设计各种教学活动让学生体验解决问题的过程，引导学生在活动中获得知识与经验。这就要求教师要通过教学活动的设计和实施，力求让学生真正"活"起来、"动"起来，提高课堂实效性，最终达到培养学生的地理实践能力和探究意识，激发学生学习地理的兴趣的目的。

教学过程的本质是师生教与学的活动，一堂课往往是由一系列的教学活动组成的，这些活动的组合设计就构成了这堂课的教学主线。

案例 4

"西南边陲的特色旅游区——西双版纳"活动教学结构

活动 1	活动 2	活动 3	活动 4
课前准备：各组分别研究西双版纳的动物、植物、民族风情等，并制作展示材料。	分组汇报展示：各组以各种形式介绍西双版纳丰富的旅游资源。	分析讨论：西双版纳丰富的旅游资源的成因，通过图和资料分析西双版纳的位置特点和气候特征。	角色扮演：各组分别扮演当地政府官员、旅游者、开发商、当地农民等介绍旅游业发展情况，为旅游业的健康发展出谋划策。

以活动来建构教学主线，体现了课程改革的新理念，强化了学生自主学习的意识。同时，活动的设计使教学策略的实施更加具体、更便于操作。以活动建构教学主线必须注意以下几点。

① 活动要根据新课标要求和教学目标来设计，不能为活动而活动，不能偏离了教育教学的方向。

② 活动的设计要考虑学生的认知特点，充分调动学生参与的积极性。

③ 设计活动时要有明确的任务，用任务驱动学生主动获取知识。

④ 活动进程中要注意发挥教师的主导作用，要注意对学生的过程性评价，及时鼓励、随时指导。

⑤ 整堂课的各个教学活动要形成一个有机的整体，循序渐进，步步为营。同时在难度上要形成一定的梯度，让学生在不知不觉中解决问题、提高能力。

3. 设计地理课堂教学主线的几个要点

（1）人地关系是中学地理教学的基本主线

地理学是研究地理环境及人类活动与地理环境相互关系的科学。人类活动与地理环境有着密切联系，这种联系深刻地影响着人类的发展。因此，使学生深刻认识人地关系和可持续发展的重大意义，是中学地理课程的主要任务，也是中学地理教学内容的核心。在组织地理教学内容时，教师应当以人类活动与环境、资源、发展的协调关系为主线，着重阐明地理环境组成要素的相互作用和密切联系、地理环境的发展变化规律，以及人类活动与地理环境对立统一的辩证关系。

（2）教学主线的设计要充分考虑学生因素

首先，教学前教师必须认真地进行学情分析，了解学生已经掌握了哪些知识、已经具备了哪些能力和技能，以及学生对新知识的准备状态，并以此为依据设计教学主线，开展教学活动。其次，教师要精心设计课堂内容的导入，让学生比较容易地理解教师设计的学习任务，以便顺着教师设计的教学主线掌握课堂的基本教学目标，达到基本教学要求。最后，教师要围绕教学主线设计形式多样且富有层次的活动（活动设计要有层次，要循序渐进，不宜跳跃），让学生积极、主动地参与其中，并开展创造性思维活动，使学生的认知水平得到提高。

（3）教学主线的设计要遵循整体性原则

课堂教学活动要围绕教学主线展开，因此教学主线必须能够贯穿课堂设计的每个教学环节，且使每个环节过渡自然，使整个教学过程流畅。这样，学生才能主动按照教师设计的认知线索建构起完整的知识结构。

（4）教学主线的设计要充分考虑地理学科的特点

地理学具有综合性和地域性的特点，因此课堂教学主线的设计要体现地理知识的综合性，揭示知识之间的内在联系；要体现地域之间的差异性，渗透因地制宜的思想。

学习地理离不开地图，地图是地理教学最重要的工具，被称为地理学科的"第二语言"，它能以无声的语言帮助学生理解课文内容，生动形象地反映地理事物的分布，揭示许多地理现象或地理原理。所以地理课堂教学主线的设计要充分利用各种地图、示意图、景观图等，以培养学生的学科能力。

二、地理课堂的导入、承转、结束

问题：

怎样的课堂导入才是最有效的？

承转在课堂教学中发挥了怎样的作用？

课后应该怎样进行小结？

地理课堂的导入、承转和结束都是有一定技巧的，教师必须合理设计，使之为教学服务。

1. 地理课堂教学中的导入技能

（1）地理课堂导入的作用

地理课的导入是教师在新的学习内容或新的学习过程开始时，以某种适当的方式将学生的注意力和思维引入学习活动的行为方式。导入是课堂教学中重要的一环，"良好的开端是成功的一半"。精彩的导入，能激发学生的学习兴趣和参与愿望，能开启学生的思维，使整个教学过程建立起有机的联系。导入在教学过程中的作用体现在以下几方面。

① 引起注意——实现兴奋点的转移

注意是人的心理活动对一定对象的指向和集中，是进行任何学习活动的前提条件。注意力是否集中，是学生学习成败的关键。对学生来说，每一堂课都是一个新的开始，而学生在课前却可能从事各种各样的活动，其兴奋点也可能还沉浸在刚才的活动之中，那么怎样才能使学生实现兴奋中心的转移呢？关键就在于导入，只要导入得法，就能使学生离开正在从事的活动，转移自己的注意力，全身心投入课堂。这是导入新课的第一步，也是课堂教学得以顺利进行的基础。如果课堂导入环节设计得不好，学生的注意力就会不集中，对教师给予的各种刺激也就会"视而不见""听而不闻"。

② 激发兴趣——产生学习动机

兴趣是力求认识某种事物或爱好某种活动的心理倾向，这种倾向是与愉快的体验相联系的。一段别具匠心、引人入胜的新课导入是激发学生学习兴趣的关键环节。兴趣是动机的先导，是思维的源泉。学生一旦产生强烈的学习动机，就会主动、自觉地投入学习，变被动的"要我学"为主动的"我要学"，从而大大提高课堂教学的效率。

③ 明确目标——体现教学意图

目的性是人类实践活动的根本特性之一。导入时教师要把教学目标转化为学生的学习目标，从而激发学生学习的内在动机，使其有意识地控制和调节自己的学习，主动地接近目标。

④ 沟通情感——营造和谐气氛

课堂导入还具有渲染气氛、创设情境的作用。学生的学习情感直接影响学习效果，利用导语拉近师生关系、营造和谐的气氛是非常必要的。它可以建立交流的平台，便于师生的平等交流，从而实现师生的情感相通、心理相融进而实现共同探索。如此一来，学生不仅能很好地理解教学内容，还能获得亲身的学习体验。

⑤ 铺设桥梁——促进新旧知识联系

导入是课与课之间的桥梁和纽带，具有承上启下的作用，既是先前教学的自然延伸，也是本节课教学的开始。设计巧妙的导入，不仅可以使学生了解新旧知识间的内在联系，为深入学习新知识打下基础，还有利于学生复习旧知识，从而引导学生形成完整的知识体系。

总之，课前导入是任何一位教师都不可忽视的，是课堂教学的有机组成部分。课前导入的好坏，在一定程度上决定了这节课的成败，可以说只有应用好课前导入，才能使课堂教学更加顺利，从而达到事半功倍的效果。

（2）地理课堂导入的类型

地理课堂的导入方法很多，可以说是"导无定法"。具体的导入方法因教师、学生、学习内容而异，其应用非常灵活。下面结合具体的案例介绍一些常用的导入方法。

① 复习导入——复习旧知，引出新知

古语说："温故而知新。"复习导入是指教师通过引导学生复习已经学过的知识，承上启下，将学生带到新的学习活动中来的方法。这种方法有利于新旧知识间的衔接，准备起来也相对比较简单，是目前地理课中最常见的导入方法。

复习导入的具体操作方法有三种：一是教师叙述式的导入；二是教师在简要提及复习内容的基础上，提出问题，引入新课；三是教师提出复习的问题，学生回答，教师从学生的答案中引出新的内容，进入新课的学习。

案例 5

"我国的河流"的导入

师：我国的气候有哪些特点？

生：复杂多样，季风气候显著，大陆性气候分布广。

师：季风气候最显著的特点是什么？

生：夏季高温多雨，即雨热同期。

师：同学们回答得很好，河流的水文特征深受气候的影响，所以有人说"河流是气候的产物"，我国的这种气候特征对河流有什么影响呢？我国的河流又有什么特征呢？这就是我们今天要学习和讨论的问题。

分析：上述案例采用复习导入的方法，既巩固了学生已有的气候知识，导入了河流部分的学习，又帮助学生建立了知识之间的联系，有助于学生形成完整的知识体系。

复习导入法往往比较平淡，在激发学生学习兴趣方面的作用不是很强，对学生缺少直观的吸引。因此，教师在使用时对学生回答问题的表现要及时地给予鼓励和表扬，如果能同时结合一些其他直观的手段效果会更好。

② 疑问导入——用问题激发学生的求知欲

亚里士多德说过"思维始于惊讶和疑惑"。教师通过有意制造矛盾、设置疑问而导入新课，可以激发学生的求知欲，锻炼和培养学生的思维能力。教师设计的问题应具有科学性、严密性、启发性和趣味性，并指出问题的答案就在新课的教学中，从而营造一个学生主动研究问题、学习新知识的良好氛围，使学生在教师的帮助下，逐层分析问题，寻求解决办法，最终解决问题。

第一，创设情境，提出疑问。设计地理问题情境，是引导学生进入课堂学习的重要方法。从学生生活实际出发，从学生身边的地理事物或地理现象出发，提出带有悬念的问题，从而导入新课，能够激发学生的兴趣和求知欲。

案例 6

"经线与纬线"的导入

师：在漫无边际的海面上，突然刮起大风。这时，有一艘遇难的船只，正在通过无线电向有关方面发出呼救。请同学们想想看，报务员如何向对方报告自己所在的确切位置？

案例 7

"大气的热力作用"的导入

师：在我们身边有很多有意思的地理现象，比如以下这些现象，你们是否注意过？又是否想过为什么呢？

晴朗的天空为什么是蓝色的？

看过日出的同学会发现，太阳还没有出来，天空就已经亮了，这是为什么？

为什么我们在夏季晴朗的白天会感觉比多云的时候热，而晚上则又比多云的夜晚凉爽呢？

让我们一起来学习"大气的热力作用"，来找到这些问题的答案吧。

第二，制造思维矛盾，提出疑问。认知冲突能引起学生认知心理的不平衡，激起学生的求知欲和好奇心，使学生产生解决这种认知冲突、获得心理平衡的动机。教师在导入时，可以利用资料呈现出与学生生活体验或已有认知经验相矛盾的事实，并提出疑问，引发学生的思考，从而导入新课。

案例 8

"海陆变迁"的导入

在"海陆变迁"一课导入时，可提供以下资料制造学生的认知矛盾。

资料一：南极大陆蕴藏丰富的煤炭资源。（同时出示南极大陆的景观图片和气候资料）

资料二：在世界最高大的喜马拉雅山脉发现了海洋生物的化石。

提出问题：你认为上述资料是真实的吗？如果老师告诉你以上资料都是事实，你会有什么疑问呢？

③ 直接导入——用目标驱动学生的探索欲望

直接导入就是根据目标教学法，在上课之初，就以某种方式表达本节课所要达到的教学目标，使学生学有目标，听有方向，在教师的引导下真正成为学习的主人，充分发挥主体作用，在目标驱动下主动获取知识。这种导入法开门见山，单刀直入，不做多余的渲染，是地理课堂常用的导入方法之一。

案例 9

"人口与人种"的导入

师：人口问题已成为举世瞩目的全球性问题，中学生必须了解世界人口的数量、增长、分布和人种等知识，树立正确的人口观。现在让我们一起学习第一节"人口与人种"。

通过本节课的学习我们将达到以下目标：① 运用地图和资料，说出世界人口增长和分布的特点；② 能够举例说明人口问题对环境及社会、经济的影响；③ 能够说出世界三大人种的特点，并在地图上指出主要分布地区。

④ 事实导入——从事例中发现地理问题

地理教学内容多以书本知识为主，对学生来说比较抽象难懂，因此教师可从生活中选取一些有典型意义的事例（如自然灾害、生活经验、科学报道、英雄事迹、探险经历、时事热点等），引导学生从事例中发现地理问题，产生求知的欲望，从而进入新知识的学习。

第一，时事导入。用国际、国内的时事新闻导入新课，既能开阔学生的视野，又能密切联系当前的社会形势，对学生进行思想教育。在地理教学中，如果能引导学生对他们最关注、最好奇、最感兴趣而又似懂非懂的热点问题进行讨论，可以强化他们的学习动机、激发他们的学习兴趣。

案例 10

"日本"的导入

播放视频：《丰田章男来华道歉》

师：丰田章男是什么人？他为什么来北京道歉？他不仅来北京还先后去美国、欧洲等地环球道歉，为什么？

出示资料："丰田公司是世界第一大汽车生产厂商"

师：从这一点我们就可以看出日本的经济发展水平怎么样？

出示资料："目前日本是仅次于美国的世界第二号经济强国"

师：它是如何成为世界第二经济强国的呢？我们知道，一个地方的经济发展是要受到其自然条件的影响和制约的，让我们就先来了解一下日本的概况！

案例 11

"大气环境保护"的导入

出示图片：哥本哈根气候会议的相关图片

师：曾在哥本哈根召开的全球气候变化会议吸引了世界的广泛关注，你知道这次会议的主题吗？

第二，故事导入。故事喜闻乐见、生动形象，对学生有很强的吸引力，能唤起他们强烈的求知欲望和学习兴趣，而且故事富有启发性，能够活跃学生的思维。故事导入以和地理知识有关的历史故事、寓言故事、探险故事、爱情故事等为线索，将学生的思维引入学习主题，从而顺利地开展教学。

案例 12

"海水运动"的导入

讲述故事：《玩具鸭舰队漂流记》

1992 年 1 月 10 日，一艘货船在太平洋东部海域遭遇暴风雨，装着 2.9 万只玩具的箱子坠入海中。里面的玩具都散落出来，漂浮在海面上，其中，包括 1 万只黄色的鸭子玩具。

1992年11月16日，这些玩具鸭赶上洋极环流，一度被冻在寒冷的浮冰里，经过苦苦"挣扎"，才开始慢慢漂向阿拉斯加海岸。

经过3年的海上漂流，玩具鸭们途经阿拉斯加、日本、北美等地，一些玩具鸭在夏威夷海域被发现。

1995年至2000年，玩具鸭开始向北漂流，通过白令海峡进入北极冰冷的水域。

2000年，部分玩具鸭进入北大西洋海域，开始向南漂流。之后，一些玩具鸭抵达美国东北部海岸。

2003年7月至12月，玩具鸭开始抵达美国、加拿大和冰岛等地。

2007年夏天，玩具鸭"入侵"英国海岸。

师：现在在世界很多地方，很多人都热衷于寻找玩具鸭，据说每一只小鸭子已经炒到了1000英镑。小鸭子舰队为什么能走得这么远？为什么现在很多科学家也在研究小鸭子舰队的漂流路线？通过今天这节课的学习我们将找到答案！

⑤ 情趣导入——营造轻松的学习氛围

作为地理教师，除了要讲究教学的科学性、专业性外，还要追求教学的艺术性。富有情趣的导入在地理课中显得尤为重要，不仅能给课堂教学带来勃勃生机，使学生在轻松的氛围中开始新知识的学习，而且能使教学得到事半功倍的效果。教师可以通过播放音乐、朗诵诗歌、播放视频、组织猜谜等方式制造良好的课堂开端。

第一，播放音乐，导入新课。音乐是人类的灵魂，利用学生熟知、喜闻乐见的音乐导入新课，能使人赏心悦目、心旷神怡，而且易于引起学生思想感情的共鸣，构建和谐的课堂氛围。

案例13

"新疆"的导入

播放音乐：《我们新疆好地方》（MV形式展示歌词和新疆风景）

歌词内容："我们新疆好地方啊，天山南北好牧场，戈壁沙滩变良田，积雪融化灌农庄，戈壁沙滩变良田，积雪融化灌农庄……"

提出问题：你对新疆的印象是什么样的？通过这首歌你对新疆有什么新的认识？

第二，播放视频，导入新课。视频影像具有形象直观、内容丰富等优点，能创造出热烈的学习氛围。如教学"撒哈拉以南的非洲"时，可先播放多媒体短片《走进非洲》，背景音乐为雄壮、优美的非洲鼓声，先让学生用眼和耳去感受一下非洲这片神奇而又充满生机的土地，再进入新课内容的讲授，会收到很好的效果。

第三，谜语导入。谜语是人们喜闻乐见的文化形式，它雅俗皆宜，具有较强的文学性、趣味性和知识性。利用谜语导入新课，可以提高学生的兴趣，活跃课堂教学气氛。例如，在讲我国的行政区划时可以这样导入：同学们喜欢猜谜吗？让我们来试试看，打四个省级行政单位："碧波万顷（青海）""船出长江口（上海）""双喜临门（重庆)""大河解冻（江苏）"。以上都是我国的省级行政区，我国的行政区划是怎样划分的？到底有多少个省级行政区呢？今天我们就来学习这一内容。

地理课堂的导入除了上述介绍的五种主要导入方法外，还有活动导入法、观察导入法等。这就要求教师在充分考虑知识内容、自身特点、学生（班级）特点的基础上创造性地选择和使用。可以说，导入的设计充分体现了教师的授课水平，展现了教学的艺术魅力。

（3）地理课堂导入应注意的问题

课堂导入虽然方法各异，但大部分导入最后都要通过提出问题、建立悬念，最终转入新知识的教学。以下是课堂导入需要注意的问题。

首先，导入时间不宜过长，以 3~5 分钟为宜。若导入时间过长就会显得冗长，从而影响整节课的进程。

其次，"导"无定法，切忌生搬硬套。对于不同的教材和教学内容，应采用不同的课堂导入方法。即使同一教材、同一教学内容，对不同的班级也要使用不同的导入方法。这就需要教师根据所教班级的具体特点进行具体分析，如较沉稳班级和较活跃班级的导入设计就应有所不同。对于同一个班级来讲，课堂导入的方法也要经常变换，这样才有利于保持学生的新鲜感。

最后，导入、呈现、理解、巩固和结尾五者是一个整体，缺一不可。如果只重视课堂导入而忽视其他环节，那么，再精彩的课堂导入也不能达到预想的结果。

总而言之，导入是一课之始。学生注意力的集中、兴趣的引发同导入的关系甚大。要提高课堂教学效率，把课上得生动活泼，那就必须下一番功夫，精心地设计好导入这一环节。

2. 地理课堂教学中的承转技能

承转是地理课堂教学的衔接环节，指教师在地理课堂教学中遵循教育学、心理学、美学原理，创造性、艺术性地采取相关方法，把不同的课堂教学内容、教学环节衔接起来，使教学过程浑然一体，呈现出自然、流畅的节律美感，同时开启学生心智的教学活动。

（1）地理课堂中承转的重要作用

设计课堂承转好比写文章，要讲究承上启下、前后衔接。设计得好，能使课堂教学结构严谨、层次清楚、脉络贯通、浑然一体，使课堂教学成为一个完美的艺术整体。地理课堂教学中承转的功能主要体现在以下三方面。

① 使地理课堂张弛有度，增加韵律美

课堂教学是一门艺术，它的美是通过教学的节奏和韵律表现出来的。所谓的节奏和韵律，就好比一首乐曲中的"高潮"和"低谷"，要有巧妙的安排，演奏起来才能抑扬顿挫、跌宕起伏。课堂教学也是如此，既要有思维活跃、情绪饱满的"高潮"，也要有轻松愉悦、获得思维缓冲的"低谷"。学习心理学认为，人的思维具有间断性和跳跃性，而不是连续不断的，当学生头脑中出现一个思维高峰后，若能停顿 3～5 秒，就会出现另一个高峰。古人云："文武之道，一张一弛。"在地理课堂中，如果有张无弛，思维总是处于紧张状态，会使学生产生疲惫感；反之，如果有弛无张，就会使课堂松松垮垮，导致课堂效率低下。承转环节的巧妙设置能有效地调节地理课堂教学中的张与弛，增加教学的韵律美。

② 使教学过程流畅自然，增加和谐美

从教学内容来看，一节地理课通常是由几个知识块构成的，这些地理知识之间往往存在着紧密的内在联系；从教学组织的角度来看，一节地理课会有若干教学环节、若干教学活动，这些环节、活动之间应该有一定的梯度，并且是逐步推进的。在课堂教学中，如果承转环节设计得不好，就会使教学流程生涩、呆板、无趣；会人为地割裂知识之间的内部联系，使学生不能形成完整的知识体系；会导致学生的认知思维混乱，不利于地理思维能力的培养；会影响学生的学习动机，不利于学习兴趣的维持。如果教师能够在各部分知识、各教学环节之间设计精妙的承转过渡，就会使整个教学过程严密精巧、环环相扣、衔接有序，增加课堂教学的和谐美，使整个课堂成为一个整体，展现出勃勃的生机。

③ 激发学生兴趣，提升地理学习能力

合理的教学承转能激发学生的学习兴趣，使之产生强烈的求知欲。例如，在介绍地球的形状之后，教师用提问的方式承转：过去的人们是怎样认识到这一点的呢？在我们的生活中有没有证明地球形状的证据？这样的问题能够极大地激发学生探究的欲望，使学生对后面的知识产生浓厚的兴趣，从而积极参与学习活动。

传授地理知识只是地理课堂教学的目标之一，地理课堂教学还有另一个重要的任务，就是培养学生的地理学习能力。要提高学生的地理学习能力，离不开地理课堂上有针对性的、形式多样的课堂教学活动。一个重视学生地理学习能力培养的教师，是不会放过课堂上任何一个有助于培养学生地理学习能力的机会的，包括对承转这一教学环节的巧妙设置。他们往往能够恰到好处地利用承转环节，引导学生主动观察、思考、推理，积极动口、动脑、动手，从而有效地提升学生地理学习的能力。

(2) 地理课堂中承转的常见类型

① 语言承转

语言承转指教师在教学中巧妙地使用启发性的语言，直接或间接地通过提问，把学生的思维引入下一个教学环节之中的承转方式。这是教学过程中最常见的一种承转方式。

第一，使用关联词直接承转，指教师借助表示转折、并列、因果、递进等关系的关联词，直接点明前后教学内容的逻辑关系，引出新的学习内容的承转方法。如在"美国"一课的教学中，讲述了美国发达的农业和工业后，教师可以用以下语言进行承转：美国之所以成为世界头号强国，不仅仅是因为它发达的工业和农业，更得益于它先进的科技。从而转入下一个内容的学习。

第二，疑问承转，指教师利用前面的教学内容，创设一个问题情境，通过提问或者引导学生自主发问，使学生产生认知冲突，教师抓住契机，恰到好处地引出新教学内容的方法。如"巴西"一课，教学完巴西的种族构成后，下一个内容是巴西的文化特色，教师可用以下语言进行承转：大家都知道，不同的种族都有自己独特的文化，这么多种族融合到一起之后，巴西的文化会是什么样子的呢？

② 故事或案例承转

故事或案例承转比较适合人文地理教学内容，因为这些教学内容如果缺乏案例的支撑，会显得很枯燥。典型的故事或案例能够引发学生的思考，从而自然而然地进入对下一个教学内容的学习中。例如，一位教师在讲我国南北方的差异时，从自然环境差异过渡到人文差异时讲了一个"失意的饺子馆"的故事。故事中的东北饺子馆在北方经营火爆，但把连锁店开到南昌后却门可罗雀，老板感到很困惑。这时教师可以让学生们帮饺子馆的老板分析一下原因，从而引出南北方饮食习惯不同的话题。

③ 活动承转

在课堂中，教师是指导者，学生是主体，是学习的主人，只有学生真正投入学习中，教学才能达到预期的目标。因此教师要多创设一些让学生动手操作、动眼观察、动脑思考、动口表达的活动承转，最大限度地引导学生参与，以"动"启发学生的思维。例如，"逐步完善的交通运输网"一节，第一个教学内容是对五种现代交通运输方式的介绍和我国的铁路网的介绍，第二个教学内容是如何选择合适的交通运输方式。如何实现中间的承转过渡呢？教师设计了一个这样的学生活动：让学生分组成立物流公司和旅游公司，分别完成五个货运和五个客运任务。通过分组活动引导学生思考不同的情况下应选择不同的交通运输方式，然后让学生概括选择交通运输方式时考虑的因素，比较不同运输方式的优缺点。这一活动既实现了教学内容的过渡，又培养了学生的探究能力。

每个地理教师都有自己的教学思想，在教学设计和实践中都发挥着自己的创造力，这也就形成了多种多样的承转方法。因此我们要依据教学对象、教学内容、教学环境等因素的变化去创造更为有效的承转方法，从而使自己的教学承转不断更新，使地理课堂教学充满活力。

案例 14

"日本"的承转设计

教学过程：

（导入）播放视频：《丰田章男来华道歉》

（提问）丰田章男是什么人？他为什么来北京道歉？他不仅来北京，还先后去美国、欧洲等地环球道歉，为什么？

（出示资料）"丰田公司是世界第一大汽车生产厂商"

（提问）从这一点我们就可以看出日本的经济发展水平怎么样？

（出示资料）"目前日本是仅次于美国的世界第二号经济强国"

（承转）日本是如何成为世界第二经济强国的呢？我们知道，一个地区的经济发展是要受到其自然条件的影响和制约的，让我们先来了解一下日本的概况！

一、日本概况

（日本概况学习略。）

（承转）从以上分析中我们可以看到，日本是一个国土狭小、资源贫乏的国家。这我们就更困惑了，在这样的条件下它到底是如何发展起来的呢？

二、日本高度发达的工业

1. 日本出口情况

（提问）生活中你见到过哪些日本产品？（学生讨论）

（提问）你认识以下的日本品牌吗？（屏幕展示，学生分组辨认）

（展示）日本产品出口世界各地（美国、欧洲、东南亚），占世界市场的比重十分大。

（结论）日本产品出口世界各地，赚取大量外汇，因此成为经济强国。

（承转）日本产品为什么能够畅销世界各地呢？它的魅力何在？（一种产品想要畅销需要具有什么特点）

2. 分析日本发展制造业的条件

（回答）要具有物美（质量好）价廉（成本低）的特点。

（提问）怎样才能做到"物美"？（技术高）

（提问）怎样才能做到"价廉"？（成本低）

（提问）你知道一个工业产品的成本是由哪些方面构成的吗？（原材料、劳动力、运费等）

（提问）从劳动力来看，日本条件如何？（劳动力充足、价格较低）

（提问）从原材料来看，日本条件又如何？（原材料匮乏）

（承转）日本经济发展过程中如何解决原材料匮乏的问题？（大量进口）

3. 日本进口情况

（展示图片）（1）日本主要工业原料来源；（2）进口工业原料所占比重。

（小结）日本经济特点是以较低价格大量进口原材料，利用本国先进的科学技术和充足的劳动力，加工制造各种工业产品，再出口到世界各地，赚取外汇。这是典型的加工贸易经济。

（承转）这种加工贸易经济运输量非常大，日本的原料运入、产品运出主要通过什么运输方式来进行呢？——海运（运量最大、运费最低），这是国际贸易主要的运输方式。

（承转）请大家思考，运费也是产品成本中的重要一项，如果是你，你会把工厂建在哪儿以最大限度地节省运费？（沿海——接近原料产地和市场）

4. 日本工业的分布

师：我们来验证一下同学们的推测。（出示《日本工业分布图》）

（读图回答）日本主要工业区有哪些？（京滨工业区等）日本工业主要分布在哪儿？（太平洋沿岸和濑户内海沿岸）

师：分布在沿海地区的主要原因仅仅是节省运费吗？还有什么原因？

（以下教学过程略。）

3. 地理课堂教学中的结课技能

结课是教师在完成一个教学内容后，引导学生及时总结、巩固、扩展、延伸、迁移，以使课堂教学完美结束的教学行为，它是教师必备的一项基本技能。良好的开头虽然是"成功的一半"，但完善精巧的结尾，犹如画龙点睛，会给教学活动画上一个完美的句号。因此，精心设计结课这一教学环节，对于良好教学效果的巩固有着举足轻重的作用。

（1）地理课堂中结课的重要作用

首先，结课能够帮助学生梳理知识、形成体系，从而使学生加深印象，及时巩固所学知识。一般来说，一堂课要经历几个教学阶段，每一阶段都有各自的特点和任务，其中有主有次，而且后面的教学活动往往会冲淡前面的学习内容，学生一时难以形成完善的知识结构。而恰当的结课可以帮助学生做一番简要的回忆和整理，理清知识脉络，便于学生把握教学重点，形成知识体系，使学生从复杂的教学内容中简化信息并加以记忆。

其次，好的课堂小结可以开阔学生的视野，留下一定的悬念，为后续知识的学习做好铺垫。一节课的结束只是地理教学一个段落的结束，并不是整个地理学习的结束。有时，要利用几个课时才能讲完一个完整的教学内容。因此结课既能对本节课教学内容进行总结概括，使学生理清知识脉络，又能为下一节或以后的教学做好铺垫。

最后，结课还有拓展延伸、培养学生能力的作用。新课结束后，有针对性地做一些练习或提出具体的课外实践活动，对提高学生知识的运用和巩固、培养学生解决问题的能力是大有裨益的。除此之外，在结课过程中采取提问、练习的方式还能够使教师获得教学效果的及时反馈，为教师调控课堂、改进课堂教学提供依据。

（2）几种常见的结课方法

地理课堂结课的形式与方法多种多样，教师可以根据不同的教学内容、不同年龄段的学生或课堂临时出现的情况灵活选用，努力创新，不要拘泥于形式。教师应该把结课上升至一个艺术的高度去重视、去研究，使结课既简明扼要又富有启迪性。常用的地理结课方法有以下几种。

① 概括总结结课法

概括总结结课法也叫归纳法，是教师引领学生以准确简练的语言对课堂讲授的知识进行归纳、概括、总结，梳理讲授内容，理清知识脉络，突出重点和难点，归纳出一般的规律、系统的知识结构的方法。在这一过程中，要加强学生对教学活动的参与，可以由教师指导学生自己动手编写课堂知识纲要。其操作程序：教师说明要求；学生编写提纲；由个别学生读出提纲，大家补充纠正；教师总结。这种结尾的方式能培养学生的概括能力，使学生将所获知识与方法结构化、网络化。总结提纲的具体形式可以是表格、关系框图、思维导图等。

案例 15

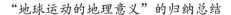

"地球运动的地理意义"的归纳总结

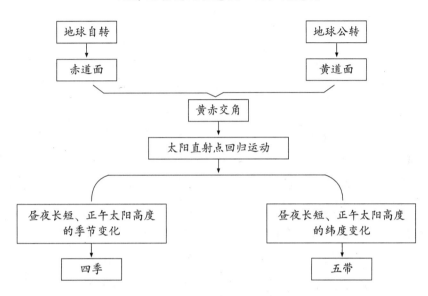

② 比较结课法

比较结课法是教师对教学内容采用辨析、比较、讨论等方式结束课堂教学的方法，意在引导学生将新学概念与原有认知结构中的类似概念或对立概念进行分析、比较，既找出它们各自的本质特征，又明确它们之间的内在联系和异同点，使学生对内容的理解更加准确、深刻，记忆更加牢固、清晰。在地理教学中，有些教学内容是对称出现的，对这样的教学内容可以采取列表对比的方式进行结课，从而帮助学生建立二者之间的区别和联系，如经线和纬线、气旋与反气旋、冷锋与暖锋、南方地区与北方地区等。

案例 16

经线与纬线的比较

	经线	纬线
定义	在地球仪上，连接南北两极并同纬线垂直相交的线	在地球仪上，沿着东西方向，环绕地球仪一周的圆圈
圆弧状况	半圆，两条相对应的经线组成经线圈	圆，每一条纬线自成纬线圈
长度	每一条经线长度相等	就半球来说，每一条纬线都不等长；就全球来说，纬度相同的纬线，长度相等
指示方向	南北方向	东西方向

③ 悬念留疑结课法

"结尾是文章完了的地方，但结尾最忌的却是真的完了。"在地理教学中，有些章节之间的内容前后联系非常紧密，教学中设计悬念式结课，留下疑问，可以诱发学生的求知欲，造成"欲知后事如何，且听下回分解"的悬念效果，为后续的教学埋下伏笔。因此，教师要认真研究、仔细分析，设计富有启发性的问题，造成悬念，激发学生的求知欲。

以上只介绍了地理课堂常用的三种结课方法，实际上，地理课堂的结课方法是丰富多彩、形式多样的。根据每堂课的不同进程，教师在结课时应灵活机智，随机应变，有效弥补，这样才能收到良好的课堂教学效果。

三、地理课堂中重难点的突破

问题：

如何确定一节课的重点和难点？

地理课堂教学中重难点突破都有哪些方法？

我们发现，在日常教学设计时，有许多教师往往不能正确地确定教学的重难点，究其原因主要是教师对教学重难点的意义和特征把握不准，缺乏一些确定重难点的方法所致。

1. 地理课堂教学中重难点的确定

教学重难点的确定是教师进行教学设计时必须面对的工作。正确地确定教学的重难点是高效率地理教学的前提，是提高地理课堂教学质量的重要保障和关键。

（1）教学重难点的含义

教学重点是指与教学目标关系密切的教学内容。它往往是教材内容中最基本、最核心的概念性知识和原理性、成因性、规律性知识，具有理论性和概括性强的特点，能帮助学生举一反三，促进知识的迁移，是学习其他地理知识的基础。如经纬线、等高线、等温线等基本概念，地球运动、世界气温降水分布、世界人口分布等基本规律都属于教学重点。

教学难点是学生在学习过程中可能存在学习障碍的知识点，一般指那些太抽象的、离学生生活实际太远的、过程太复杂的、学生难于理解和掌握的知识、技能与方法。

教学难点和教学重点具有不同的性质。难点具有暂时性和相对性。难点内容一旦经过教学被学生理解了，就不复存在了，这就是难点的暂时性；同一知识与方法对一些学生而言可能是难点，而对另一些学生就可能不是难点，这就是难点的相对性。而重点一般都具有一定的稳定性和长期性（只有少数的课时重点具有暂时性，如暂时重点）。它并不因为学生的理解和掌握就成为非重点，而是在一定的教学阶段贯穿于教学的始终，这是由于重点内容大多都是在知识系统中和育人功能上具有重要的地位和作用所致。初中地理中一些重要的基础知识和思想方法，如关于地图、经纬网、等值线的基础知识和因地制宜、可持续发展等基本思想就具有稳定性和长期性，是一直贯穿于整个初中地理教学始终的重点。

教学重点和教学难点之间是具有一定联系的。地理教学实践中常见的情况有三种：第一种是教学重点与教学难点相同，即既是教学重点，又是教学难点；第二种是教学难点并不是教学重点，但与教学重点有着直接的关系；第三种是教学难点与教学重点无关或没有直接关系。所以我们在确定教学重难点时，还要具体分析教学难点和教学重点之间的关系。

（2）教学重难点的确定

一节课中教学重点与难点确定得准确与否，关系到教学效果的好坏。在确定课堂教学的重难点时应该根据教材和学生的具体情况进行具体分析。

① 根据新课标和教材确定教学的重点

教师在备课时首先要解读新课标，对新课标的内容和要求掌握的程度进行准确的解读，并据此确定本课要让学生掌握的内容，同时确定本课的重点。教材的编写是以新课标为依据的，但教材有自己完整的体系和结构，教师在解读新课标的基础上要进一步深入分析教材，了解本课内容在整个知识体系中的地位和作用，从而准确地找到课堂教学的重点。

有时候，教材内容和新课标要求具有比较好的对应关系，我们就可以根据新课标的要求，通过阅读教材，找到教材中的侧重点和核心知识，确定教学的重点。例如，人教版七年级上册"地球和地球仪"中的地球仪部分，新课标明确提出"运用地球仪，说出经线与纬线、经度与纬度的划分"的要求，而教材也是根据这一要求安排图片、活动等相关内容的，因此很容易确定本课时的重点是"准确辨认经线和纬线、纬度和经度、南北半球和东西半球的划分"。这部分知识是学生学习整个中学地理的基础，也是现代公民所应具备的基本地理素养。

初中地理区域部分的新课标要求和教学内容之间并不是一一对应的，而只是规定通过若干个区域的教学内容涵盖新课标的各项要求即可，因此必须从区域的特点出发，考虑教材编写者的意图，找准本课教学内容对应的新课标要求，再进一步确定教学的重点。

新课标要求与人教版教材所选地区的对应关系

区域地理要素 \ 地区	东南亚	中东	欧洲西部	撒哈拉以南的非洲	极地地区
地理位置、范围、主要国家和首都	√	√	√	√	√
地形与人类活动			√		
气候特点与农业生产及生活	√		√	√	
河流及对城市分布的影响	√				

地区／区域地理要素	东南亚	中东	欧洲西部	撒哈拉以南的非洲	极地地区
对当地或世界经济发展影响最大的自然资源		√		√	
发展旅游业的优势	√		√		
最有影响的区域性国际组织			√		
富有特色的文化习俗		√		√	
地区自然环境的特殊性及科学考察和环境保护的重要性					√

案例 17

"东南亚"教学重点的确定

1. 明确新课标要求：对应上表确定四点新课标要求，包括地理位置、范围、主要国家和首都，气候特点与农业生产及生活，河流对城市分布的影响，发展旅游业的优势。

2. 分析教材：本节内容是初中地理区域部分的第一个地区，通过本节的学习应为以后的学习奠定基础，重在训练和培养学生研究地区地理情况的基本技能和方法。因此本节的一个重点是学会通过阅读地图描述某一地区的地理位置和范围，并对其位置特点进行评价。在人教版地理教材所选的五个地区中，只有东南亚的内容涵盖新课标"河流对城市分布的影响"这一要求，因此，利用地形图分析东南亚河流与城市分布之间的关系是本课的另一个重点。

3. 确定重点：

（1）在地图上找出东南亚的位置、范围、主要国家及其首都，读图说出东南亚地理位置的特点。

（2）运用东南亚地形图说明主要河流概况，以及河流对城市分布的影响。

② 根据学生情况来确定教学的难点

教学难点是学生学习的困难点、困惑点，因此，教学难点应该根据学生的学习情况来确定。难点的确定既要分析教学内容，又要分析学生的学习情况，所以难点一般出现在以下几个方面：一是由于有些知识的综合性强，学生的知识总量储备不足，学习和理解起来有困难；二是学习有关地理知识时需要一定的背景知识做基础，而学生相对缺乏背景知识；三是有的地理知识相对远离学生的现实生活，又比较抽象，如经线、纬线、地球运动及其现象、等高线等，这些知识的空间概念很强，看不见摸不着，要求学生在短时间内学好有一定的困难；四是学生容易误解、混淆相似或相近的知识内容，如时区与区时、天气与气候等，学生学习这些知识往往需要强化和对比，在反复比较的基础上才能理解和巩固。

确定一节课的难点，首先要对新课标和教材内容进行分析，然后对学情进行分析，一是明确学生已经掌握了哪些知识可以作为本课学习的基础，掌握了哪些方法和技能能为本课的学习服务；二是找出学生在学习本课时存在的知识、方法和能力上的差距，据此确定本节课的难点。

案例 18

"巴西"学情分析及教学难点的确定

学情分析：从学习基础来看，在上本节课之前，学生已经学习了东南亚、中东等地区，日本、印度、美国等国家的相关地理知识，初步掌握了区域学习的基本方法。从能力上来看，学生具备了一定搜集、整理地理信息资料的能力，能够对资料进行简单的分析和归纳；初步掌握了阅读位置图、地形图及简单的统计图等地图和图表的技能。学生学习本节课时的困难之处主要表现在：① 对南美洲和巴西的地理知识缺少了解；② 综合分析事物的能力有限，分析事物缺乏全面性。

教学难点：分析巴西工农业发展的影响因素。这是因为，这部分内容要求学生要综合考虑自然条件和历史背景等因素对巴西农业和工业的特征及布局的影响，需要学生具有综合分析问题、全面看待问题的能力，而这正是学生所缺乏的。

教学难点，还应该是从课堂实践而来的。教学的难点是具有生成性的，它是教材内容和学生学习实践相结合的产物。例如，教师在教授新课的时候遇到了预想不到的问题，而这个问题不能当堂解决，这就成了下节课的教学难点。因此，教师平时课后应及时做好教学后记，认真记录所遇到的教学问题。以前课堂上出现的问题如何避免，以前课堂教学难点设置的偏差如何纠正，以前课堂上的得意之笔如何巧妙运用，这都可以成为进行新一轮教学难点确定的依据。

2. 地理课堂教学中重难点的突破方法

正确把握教学重难点，突出重点，突破难点是初中地理课堂中实现有效教学的关键。如果一堂课重点突出，并且能处理好重点和非重点之间的关系，就会显得结构完整、层次清楚。如果在难点突破上方法得当，就会顺利地完成教学目标，实现教学效率的提高。下面介绍一些常用的重难点的突破方法。

(1) 温故知新，以旧知带新知突破重难点

每一节新课总要用到旧知识，如果学生缺乏必要的基础知识，就难以理解新知识。这时教师就有必要先运用旧知识引导学生复习基础知识，待学生掌握后再讲新课，这样能达到很好的教学效果。

例如，在"世界的气候"知识的教学中，要求学生具备天气、气候、气温等背景知识，如果学生对这部分知识掌握得不够扎实，那么在学习时，理解起来就会有困难。

利用旧知识来突破新的教学内容中的重难点，有两种常见的方法。一是铺路搭桥法，即通过教学环节的设计，对旧知识有选择地再现，帮助学生搭建起思维的平台，顺利实现新知识的获取。例如，对"洋流规律"的教学中，教师先让学生明确洋流形

成的主要动力是盛行风，进而引导学生在理想大洋模式图中绘制出各个风带的风向，然后让学生思考在风的作用下海水开始流动还会受什么力的影响，引出地转偏向力的知识。此时教师再让学生观察实际洋流分布图，看看能不能找到规律，这时铺路搭桥的工作就做完了，剩下的就是让学生自主绘制洋流模式图，并总结规律了。方法二是利用类比的方法，衔接新旧知识。地理新旧知识之间有着这样那样的联系，有些新旧知识间具有相近或相关的关系，呈现出并列、并行的特点。在学习新知识时采取与旧知识相互对比的方式有利于把学生已获取的能力和技能运用到新知识的学习中，从而顺利突破重难点。例如，在"陆地自然带"的学习中，陆地自然带是一个综合概念，包括气候、土壤、植被等要素，与气候类型既有因果关系——气候是形成自然带环境特征的主导因素，又有包含关系——气候本身是自然环境的一个组成要素，而且二者之间在分布上还具有相近、相似的关系。因此，抓住气候类型的知识来学习自然带，全方位比较二者的异同，对于学生突破这一重点内容是十分有利的。

（2）分层化简，化难为易突破重难点

自然地理知识的内部联系性很强，后面的学习是对前面知识的再运用和提升。有一些自然地理知识的难度较大，有时需要教师把一个知识点进行分层细化，从而化难为易、逐个击破。

（3）巧用多媒体，形象直观突破重难点

运用多媒体教学，可根据教学需要将要表现的对象由小变大、化远为近，可使反应过程由快变慢或由慢变快，可将事物的本质要素突出地展现于学生面前。现代多媒体教学不仅能激发学生的学习兴趣，也为实现教学过程的最优化提供了物质基础。地理教师要尽可能地将电教、多媒体等现代化教学手段在课堂中应用起来，发挥其良好的辅助教学作用。例如，由于学生缺少空间想象能力，"地球的运动"这一知识点属于难点内容，在这种情况下，教师可以播放利用电脑制作的模拟演示教学软件，配上简洁的解说词，再辅以一些形成性练习加以巩固，学生注意力集中，学得兴趣十足，掌握得也比较牢固。这种教学效果是过去仅仅用地球仪演示并加上洋洋万言的描述无法比拟的。

（4）联系生活，激发兴趣突破重难点

生活经验是学生经过自己的实践检验过的感性认识，是最为可信、最能从浅显中见深奥、最能说明问题的事实材料。教师授课时及时联系学生的生活经验，可以使教学内容变得亲切可感，使难点易化。例如，利用经纬网定位，可以联系学生平时在电影院中找座位来理解；昼夜长短和正午太阳高度的变化，可以联系学生不同季节的切身体会展开讲述；热力环流的形成过程和原因，可联系日常生活中焚烧废纸时看到许多细小灰烬上升漂浮的事实来加以解释；对流层气温的垂直变化，可联系学生登山过程中的亲身体会来说明。总之，联系学生的生活实际，既有利于激发学生的学习兴趣，用已有的感性认识作为突破重难点的事实材料，也有利于倡导学生用所学知识来解释身边的地理现象，体会学有所用的成就感。

（5）小组合作，发挥集体智慧突破重难点

人文地理知识往往具有较强的综合性，需要学生具有综合分析问题、全面看待问题的能力，而这正是初中生所欠缺的。如何培养学生的综合思维能力，突破这样的教学难点呢？一方面，教师要善于引导，通过教学环节、问题的设置，启发学生的思维，引导学生全面看待问题；另一方面，教师要充分发挥学生的集体智慧，通过安排小组合作的方式，让学生以小组为单位展开讨论，相互交流、相互启发，最后对每一个同学的观点进行归纳概括，形成综合全面的观点。

例如，"巴西"一课的教学难点确定为"分析巴西工农业发展的影响因素"。这是因为，这部分内容要求学生要综合考虑自然条件和历史背景等因素，以便对巴西农业和工业的特征及布局进行分析。这就需要学生具有综合分析问题、全面看待问题的能力，而这正是学生所缺乏的。突破方法是采取问题引领下的小组讨论学习。一方面，教师用问题链引导学生分析，启发学生的思维，帮助学生全面地看待问题；另一方面，学生通过小组讨论、交流，可以开阔思路，互相促进。

（6）巧编口诀，加深印象，牢记重难点

地理学科的一些重难点知识枯燥乏味，要掌握的又很多，学生感到不好学又难记。因此，在上课过程中，如何引导学生抓住地理事物的规律，掌握记忆方法，学会通过整理编排知识，写成提纲、口诀帮助记忆就十分重要。例如，在学习"气压带和风带"的知识时，学生在课上虽然暂时理解了，但由于涉及的知识较多且枯燥，很容易忘记。基于此，教师可以在黑板上写出"气压六风、三低四高、零三六九"这样几句口诀，让学生解释这几句话的含义，从而加深对这一重点知识的记忆。再如，在等温线图中判别气温的高低，可以用"高高低低"的口诀，即与同纬度相比，等温线向高纬的方向凸出，表示温度比同纬度高；等温线向低纬的方向凸出，表示温度比同纬度低。

（7）及时练习与反馈，强化重难点

练习是学生学习过程的重要组成部分，高效的练习可以使学生加深对概念的理解、加强对方法的掌握、形成完整的知识体系、提高学习能力。反馈是教学过程的重要环节，反馈的及时性对学生的学习效果有极大影响，特别是在练习过程中，反馈的及时性决定练习效果。心理学研究表明，对于某一结论的正确与否的反馈越及时，学习者对这一问题的记忆越深刻。因此，精心设计课堂练习和及时反馈是提高教学质量的重要保证，通过及时的练习和反馈可以强化学生对重难点知识的理解，能把知识转化成技能和技巧，从而提高学生综合运用知识的能力。

（8）课后小结，深化重难点

课堂小结是地理教学中既重要又容易被人忽视的环节。它对于帮助学生理清知识结构、总结重点、理解难点、活跃思维具有重要作用。课堂小结必须具有鲜明的针对性，凡是学生难理解、难掌握和容易出错的知识点都应及时阐明，力求突出重点、突破难点，使学生进一步巩固所学知识，提高综合运用知识的能力。

课堂小结并无固定格式，要因课而异，只要我们重视课堂小结，精心地准备、精确地提炼，教会学生观察、思考、归纳和总结，就能培养学生解决问题的能力，就能起到画龙点睛的效果。

教学有法，但无定法。地理教学难点的突破方法应当因教学内容、教学时间、学生认知能力、学校所在环境和学校的办学条件等而进行选择。选择突破难点的教学方法的总原则是直观、形象、灵活和富有启发意义，要做到引而不牵，要充分挖掘学生的认知潜力，让学生在积极思维的状态下，自主地跨越教学难点这一学习上的障碍。

四、地理课堂中的提问与反馈

问题：

课堂教学中如何提出有效的问题？

如何选择合理的提问方式？

问题是教学的心脏，学起于思，思源于疑，疑问是思维的火花。思维应从问题开始，有了问题，才有可能去解决问题，从而提高解决问题的能力。

1. 地理教学提问的功能

日本著名教育学家斋藤喜博认为，教师的提问是"教学的生命"。可见，提问非常重要。教师的提问是一门艺术，问题提得好，学生就想说、能说，也就达到了启发思维的目的。提问在地理教学中主要有以下几个功能。

（1）有利于激发学生的兴趣

兴趣在学生学习地理的过程中有着十分重要的作用。正如孔子所说："知之者不如好之者，好之者不如乐之者。"教师适时地设问、巧问，可以集中学生的注意力，激发学生的学习兴趣，增进师生交流，建立和谐的课堂氛围，最终提高教学效率。

（2）有利于获得及时的反馈

在教学过程中，教师通过提问可以了解学生对某一方面知识或某一个问题理解和掌握的程度，可以了解学生运用知识解决问题的能力。因此，课堂提问是一种最直接、最快捷地获取反馈信息的渠道。教师可以根据学生的回答及时改进自己的教学方法，调整教学进度。

（3）有利于启迪学生的思维

"思维永远由问题开始"，问题是激发思维的火花。通过课堂提问可以引导学生进行由表及里、由浅入深、由此及彼的积极思考，从而把握地理事物的本质及其联系，培养和发展思维能力。

（4）有利于各教学内容间的衔接过渡

地理教学内容的各个组成部分之间都有联系，并以一定的方式关联在一起。提问可以帮助学生理清思路，把握学习内容之间内在的逻辑关系，实现教学内容各组成部分之间的平稳过渡。

（5）有利于学生参与课堂，提高表达能力

提问是课堂上的一种召唤、动员行为，是集体学习中引起相互活动的有效手段。提问给学生提供了一个流露情感，表达看法，与教师和班级其他成员沟通、交流的机会。学生通过聆听他人对问题的回答，可以开阔自己的思路，便于对学习内容进行梳理、理解、记忆。同时，通过问答，既可以锻炼学生组织语言的本领，又可以锻炼学生语言表达的准确性和灵活性，从而提高学生的语言表达能力。

2. 地理教学提问的设计

提问效果的好坏，往往会成为一堂课成败的关键。要想达到好的效果，就必须在深入研究教学内容和学生学习情况的基础上，精心地设计教学问题。教师在设计和提出问题时应努力做到以下几点。

（1）提问要有启发性

我国古代教育家孔子提出"不愤不启，不悱不发"，强调教师要引导、鼓励、启发学生，从而达到良好的学习效果。学生的学习过程必须经过学生自身的积极思考。因此，带有启发性的问题能充分调动学生学习的自觉性和积极性，引导他们主动地进行学习，融会贯通地掌握知识，并提高他们分析问题、解决问题的能力。良好的启发，可以使学生获得高质量的知识，体验到思考问题、迁移知识、运用知识的喜悦和乐趣，帮助学生体会正确的思维过程，把握合理的思维规律，养成良好的思维习惯。

如何才能设计出具有启发性的问题呢？首先，富于启发性的问题往往是根据地理事物的发展条件和发展过程来设计的，因此，教师的问题要依据地理知识包含的原理、遵循学生地理认知的路径来展开。例如，讲"我国冬季南北温差大的原因"时，教师可以先让学生回忆：气温的纬度变化规律是什么样的？我国冬季刮什么风？冬季风有什么特点？冬季风的源地在哪儿？它对我国南北方的影响有无差别？这样一步一步地引导学生理解冬季南北温差大既有纬度因素的原因，也受冬季风的影响。其次，富于启发性的问题往往蕴含着地理事物矛盾的对立统一关系，教师抓住地理事物的这种关系设问，能帮助学生认识和掌握这个规律，有利于学生获得正确的地理知识。例如，讲"城市化带来的问题"时，教师引导学生分别讨论、思考：外来人口在城市发展中发挥了什么作用？城市人口不断增长会带来哪些问题？学生各抒己见，最后形成统一的认识：城市规模的扩大、人口的增长要和社会经济发展水平相适应。最后，启发性问题往往反映地理事物的内在联系。例如，各地的植被和气候、土壤关系密切；河流的水文特征与地形、气候、植被等条件分不开。通过内在联系设问，有利于启发学生的思维，使学生全面认识地理事物的形成、发展和变化的规律。

（2）提问要有趣味性

课堂提问只有能吸引学生的注意力，引发学生积极主动地探索解决问题的方法，才能更好地发挥它的作用。地理教材不像科普书籍那样生动，也不像文艺作品那样感人，它的文字简洁，科学性强，不易引起学生的兴趣。富有情趣、耐人寻味的提问能够激发学生的好奇心，使学生产生探究的欲望，迸发学习的热情，产生学习的需要。

如何设计学生感兴趣的问题呢？首先，可以把事例、故事、典故巧妙地设置在问题中。例如，讲"洋流的规律"时，可以设计以下一些问题：① 二战时德军潜水艇在关闭发动机的情况下，顺利进出由交战国——英国严密把守的直布罗陀海峡，躲避了英军的袭击，为什么能这样？② 明朝时，郑和下西洋，为什么选择冬季出发，夏季返航？船队航行利用了哪些方面的气候和洋流规律？其次，问题要紧密联系学生的生活，把学生的生活体验、近期发生的热点事件等设置在问题中。实践证明，这样的问题是学生最关心、最感兴趣的。例如，讲"天气与气候"时，可以设计这样的问题：① 请你描述一下你所经历的印象最深的一次天气过程？② 从刚才同学们的描述中概括，描述天气一般涉及哪些内容？天气有什么特点？从而引导学生说出阴晴、冷暖等天气要素，理解天气短时多变的特点。最后，可以把相关的诗词歌赋、谚语民谣巧妙地设置在问题中。例如，讲"冷锋天气"时，可以问学生为什么"一场秋雨一场寒"；讲"新疆"时，可以问学生为什么要"早穿皮袄午穿纱，围着火炉吃西瓜"；讲"东南亚"时，可以讲讲陈毅元帅"我住江之头，君住江之尾，彼此情无限，共饮一江水"的诗句。用这些俗语、谚语、诗句穿插提问，易于激发学生的兴趣，使学生产生求知的欲望。

（3）提问要明确、具体、合理

课堂提问的语言要科学、准确、规范、明了、具体，切忌含混不清、模棱两可，不管学生能否做出正确的回答，都应该让学生清楚问题的实质是什么。如果教师的问题含糊不清，学生就会不知从何处着手思考，结果有问无答，或者答非所问。

提出问题是为了向学生传递教学信息，这就需要科学地表达问题，即表达要准确、简练和富有逻辑性。准确是指正确地引用科学术语，准确地表达地理概念和地理事物的现象和本质，杜绝含糊不清或模棱两可的表述；简练是指要言简意赅、干净利落，杜绝拖泥带水的赘述；富有逻辑性是指问题表达要周密严谨、无懈可击，杜绝颠三倒四、自相矛盾的表述。科学的表达能够开启学生的思维，使学生或回答提问，或质疑，或提出新问题，从而引发多样化的学习方式。

（4）问题要有思维价值

教师提出的问题不应该使学生简单地就能得出答案，而是要让学生经过独立思考，甚至与其他学生探讨、合作，才能最终得到解决。如果问题过于简单，没有什么思考价值，就不能促使学生积极思考。问题难度最好是在学生的最近发展区内，给学生思考的时间和空间，对学生的智力和创新能力提出挑战。例如，"毁林开荒对不对"这类问题的意义就不大，学生张口就能回答，不用动脑子，问题质量不高。如果过多使用这种类型的问题，可能会使学生养成不愿思考的习惯。如果将上述问题改成"毁林开荒可能会带来哪些危害"，学生就能够根据生活经验和以前学过的知识展开思考和讨论。

（5）提问要循序渐进，把握好梯度

学习活动是一个由简单到复杂的过程。问题的设置应符合学生的认知规律，循序渐进，采取化整为零、化难为易的办法，把一些较复杂的问题设计成一组有层次、有梯度的小问题，搭好台阶，逐层解决。提问要深浅适度，由表及里，由浅入深，层层深入，环环紧扣，体现出知识结构的严密性、科学性和条理性。这样既符合科学知识本身的"序"，又符合学生的年龄特征和认识发展的"序"，从而给学生以清晰的层次感。因此，教师提问要根据循序渐进的原则，由易到难，由浅入深，由特殊到一般，前面的提问是为解决后面的问题做铺垫，后面的问题又以前面问题的解决为基础，只有遵循学生的认识发展规律来设计提问，才能推动学生深入感知、积极思考。例如，讲"热力环流的形成"时，如果直接问学生"热力环流是怎么形成的"，学生因受各方面能力的限制，一时难以回答，但如果将问题分解为三个小问题：① 为什么说冷热不均会引起大气运动？冷的地方空气会怎样运动？热的地方呢？② 冷热不均引起了空气的垂直运动，当空气上升后近地面的气压会发生什么变化？空气下沉的地方呢？③ 这时在同一高度上（近地面）气压还相等吗？如果气压不相等，会产生一个什么样的力？在这个力的作用下空气又会如何运动？这样来提问学生，由浅入深，环环相扣，层层分析，层层推进，不仅很容易就能解决问题，还能引起学生的思维向知识的深处扩展。

3. 地理课堂问题的提出

（1）把握时机，掌握节奏

教师的课堂提问必须捕捉提问的最好时机，寻求学生思维的最佳突破口，激发学生的认知兴趣和探究问题的愿望，充分挖掘学生的内在潜能，启发学生积极思维，使学生最大限度地投入学习，从而引导学生获取新知。首先，提问时机的选择可以根据学生在学习过程中显示出来的心理状态来确定。孔子曰："不愤不启，不悱不发。"其中的"愤"和"悱"都是形容学生追求知识的一种急切的心理状态，愤则启，悱则发，教师在学生"心求通而未得，口欲言而未能"之时发问的效果最好。因此，教师应抓住时机及时发问，与学生思维同步，过早或过晚提问都会破坏学生的思维程序。其次，教师也可以根据教学需要来把握提问的时机。例如，对教学内容的重点进行提问，可以让重点知识更突出，加深学生的印象。另外，根据教学环节的安排，在导入、结课、教学环节间的过渡承转时都是安排提问的良好时机。导入时的提问能激发学生的求知欲，锻炼和培养学生的思维能力，使学生迅速进入教学情境之中；结课时的提问，能使学生进一步明确这堂课的重难点所在，检验学生对知识的掌握程度，同时为后面的学习埋下伏笔；承转时的提问能使学生建立起知识之间的相互联系，使学生思维完整顺畅，也能使整堂课成为一个有机的整体。

教师的课堂提问必须要控制节奏，做到张弛有度。一般来说，提问节奏应视教学内容的难易程度和学生的知识掌握程度来定。对于学生靠回忆或观察即可回答的一般性提问，其节奏可适当快一点，以使教学内容更充实，并有利于营造热烈的课堂气氛，使学生的思维保持高度的积极性。对于学生回答起来有一定难度，需要经过分析、判断、归纳、概括、综合等思维过程的复杂的提问，其节奏应缓慢，以便于学生有足够的时间听清和理解教师提出的问题并及时进行思考。

另外，在提问的时机把握和节奏掌握上还要注意以下几点：① 问题提出后一定要有停顿。问题提出后，教师应该停顿几秒钟或十几秒钟，给学生思考的时间，而不要提问之后马上点名叫学生回答。② 一定要先提出问题，再指明由谁来回答。提问的目的是为了让全班学生都思考问题，从而达到掌握知识、增强能力的效果。如果先叫某一位学生，可能会导致其他学生不再去思考。③ 一次提问的问题不要太多。问题太多会导致学生思维分散，不利于问题的解决和学生能力的培养。缺少经验的教师有时会连续提出若干问题让学生回答，事实上学生甚至都没弄清教师到底在问什么。如果是紧密相关的一系列连续性问题，教师可以把这些问题呈现在幻灯片上或学案上，引导学生按问题的顺序依次展开思考。

（2）面向全体，找准对象

因材施教是一条重要的教学原则。提问虽然是面向全体学生的，但在选择学生回答问题时，应该因人而异，让每个学生都有机会参加。学生的基础不同，思想、性格不同，教师只有把握好不同类型学生的需求，才能让学生从提问中受益。例如，难度较大的问题由优等生回答，一般的让中等生回答，较容易的让后进生回答，比较专门的问题则让有这方面特长的学生回答。这样，每一个学生在课堂上都能积极地思考，都有得到教师提问和肯定性评价的机会。实践证明，这样因人施问对培养各层次学生的学习兴趣，尤其对破除中等生、后进生对提问的畏惧心理有很好的效果。

在选择提问对象时应注意以下问题：① 避免过多的集体回答。采用集体问答，从表面上看课堂气氛轰轰烈烈，其实不乏"鱼目混珠"之人，效果并不好。尤其是集体回答的问题往往都是"对不对""好不好""是不是"这样简单的提问，不利于学生思考能力的培养。② 避免偏爱式提问。教师提问中的偏爱现象对教学的负面影响很大。教师反复提问学习成绩较好的学生，忽视了大部分学生的存在，这样会挫伤学生参与课堂的积极性，甚至伤害他们的自尊心和自信心，使师生关系变得疏远。③ 避免盲目选择提问对象。虽说提问的对象应该是随机的，但教师还是要做到心中有数，在兼顾机会均等的原则下，根据学生的具体情况和问题的难易程度有选择地提问。有的教师对学生的情况不熟悉，在选择提问对象时过于随意，可能会导致优等生的思维没有得到充分的调动和启发，而后进生因为总是难以答出教师的问题而产生自卑心理。④ 绝对禁止惩罚性的提问。有的教师在有人听课时，对问题生进行惩罚式提问，造成"现眼""冷场"。这样做不仅伤害了学生的自尊心，扼杀了学生的求知欲，还容易使学生产生厌学情绪和逆反心理。

4. 地理课堂问题回答的应对及评价

（1）对学生的回答要有恰当的反应

教师提问的目的是希望从学生那里获得某种信息，因此，当学生回答问题后，教师必须要有恰当的反应。这也称为教学反馈或是理答，即教师对学生应答的反应，通常是告知学生所思、所答、所做的结果如何，告知他们回答的正确、充分、恰当的程度，并给予评价，从而帮助他们调整、控制后续的学习行为。

① 对正确回答的评价

教师对学生的错误回答一般不会置之不理，但有时对正确回答却忘记了做出一定的反应。一般来说，对于学生的正确回答，教师在评价时要注意以下几方面：首先，要用丰富多彩的语言进行肯定和赞扬，如"好""不错""真棒""了不起"等，有时还要适时使用体态语，如点头、微笑、竖大拇指等；其次，要注意评价的个别化，对不同学生给予不同的评价，让每位学生都能感受到教师对自己的欣赏；再次，要鼓励学生进行相互间的评价，例如，后进生有出色表现或有独特见解时，可以提议全班为之鼓掌；最后，教师要注意评价的全面性，既要评价学生的答案，更要评价学生的思维过程和回答方法，甚至是回答的体态、声音等。

② 对待不完善或错误回答的评价

课堂上学生回答错误是很常见的现象，对于有经验的教师来说，学生的错误恰好是教学的契机。因为学生的错误回答往往代表着学生在这方面存在着疑惑，甚至代表着有相当一部分学生都会出现这样的错误。如果教师能够正确地应对课堂中学生的错误回答，就能够帮助学生解决疑惑，突破学习上的难点。如何正确应对学生的错误回答呢？首先，教师可以明确指出学生的错误，并具体说明错在哪里，为什么出错；其次，教师还可以将错就错，借题发挥，让学生自己认识到错误所在，例如，学生说"越向北气温越低"，教师可以接着说："那好，越向南气温越高，到南极呢？"学生立即就会发现自己的答案是错误的；再次，教师还可以引导学生之间互相纠错、互相补充，从而完善答案；最后，如果学生在回答问题的过程中遇到了阻碍，一时答不出问题，教师不应马上让其坐下换人回答，而可以适时地给予学生一些提示与点拨，帮助学生理清思路。

（2）培养学生提问的能力

爱因斯坦曾说："提出一个问题往往比解决一个问题更重要。"不会提问就不会创造，任何创造都是从问题开始的。开发学生的创造潜能，提高学生的创新能力，必须从培养学生发现问题、提出问题的能力开始。

培养学生提问的能力首先要让学生敢问。学生思维活跃，求知欲旺盛，对事物有着强烈的好奇心，这就是问题意识的种子。然而，这颗种子能否萌芽，取决于是否有一个适宜的环境和氛围。教师要民主、平等地对待学生、尊重学生、理解学生、相信学生，鼓励学生大胆质疑、提出问题、求新求异；教师要正确对待学生的提问，不讥讽、不嘲弄，挖掘其可贵之处，保护学生的积极性，建立融洽、和谐的师生关系。

其次，培养学生的提问能力要创设问题情境，使学生想问。教师应精心设计能促进学生思维的问题情境，只有在一定的情境中，才能促使学生的新旧知识发生冲突，使学生产生困惑、疑问，有了疑问才能诱发学生的积极思考。例如，教师在讲太阳辐射强度的影响因素时，先给学生讲"两小儿辩日"的故事："两小儿辩日，其中一人认为早晨太阳离我们近，因为此时太阳看起来比较大。另一人认为，中午太阳离我们近，因为此时光照强烈。"然后，教师问学生："在我们的生活中，你有没有这样的体会？你是怎么看待这一问题的？"这时学生就会产生思维上的矛盾，进而开始思考："一天之中到底什么时候太阳离我们较近？日地距离一天之中有变化吗？为什么早晚的感受不同？"再如，在教学"海陆变迁"时，首先，教师提供相关资料和信息：① 南极洲煤炭分布图及煤炭储量；② 煤炭形成的重要条件——湿热的气候、茂密的森林；③ 南极洲景观图片；④ 南极洲气候特点。接着，让学生利用上述信息提出问题。学生提出的问题可能五花八门，如"为什么南极洲会有丰富的煤炭资源""南极洲有丰富的煤炭资源，说明南极洲曾有过湿热的气候、茂密的森林，这说明了什么问题"等。

最后，教师要适当地安排教学活动，引导学生的思维，让学生会问。在日常的教学活动中，教师要经常示范提问的方法，教给学生思考的途径，让学生学会从生活中发现问题，从各种地理现象中发现问题，掌握发问的角度，从而提高质疑的能力。

案例 19

人教版八年级下册"西南边陲的特色旅游区——西双版纳"一课中教师培养学生提问能力的活动安排如下。

第一步：在课前准备中把学生分为三大组，让三组学生分别研究有关西双版纳的植物、动物、民族风情问题。

对学生提出以下要求：1. 收集资料，分别从植物、动物、民族风情三方面介绍西双版纳丰富的旅游资源。2. 要求制作展示材料（课件、小模型、展板等）或表演小节目丰富本组的汇报内容。3. 要求各组总结西双版纳植被、动物和民俗风情的主要特征。4. 要求根据本组研究过程中所看到的现象提出 2~3 个问题。

第二步：在课上要求学生展示、汇报本组研究内容，并面向全班同学提出问题。

各组在展示、汇报后，分别提出了自己的问题。

1. 植物组：

（1）西双版纳巨叶植物的叶子如此柔嫩硕大，它们的生长需要什么样的气候条件呢？

（2）当地为什么会形成竹楼这样的特色民居？

2. 动物组：

每头亚洲象一天要吃掉 200 千克左右的植物，怎样的环境才能满足它们对食物的需求？

3. 民族风情组：

（1）西双版纳为什么会形成孔雀舞、象脚舞等独特的艺术形式？

（2）西双版纳为什么会出现竹筒饭、菠萝饭等独特的饮食？

（3）西双版纳是著名的佛教圣地，你还知道哪些佛教国家？

第三步：在各组提出问题的基础上引导全班学生讨论回答。

根据第一组的问题引导学生分析丰富植被的形成主要是受气候的影响，人文景观的形成也和气候有关。

根据第二组的问题引导学生分析气候、植物因素对动物的影响。

根据第三组的问题引导学生分析气候、植物、动物及邻国位置等因素对人文特征的影响。

最终使学生明确西双版纳丰富旅游资源形成的原因，学会分析各自然地理要素之间的相互关系，感受环境对人类生产、生活的影响。

注：各组问题的提出，应建立在日常对学生提问能力培养的基础上。在各组进行准备的过程中教师要给予一定指导。

专题六　教学评价与诊断

教学评价在新课程改革中起着导向与质量监控的重要作用，是新课程改革成败的关键环节。基础教育课程改革明确提出，要建立促进学生、教师和课程不断发展的评价体系，即建立发展性评价体系。本着这一要求，我们努力探索新的评价机制，淡化评价的甄别与选拔功能，强调评价的改进与激励功能；淡化对结果的评价，关注对过程的评价；改变评价内容过于注重学业成绩的倾向，重视综合素质、全面发展的评价；改变只注重量化的评价和运用传统的纸笔测验这种单一的评价方法，提倡评价方式的多样化；改变单一的评价主体，提倡评价主体多元化。

一、评价的相关概念

问题：

如何正确认识评价？

为什么要对教学实施评价？

教学评价是依据教学目标对教学过程及结果进行价值判断并为教学决策服务的活动。一般包括对教学过程中教师、学生、教学内容、教学方法手段等诸因素的评价。

1. 地理教学评价观的发展

过去的很长一段时间里，通常把教学评价称为课程评价。课程评价的产生和发展与教育的发展和改革是相伴随的。现代的课程评价理论起源于西方的教育测量运动。19世纪中后期，英、法、德、美等西方国家为了克服传统考试方法存在的弊病，寻求能科学地评定教学效果的方法，相继开展了对人的心理、智力和教学效果等方面的研究实验。这些研究实验导致了教育测量运动的产生。美国对教育测量的发展与课程评价理论的产生起到了重要作用。1904年，美国心理学家桑代克出版了《精神与社会测量学导论》一书，这对教育测量学的形成具有奠基作用。本书提出："凡是存在的东西都有数量，凡是有数量的东西都可测量。"在这一论断的推动下，美国教育测量运动蓬勃地发展起来，在1915～1930年期间达到高潮。

在我国，课程评价成为课程研究的一个独立领域是20世纪60年代的事情，其历史并不算长。同时，考试虽然不是课程评价的全部内容，但由于它和课程评价密切相关，特别是受应试教育的影响，人们又过分重视考试成绩，这样就把考试和课程评价等同起来，把课程评价简单化，忽视了课程评价的全部科学含义。这些情况，不但在各种教育报刊中随处可见，甚至在政府部门曾颁布的教育文件中也屡见不鲜。许多教育工作者并没有把科学意义的课程评价纳入自己的视野，而只是关心怎样提高升学率。这种历史背景就导致了我国的课程评价理论、课程评价制度、课程评价实践的滞后性及其改革的艰巨性和复杂性。课程评价改革之所以艰巨，不仅是因为人们把课程评价混同为升学考试，缺乏科学的认识，而且即便人们对课程评价的理论有全面的理解，如果没有相应的配套措施，课程评价改革与课程整体改革不同时进行，不提高教师的专业水准，全面的课程评价也只能停留在理想的层面，根本无法付诸实践。

课程评价机制的确立和课程评价观的转变是一个缓慢的渐变过程。早在 20 世纪 70 年代末 80 年代初，中国香港教育界一些人士就认识到课程评价在整个课程体制中的特殊地位，并着手采取措施，企图解决公开考试对课程评价的负面影响，但是时至今日仍没有根本改观。鉴于内地和香港基本相同的历史文化背景且内地的教育改革情况更为复杂，要由应试教育转变为真正意义上的课程评价，使素质教育的课程评价取代应试教育的考试，内地的历史变革过程要比香港的更为困难，时间会更长一些。

欧美国家是实施教育和课程分权的国家，是进行课程评价研究和实践最早的国家。在这些国家，由于课程管理权在地方和学校，而不在中央，国家或地方教育行政机构为了保证教育质量，就要进行研究并采取措施对各学校的课程目标、课程结构、教材质量等进行督导和评估，这种课程体制的需要就促进了课程评价理论的产生和实践应用。

但是，我国教育和课程的管理模式是引自苏联的中央集权制模式，实行全国统一的课程计划和教材，不是多样化的。在这样的课程体制下，课程评价的目的是唯一的，就是检查学校或教师是否忠实地贯彻执行了教学大纲，评价的方法就是根据大纲或教材拟定题目对学生进行测试。这种课程体制不需要开展课程评价研究，不需要课程论。这样就造成了我国只有兴旺发达的教学论及其研究队伍，而课程学在新中国的教育史上长期以来都是空白。

20 世纪 80 年代后，随着国家改革开放和教育事业的复兴，课程理论研究也随之兴起。1989 年，陈侠撰写了《课程论》，本书不仅标志着课程学在我国已成为教育学的一个分支学科，而且书中还有专门研究课程评价问题的篇章，其中谈到了课程评价的概念、原则和方法。1991 年，廖哲勋的《课程学》出版，该书介绍了国外课程评价的研究成果，探讨了课程评价的标准，使人们逐步认识到课程评价是课程学当中的一个独立的研究领域。

近些年来，课程评价的理论研究有了极大发展，不仅各种版本的课程论专著有课程评价的专门章节，而且出版了一批普通课程评价专著和学科课程评价专著，并大量翻译介绍了外国各种课程评价的最新成果。我国课程论学者队伍已经形成并逐步发展壮大，随着国际学术交往的发展，他们在课程评价领域取得了丰硕的科研成果，我国课程评价理论层面的科研与世界先进水平的差距正在一步步缩小。不过，需要指出的是，虽然我国课程论学者对国外课程评价的理论学说有所研究和介绍，但缺乏对我国实际情况的研究，更很少有人对素质教育课程体制评价问题进行专门的探索。

我国教育、课程和教学质量监控和评价的规章制度和组织机构，主要是在 20 世纪 80 年代后期《中共中央关于教育体制改革的决定》和《义务教育法》的推动下并根据课程教材改革多样化发展形势的需要逐步建立起来的。在此之前，我国教育并没有专门的督导评估规章和机构。目前我国的教育质量监控评价制度，基本有三种类型：一是由各级教育督导部门对学校进行的监督和评估；二是由省、地、县三级教研室对学校教育教学工作的研究和评估；三是学校本身对教育教学工作的管理和检查。这三种类型是经常性的督导评估，设有专门的机构，有一定的规章制度。此外，还有国家根据课程和教学改革需要临时组织的实施非制度化的评价的队伍。

义务教育实行之后，为保证义务教育课程和教学的有效实施，我国先后制定了一系列有关督导评估的文件。1991 年，国家教委颁布了《教育督导暂行规定》和《普通中小学校督导评估工作指导纲要》。1993 年，颁布了《〈普通九年义务教育评估验收办法（试行）〉中有关评估项目指标要求的说明》。1995 年制定的《中华人民共和国教育法》规定：在我国要建立实行教育督导制度。1999 年 8 月，教育部又印发了《关于加强教育督导与评估工作的意见》。在这一系列的法规文件的指导下，我国逐步形成了全国性的教育督导评估机构网络，确定了督导评估工作的方针政策，明确了督导评估的指标体系和意义功能。

在督导评估制度逐步明确的同时，教育部也相继颁布了各种文件，对省、市、县级教研室提出了要求。各级教研室组织及其有关文件与督导组织及其文件相比，和课程教材改革及课程评价的关系更为密切，文件要求各级教研室加强对学科教学的质量检查和评估的研究及对改革考试制度的研究。但从实践来看，各级教研室对课程评价的全面研究和对课程教学改革的研究还没有真正到位，没有突破应试教育的束缚，因此教研室被称为"考研室"。

应当肯定的是，近 20 年来我国在教育管理和课程督导评估制度建设方面都有了很大进步。但是，课程评价和教育评价不是同等含义的概念。课程评价的着眼点是课程问题，是对课程各要素做出有价值的判断，所关注的是评价的主客体、评价标准、信息的收集及反馈等，大都属于微观的问题；而教育评价的着眼点是整个教育系统，所关注的是学校人事、行政事务、课程教学等是否符合国家法律规章和方针政策，大都属于宏观的问题。我国目前的教育督导评估机构及其规章还没有对课程评价中的微观问题高度重视、深入改革。虽然教育部所颁布的有关各级教研室的文件中，提出要加强教学评价研究，但是受传统观念的限制，教研室一般只研究如何应对升学考试、如何忠实地执行课程计划等问题，而对真正意义上的课程评价既不关心，又缺乏创新研究。而且，这种局面的形成有其深刻的历史根源和复杂的现实背景，要根本改变这种局面是一项艰巨而长期的任务。

我们研究世界课程评价发展史，探讨课程评价和升学考试的关系，在理论层面上对课程评价进行剖析，其实都是为实践服务的。在实践应用层面上研究课程评价问题也是相当复杂的。由于课程评价是课程全面改革中的一项内容，是课程计划或课程标准整体结构的有机部分，所以我们这里所说的实践应用主要是指我国教育行政部门在各不同历史时期所颁布的课程文件中有关评价标准的规定及其演变过程。

虽然课程评价本应是整个课程计划中不可缺少的构成部分，但是，在我国的教学计划和教学大纲中却没有课程评价部分。当时所制定的各学段教学计划及各学科教学大纲中，主要规定有培养目标、课程设置、教材纲要和教学要求等，那时课程教材实行"国定制"，各级教育机构和学校只能忠实地执行，所以没有必要规定评价标准。如果说有关课程评价的内容，那就是有关考试问题的规定。

随着义务教育的普及、课程教材多样化及"审定制"的推行，教育部或各省市新编订的课程计划和教学大纲中逐步增加了课程评价标准的有关规定。例如，教育部1992年颁布的《九年义务教育全日制小学、初级中学课程计划（试行）》第四部分"考试考查"就属于课程评价的规定。

此外，从20世纪80年代初到90年代初，教育部及某些团体多次组织我国课程理论工作者到国外考察，邀请国际教育评价专家到我国讲学。在这期间，我国国家教育行政部门和高等院校还亲自组织了多次规模较大的对义务教育课程评价的调研活动。这既说明了我国对义务教育课程实施状况的重视，又说明了我国教育工作者对课程评价重要性的认识有了进一步提高。

通过以上对课程评价的理论研究、法规制度、实践应用的历史回顾和具体剖析，我们对我国第二代课程的课程评价问题可得出下面几个结论。

第一，我国课程评价的理论研究队伍及其水平，督导评价机构的成立及其规章制度，教育行政部门对课程评价的关注程度及其在课程文件中的吸纳运用，与世界先进国家相比，与我国香港及台湾地区相比，起步较晚，有着一定的差距。在我国第一代课程教材时期，这些基本是空白。直到20世纪80年代后，在我国进入第二代课程教材时期，由于义务教育的实施和国际学术交流的增加，才有了迅速发展。近20年来，这些方面尽管有了长足进步，但和全面推进素质教育及加大课程教材改革力度的客观要求相比，仍然是滞后的，需要继续进行深入改革。

第二，目前我国的教育领导机构、教育行政人员、广大中小学教师，对课程评价的基本理论和重要作用仍然缺乏应有的了解。这主要表现在现行课程文件对课程评价的规定及其概念的使用上存在着问题。1992年国家教委颁布的义务教育《课程方案》包括1个课程计划和24个学科教学大纲，在课程计划中有关课程评价的内容不是称之为课程评价，而是称其为"考试考查"，而且在这24个学科教学大纲当中，某些学科，如物理、化学、生物等甚至连考试考查的内容规定都没有。同时，在这个时期所制定的课程文件，不论是中央的还是地方政府的，有关评价概念的使用混乱不一，诸如"考试考查""学业考核""评定""测试""考核""教学评价""评价建议"等，名称繁多。至于在这些名称下的具体内容和内容类别，更是参差不齐，悬殊甚大。概念是事物本质的反映，对于课程评价概念使用的混乱和不准确，表明在我国第二代课程时期，人们对课程评价的性质和功能还没有明确的认识，需要继续进行理论研究，规范课程评价的有关概念。

第三，教育发展史证明，课程评价的理论与实践是有历史时代性的，它随着时代的进步和教育的发展而变革。从世界评价发展史来看，泰勒的评价代替桑代克的评价，布卢姆又把泰勒的"目标行为评价"发展为"教育目标分类学"，都是历史的必然。从我国目前课程评价的理论观点、规章文件、组织机构等来看，都还没有摆脱应试教育的局限，不符合素质教育的要求。探讨素质教育课程体制的评价观，建立符合素质教育要求的评价机制，是编订我国面向21世纪第三代课程的客观需要。而且，教育部公布实施的《中国基础教育课程改革指导纲要（试行）》，已把课程评价作为整个课程文件的重要构成部分，并就如何改革做了原则规定，这既表明国家教育领导机关对课程评价前所未有的重视，又说明探讨素质教育课程体制评价观的重要性和必要性。

2. 地理教学评价的目的

我们来看初中和高中阶段的地理教学大纲与课程标准在评价上的区别。

在《九年义务教育全日制初级中学地理教学大纲（试用修订版）》中没有单独对教学评价进行阐述，只是在阐述其他问题时有所体现，如"在教学、编选教材、教学评价和成绩考查中应该注意的几个问题"中谈到："初中地理教学的日常评价和对学生进行考试，均应以本教学大纲为基本依据，但选学和阅读内容不做考试要求"。显然，"教学内容的考试"是评价的主要内容。

《全日制普通高级中学地理教学大纲》中则提出了"教学评价"：

一、本学科的教学评价应以教学大纲为依据。

二、可采用检查性听课、问卷调查、座谈会等方式，对任课教师的教学思想、教学质量、教学态度诸方面进行全面评价。倡导教师对自己的教学行为进行分析与反思。

三、对学生地理学习的评价，不仅要关注学生的学业成绩，而且要了解学生发展的需求，帮助学生建立自信心。学业成绩的评价，不仅要关注基础知识的掌握和应用，而且要注重能力的提高以及情感、态度、价值观的形成。可采取笔试、口试、作业检查、调查报告和小论文检查等方式。不仅要关注学生课本学习的考查，还应考查学生从事野外观测、社会调查等活动的能力。

四、考评后，教师要及时向学生进行讲评。

《全日制普通高级中学地理教学大纲》中分别针对教师的"教"和学生的"学"做出了相应的评价要求，但是，相对课程标准而言，其内容比较单一，可操作性较差。

以往的地理教学往往以考试成绩作为评价的主要标准，用统一的标准去衡量不同的学生，因此，以往的地理教学评价存在着很多问题。

（1）重甄别，轻发展

以往的地理教学评价过于强调评价的甄别和选拔功能，忽视评价在促进学生发展、教师提高和改进教学实践等方面的功能。以往的地理教学评价过多地注重回顾过去、立足现在，仅用静态的评价观去筛选学生，而没有用动态的评价观去促进学生发展。

（2）重结果，轻过程

以往的地理教学评价以终结性评价为主，过于强调以地理知识表征为主的学业成绩，过于强调对地理学习结果的评价，而对学生参与学习过程的积极性、主动性、创造性等的评价重视不够，更看不到学生内心演变的过程，这容易忽视学生在过程中的努力和进步等因素，削减学生的进取心和自信心。

（3）重知识，轻情感

以往的地理教学评价过分重视学习中的智力因素，忽视学习中的能力、过程与方法、情感态度与价值观等因素；重视地理书本知识，忽视学生的生活体验和经历；重视局部的评价，忽视对学生的整体评价。

（4）重"打击"，轻鼓励

以往的地理教学评价过分注重用各种考试来甄别学生，并且用公布分数、排名次等做法，使相当多的学生不断品尝"失败的痛苦"，挫伤了他们的自信心和自尊心，逐渐消磨了学生内在的学习动机。这不仅会使学生对地理失去兴趣，甚至会使学生对学习反感。难怪有人说，当今的教育是制造自卑者的教育。教学评价所起的异化作用是造成这种问题的主要原因之一。

（5）重定量评价，轻定性评价

以往的地理教学评价过于强调纸笔测验，过于强调量化成绩，用分数这把尺子简单划一地评价所有学生，以细小的分数差异来确定学生的不同发展水平，这不仅不符合学生的实际情况，还造成了不公正的评价。以往的地理教学评价忽视定性评价，学生在学习过程中的参与、设计、实验、制作、讨论和交流等都没有成为评价的依据。

（6）重他评，轻自评

以往的地理教学评价重视自上而下、以教师和管理者为"主宰"的他评，学生在评价过程中处于被动地位，家长也没有参与到评价的过程中来。

（7）重共性，轻个性

以往的地理教学评价过于强调标准化，用统一的标准和固定的答案来衡量个性不同的学生，旨在体现教育公平。但复杂的教育对象被"换算成"统一的量化指标以后，教育中最有意义的东西——学生的个性和积极性也泯灭于其中。以往的地理教学评价过分强调学生学习和思维方式的统一性，这不仅会掩盖学生学习风格和认知方式的独特性，而且会阻碍学生的全面发展。学生只是被动地执行单一评价标准的客体，没有了主体和个性差异。

《全日制义务教育地理课程标准（实验稿）》中提出了"评价建议"，明确了学生学习的评价要求和评价方法，而且为教师提供了评价案例。

《全日制义务教育地理课程标准（实验稿）》中对于评价的部分论述如下。

地理学习评价要注重学生的学习结果、学习过程，以及在实践活动中所表现出来的情感和态度的变化。强化评价的诊断和发展功能，弱化评价的甄别和选拔功能。地理学习评价的基本内容和要求包括以下几个方面。

（一）注重评价学生解决地理问题的能力和过程

运用所学地理知识解决现实生活中的问题，是地理教学的重要目标之一，也是地理学习评价的重点。

评价学生解决地理问题的能力时，应了解学生：能否把现实生活中的问题抽象为地理问题；能否制订解决问题的方案；能否形成有效解决问题的思路；能否检验并解释结果。

评价学生解决地理问题的过程，应了解学生在提出地理问题、搜集整理以及分析地理信息资料、回答地理问题这一完整过程中的表现。其中，重点评价学生在搜集整理以及分析地理信息资料过程中的表现。应了解学生：能否利用地图、图表、图片、图解和各种信息源（如期刊、报纸、电视、广播、互联网等）搜集一手或二手资料；能否通过实地观测与调查等方式去获得资料；能否保证地理信息资料的质量（如资料的多样性、可靠性、全面性、针对性等）；能否将地理信息资料恰当归类；能否将地理信息资料绘制成地理图表以及简单的地图；能否通过分析地理信息资料得出结论并进行检验。

评价过程中，引导学生开展自评、互评，让学生知道自己的优点与不足，教师评语应以鼓励为主，以调动每个学生的学习积极性。

案例一　对学生提出地理问题能力的评价

在教学"南极大陆蕴藏丰富的煤炭资源"时，首先，提供相关资料和信息：

（1）南极洲煤炭分布图及煤炭储量；

（2）煤炭形成的重要条件——湿热的气候、茂密的森林；

（3）南极洲景观图片；

（4）南极洲气候特点。

接着，让学生利用上述信息提出问题。学生提出的问题可能五花八门。

教师根据学生提出的问题，可以了解学生在多大程度上利用了已有的信息，以及合理性、完整性、新颖性等表征问题质量的信息，从而评价学生在提出地理问题方面的水平与差异。"为什么南极洲会有丰富的煤炭资源"与"南极洲有丰富的煤炭资源，说明南极洲曾有过湿热的气候、茂密的森林，这说明了什么问题"这两个问题相比，在深度上是有明显区别的。根据这种差别，教师就可以对学生提出地理问题的能力作出相应的评价。

案例二　对学生搜集、整理、分析地理信息资料过程与能力的评价

检测"通过实例说明某一大洲内部的经济发展水平是不平衡的"的达标程度，可采用让学生撰写小短文的形式进行评价。撰写小短文的过程，就是学生搜集、整理与表达资料的过程。通过观察学生写作小短文过程中的完整表现，教师可以对学生在搜集、整理、分析地理信息资料的过程与能力作出较为准确的评价。

又如，在学习家乡的人口问题时，让学生搜集（或给出）家乡的人口历史资料，绘出人口数量变化图。教师检查完成情况，评价学生搜集、整理、分析地理信息资料的过程与能力。

（二）注重评价学生科学方法的掌握状况和探索性活动的水平

评价学生对科学方法的掌握状况，应着重了解他们对地理观察、区域分析与综合、地理比较等常用地理方法的领悟、掌握状况和运用水平。主要包括：对地理事物和现象的观察是否细致、全面、敏锐，区域分析与综合、地理比较等方法的运用是否合理、有效，能否进行合理的推测、想象以及大胆的猜测。

评价学生参与地理探索性活动的程度和水平，重点不在于学生记忆的准确性和使用技能的熟练程度，而在于学生实地观察与观测、调查、实验、讨论、解决问题等活动的质量，以及在活动中表现出来的兴趣、好奇心、投入程度、合作态度、意志毅力和探索精神等。

对学生科学方法的掌握状况、参与探索性活动的程度和水平的评价方法，主要有观察法和评定量表法。

案例三　用观察的方法评价学生对地理科学方法的领悟、运用状况

在认识区域的"联系与差异"这部分内容的教学中，检测"在分析、对比的基础上，说明区域内主要地区在自然地理、人文地理方面存在着不同程度的差异，并根据材料归纳出主要地理差异"的学习水平，教师可先提出探究活动要求：请你根据地图选出几个代表性的地区进行比较，说明区域自然环境的差异性。具体回答这样几个问题：

（1）选择这几个地区的依据；

（2）从哪些方面进行比较；

（3）从比较中得出什么结论。

以上探究活动可以评价学生观察方法运用的水平、地理比较方法运用是否合理。为此应当观察学生是否能有效利用地图，是否有条理、有步骤、认真细致地观察地图；要及时判断学生所选择的比较地区和确定的比较项目是否合理，得出的结论是否正确。通过上述的观察与判断，可以对学生的地理观察、比较、区域综合分析等方法的领悟、运用水平作出相应的评价。

（三）注重评价学生对地理概念、区域的自然和人文特征的理解水平

提高学生对地理概念、区域的自然和人文特征的理解水平是地理知识教学的重

点。评价不能局限于学生具备了多少地理知识，而应把重点放在学生的理解水平上。评价学生对地理概念、区域的自然和人文特征的理解水平，常用方式主要有：让学生用自己的语言表达和解释概念；给出概念的肯定例证和否定例证，让学生验证；能把一种表达方法变成另一种表达方法；会进行概念、区域之间的比较；会进行区域的自然和人文特征的分析与综合；会运用地图、图表和简单模型表达区域的自然和人文特征。

案例一　对地理图像资料所反映的地理事物的特征，让学生用自己的语言加以描述，考查学生对区域人文特征的理解水平

评价学生对某个国家民俗文化特色的理解水平，可采用这样的方式：提供反映该国民俗文化特色的图片、录像、光盘等，让学生口头说明（或文字说明）图像资料中所反映的相关内容。实现不同表达方式之间的转换，学生需要进行观察、抽象概括等智力操作。口头表述内容的丰富与否，以及对该国民俗文化特色的抽象概括程度，能较为客观地反映学生的理解程度和水平。

案例二　让学生以简略地图、图表、模式图等，反映区域的自然和人文特征，评价学生的理解水平

在学习"认识大洲"时，如果所选择的内容是北美洲的地形特征，可采用让学生阅读北美洲地形图，将课文中对北美洲地形空间格局的文字表述转绘为地理略图或模式图。如学生能画出北美洲地形呈三个南北纵列带的示意图，实现了图文间的转换，便说明学生对这部分学习内容已经理解了。

（四）注重评价学生在地理学习中所形成的情感、态度和价值观

促进学生的心理发展是地理教学的基本目的。学生的情感、态度和价值观是学生心理发展的基本内容。评价时应关注学生在以下方面的变化与发展：对地理的兴趣和好奇心；体会地理学与现实生活的密切联系和地理学的应用价值；对周围环境和地球上不同自然和人文特征的审美能力以及对社会和自然的责任感；热爱祖国的情感与行为；关心和爱护人类环境的意识和行为。观察是评价情感、态度和价值观的重要方式。要注意观察学生在日常行为和学习活动中的表现，搜集评价信息，为进行有针对性的评价提供依据。

案例　观察学生在讨论活动中的表现，评价学生对环境的态度

展示 1989 年世界环境日主题宣传画——"地球出汗了"，让学生讨论：这幅漫画有哪些寓意。

学生在讨论中发现漫画反映的环境问题的多少与深度，在表述这些环境问题时表现出来的态度、情感和价值观，提供了学生对环境问题的关心程度、环境道德意识水平等信息。在此基础上，让学生尝试画一幅与环境问题有关的漫画，并说出寓意。学生表达的想法，是评价学生对环境基本态度的重要依据。

（五）注重评价形式的多样化和针对性

针对学生学习的心理特征、学习形式和学习特点的差异以及各种评价方式的不足，评价应采取多种方式。除了选用书面形式的测验、口头表达、描绘地图、绘制地理图表、读图分析等常见评价形式，还要注意通过观察学生在讨论、实地观测观察、探究等活动中的表现来评价学生的学习。要重视学生的自评和互评，评价结果建议采用评语和等级评价相结合的方式。

2011年，我国颁布了新课标，对"评价建议"进行了更深入的阐述。

新课标中对评价的论述如下。

地理学习的评价应注重多途径收集信息，准确反映学生地理学习的结果及过程，激励学生有效地学习，帮助教师改进教学。评价时，既要关注学生的学习结果，更要关注学生的学习过程，强化评价的诊断和发展功能，弱化评价的甄别和选拔功能。评价应以本标准中的"课程目标"和"内容标准"为依据，体现课程基本理念，全面评价学生在知识与技能、过程与方法、情感态度与价值观等方面的发展与变化。评价应注重评价目标全面性、评价手段多样化，实现形成性评价和终结性评价相结合、定性评价和定量评价相结合。

（一）根据地理课程目标和"内容标准"确定评价标准

1. 对"知识与技能"的评价

对地理知识的评价，要依据"内容标准"的行为动词来确定评价的层次要求。例如，对于要求描述、说出的内容，评价标准应定位在评价学生的表述状况；对于要求学会、运用、举例、用实例说明、用图说明的内容，重在评价学生对地理知识的理解与运用的水平与进步状况，即评价学生对地理概念、原理、规律的理解质量以及能否将相关地理知识迁移到具体情境之中。

对地理技能的评价，主要考查学生对地理技能的方法和要领的了解程度，选择应用地理技能的合理程度，运用地理技能的熟练程度。例如，若评价"运用地形图和地形剖面图，归纳某地区地势及地形特点"这一标准要求的地理技能，可以采取布置学生读地形图、完成读图分析题等方式加以评价。评价可围绕如下方面展开：一是考查学生能否利用和激活下面所示的认知结构（参见下图），评价的重点在于，学生头脑中有无这样的认知结构，如有，则要判断其是否完整和准确；二是评估学生是否有条理、有顺序并能熟练地从地势、地形类型构成和地形分布状况等方面获取信息；三是评估学生能否合理运用地形图和地形剖面图获取的信息得出相关结论。

2. 对"过程与方法"的评价

过程与方法的评价，应以评价学生参与地理学习活动过程的表现以及地理方法掌握与运用为基本目标。

在评价学生参与探究性活动过程的表现时，应重点评价学生：（1）能否提出地理问题；（2）能否通过阅读地图、图表等以及通过实地观测与调查等方式或用其他方式收集资料、获得资料；（3）能否将地理信息资料恰当归类和将地理信息资料绘制成地理图表以及简单的地图；（4）能否通过分析地理信息资料得出结论并进行检验；（5）参与地理观察与观测、调查、实验、讨论等活动的质量。

在评价学生地理方法的掌握与运用的情况时，应注重对学生地理观察、区域分析与综合、地理比较、地理实验等常用地理方法的领悟、掌握状况和运用水平进行评价。例如，要检测学生"通过实例，认识不同地域发展水平存在差异"的达成度，教师可先提出探究活动要求，让学生根据地图选出几个代表性的区域并举出实例，说明不同地域发展水平的差异。具体让学生围绕以下几个问题开展探究：（1）如何选择代表性区域；（2）从哪些方面对所选区域进行比较；（3）从比较中得出什么结论。以上探究活动可以评价学生"地理比较方法"运用是否合理。为此应当观察学生是否能有效利用地图，是否有条理、有步骤、认真细致地观察地图；要判断学生所选择的比较地域和确定的比较项目是否合理，得出的结论是否正确。通过上述的观察与判断，可以对学生地理观察、比较、区域综合分析等方法的领悟和运用水平做出相应的评价。

3. 对"情感·态度·价值观"的评价

评价学生在情感态度与价值观方面的真实表现和发展状况，应着重评价：（1）学生是否具有浓厚的地理学习兴趣，是否对地理事物、地理现象具有好奇心；（2）是否积极主动地与同伴配合参与探究活动，是否在探究过程中有发现问题的意识并能大胆质疑；（3）是否善于提出自己的意见，乐于听取同伴的建议，修正、发展自己的观点；（4）是否关注地理学与现实生活的密切联系和地理学的应用价值；（5）是否形成初步的人地协调、因地制宜等地理观点；（6）是否关心家乡的环境与发展，关心我国的基本地理国情；（7）是否形成有关环境、资源的保护意识和法制意识以及关心和爱护地理环境的行为习惯等。

（二）评价方法的选择与使用

评价方法的选择与使用要符合诊断学生的学习质量和促进学生发展的基本目的。知识与技能、过程与方法、情感态度与价值观目标的达成度要选用不同的评价方法予以考查和评价，因此要发挥不同评价方法的特点，规避其不足。

丰富而准确的评价信息是评价的基础。获取评价信息的方法主要有纸笔测验、档案袋、观察法等；相应的评价方法有纸笔测验评价方法、档案袋评价方法、观察评价方法等。

1. 纸笔测验评价方法

纸笔测验是通过学生的书面回答，了解全班学生学习情况的一种评价方法。运用纸笔测验方法评价学生的地理学习状况，试题的质量至为关键，命制纸笔测验试题时应注意：

（1）注重地理基础知识和基本技能的考查，主要是考查学生对地理位置、地理概念、地理特征、地理空间分布、地域差异等方面的理解；考查学生能否在具体情境中合理应用地理知识。应淡化特殊的解题技巧，不出偏题怪题。

（2）突出地理科学的综合性和地域性特点，关注对学生整体观念、空间观念、地理视角、地理学科能力等的形成状况进行评价与考查。

（3）有效地发挥各种类型题目的功能。例如，考查学生对于地理事物的记忆能力，可以设计填图、填充、选择类试题；考查学生从具体情境中获取地理信息的能力，可以设计读图、阅读分析类试题；考查学生解决问题的能力，可以设计具有实际背景的试题；考查学生的探究、创造能力，可以设计开放性试题。

2. 档案袋评价方法

档案袋评价方法是有目的地收集有关学生学习情况的材料，表现学生在较长时间内在课程的一个或多个领域中所做出的努力、获得的进步和学业成绩的一种评价方法。对于评价学生进步、努力程度、自我反思能力及其最终发展水平方面具有重要意义。

地理学习档案袋可包括以下内容：学生绘制的地图、制作的模型、收集的地理图片和资料；地理探究活动的过程记录、疑难问题及其解答；学习方法和策略的总结、自我评价和他人评价的结果等。在建立档案袋的过程中，地理教师可以更多地将其作为"反映学生进步"和"展示学生作品"的工具。应十分注重在评价过程中学生的参与，学生与教师一样是最重要的评价主体。此外，家长、管理者等也可以参与档案袋的评价。

3. 观察评价方法

观察法是评价者根据学生在地理学习中行为表现等的观察记录，对照事前准备的标准进行评价的方法。观察法适用于评价：（1）学生参与地理学习活动的表现，如学生在口头表达、描绘地图、绘制地理图表、读图分析等一般地理活动中的表现；（2）提出地理问题、收集地理信息、讨论、实地观测观察、真实性情景的问题解决等地理探究活动中的表现；（3）地理方法掌握与运用状况，如区域比较方法、区域综合分析方法等方法的掌握与运用；（4）学生在情感态度与价值观方面的真实表现和发展状况。

（三）评价的实施

评价应注重过程性评价，把评价渗透到地理教学过程的各个环节之中，克服"一张考卷定终身"的弊端。建议对学生的答问、演讲、演示、绘图、读图与分析、观察与观测、调查、制作等各种活动都进行评价，使评价过程变为教育过程。

由于学生学习的心理特征、学习形式和学习特点的差异以及各种评价方法存在的不足，因而评价应采取多种方法。

要重视多元评价，调动学生自评和互评的积极性，鼓励学生主动参与评价；要对学生学习的全部过程进行综合评价，而不是一次性的、部分内容或部分项目的评价。地理学习评价建议采用评语和等级、评分相结合的方式。

（四）评价结果的解释

评价结果的解释就是通过对利用评价工具所获得的信息和数据进行分析处理，做出评价结论。评价结果解释的重点应放在学生在学习过程中的变化上，在于"发现闪光点、激励自信心"。评价结果解释须对学生在学习过程中的变化做出多角度和较为全面的评价。要随时关注学生在学习活动中的表现与反应，给予必要的、及时的、适当的鼓励性、指导性评价。评语既要简练、中肯，又要有针对性、富于感情，有重点，不求全责备，使学生准确了解自己的学习结果，知道以后的努力方向。

给学生做出评价结论的最终目的是为学生的成功学习创造良好的心理环境，使学生从评价中得到成功的体验，从而激发学生的学习动力，使他们积极参与学习活动，以达到促进学生发展，提高教育质量的目的。

新课标全面、系统地阐述了学生学习初中地理课程所应达到的标准，从知识与技能的掌握到情感态度与价值观的培养都提出了明确的要求。

新课标的"基本理念"和"实施建议"都对地理学习评价提出了建议。其评价理念是关注学生在学习过程中的变化与发展；关注学生情感态度与价值观的变化；提倡采用多种评价手段、评价方式和多元评价目标；注重激励性评价，培养学生的自信心和自尊心。新的教学评价理念较以往的教学评价理念在许多方面都发生了很大的变化。

（1）评价目标追求多元化

新课标针对以往地理教学评价的弊端，把评价目标定位在如下几个方面：第一，诊断学生的学习质量，引导学生的学习方向；第二，促进学生的全面发展，促进学生潜能、个性、创造性的发挥，使每一个学生具有自信心和持续发展的能力；第三，检验教师的教学效果，调整教师的教学。这一目标理念的转变对地理教师提出了如下要求：要树立地理教学评价的全面目的观，要在注重教学评价的管理功能的基础上，充分发挥教学评价的教育功能，关心学生的全面发展。

（2）评价内容力求全面化

新课标注重对学生综合素质的考查，不仅关注学业成绩，而且关注学生创新精神、实践能力、心理素质、学习兴趣与积极情感体验等方面的发展；尊重个体差异，注重对个体发展独特性的认可，给予积极评价，发掘学生多方面的潜能，帮助学生接纳自己、拥有自信。具体地讲：① 强调地理教学评价不能只局限于对学生的认知发展水平进行评价，更应关注综合评价学生在情感态度与价值观、创新意识和实践能力等方面的进步与变化；② 倡导学习结果与学习过程的有机结合，要求既要注重对学生地理基础知识和技能的理解和掌握的现实状况进行评价，更要注重对学生在地理学习过程中的参与状态、学习方式、思维方式，以及学生在学习过程中表现出来的学习的主动性、创造性和积极性等进行评价。新课标中强调要注重学生成长发展的过程，将终结性评价与形成性评价有机地结合起来；给予多次评价机会，其目的在于促进评价对象的发展；鼓励将评价贯穿于日常的教育教学行为中，使评价实施日常化、通俗化，如口头评价、作业评价、成长记录袋等。

（3）评价方法倡导多样化

新课标强调把评价渗透到地理教学过程的所有环节，不同的目标领域（认知领域、技能领域、情感领域）要选用不同的方法对学生进行考查、评价；强调考试仅仅是教学评价的一种方式，要将考试与其他评价方式有机结合，力求改变目前将笔试作为唯一的考试手段、过分注重等级的做法，实现形成性评价和终结性评价并举，绝对评价与相对评价相结合；要根据考试的目的、性质和对象，选择具体的考试方法、手段，并对考试结果进行不同的处理，尽可能减轻考试对学生的压力。

（4）评价主体注重多元化

"在评估过程中，学生不是一系列考试的消极应付者，而应该是主动参与者。"对学生的评价最终要通过学生自我评价起作用。新的评价观倡导评价主体间的双向选择、沟通和协商，关注评价结果的认同问题，即如何使评价对象最大限度地接受评价结果而不是结果本身的正确性；加强自评、互评，使评价成为教师、管理者、学生和家长共同积极参与的交互活动，实现评价主体的多元化。新课标强调让学生参与教学评价，鼓励教师创造条件让学生开展自我评价和互评，也鼓励家长和社区人员参与评价过程。

（5）着眼发挥评价的激励功能

教学评价涉及复杂的心理作用，教师必须认真考虑评价给学生带来的心理效应。教师要摘掉"有色眼镜"，还学生"真实的自我"。针对以往学习评价中的问题，新课标强调：① 要强化评价的诊断和发展功能，弱化评价的甄别和选拔功能，倡导在教学活动和学习评价中发现学生的闪光点，培养学生自信心，让学生保持健康向上的心态，为学生的学习成功创造良好的心理环境；② 强调把评价活动和过程当作为被评价者提供一个自我展示的平台和机会，鼓励被评价者展示自己的努力和成绩；③ 要求使学生准确了解自己的学习结果，使学生从评价中得到成功的体验，从而激发学生的学习动力，使他们积极参与学习活动，以达到促进学生发展，提高教育质量的目的。地理教师要随时关注学生在学习活动中的表现与反应，给予必要的、及时的、适当的鼓励性或指导性评价。

（6）评价标准注重反映学生的个性差异

新课标中隐含着这样的要求：评价标准应从注重简单划一过渡到体现个性差异，从注重绝对标准转移到注重绝对标准与相对标准的相互结合。应该淡化绝对标准，严禁对学生按分排队、公布分数或依据升学率奖惩教师，严格控制考试质量和次数，淡化考试功能。绝对标准是一种达标标准，是达到度评价，而非横向对比、非选拔性的评价。绝对标准与对学生个体发展进度进行考查的个体标准相结合，有利于实现基础教育"保障基础要求统一，鼓励追求卓越"，既能面向大多数人，又不扼杀少数天才学生的成长。

二、学生学习评价

问题：

如何将评价作为激励学生学习的手段？

学生的学习过程能够评价吗？

一次考试能够全面评价一个学生的水平吗？

对学生进行学习评价一般采用形成性评价和表现性评价两种方式。

1. 对形成性评价的认识

重视形成性评价是现代教育评价的发展趋势。形成性评价作为教学和学习过程中不可分割的一部分，主要描述学生进步的整体情况，提供学生反馈来巩固学习，帮助教师了解学生的学习情况、确定下一步的教学计划及学生的学习计划。形成性评价可以通过多种方式进行，如对学生学习研究报告的评论、座谈、采访、测验结果的分析等。形成性评价的宗旨在于有效地推进课程发展，帮助教师及时了解学生的实际学习情况，解决学生在学习中存在的实际问题。

通过形成性评价，以学生平时参加课堂教学活动所表现出来的能力为主要参数，使学生参与到评价的过程中来，使学生知道评价的产生与自己学习过程中的每个习惯、方法，甚至态度都紧密相连，这有利于帮助学生反思和调控自己的学习方法和学习策略，发挥评价应有的积极作用，发展学生自主学习的能力。因此，在平时的教学中，教师应始终坚持形成性评价和终结性评价相结合，从而培养学生良好的兴趣、态度、习惯、团队合作精神等。

2. 表现性评价方式在地理学习中的应用

(1) 表现性评定的界定及其产生背景

① 表现性评定的界定

教育测量学家早在 20 世纪 50 年代就对表现性评定产生兴趣并加以研究，但它最初只是一个与传统的标准化多项选择测验相对立的术语。发展至今，虽有许多的称谓，如"另类评定（alternative assessment）""真实评定（authentic assessment）""新评定（new assessment）"及"3P"评定——表现性、档案性及产品性评定（performance, portfolios, products）等，虽仍无确切、公认的定义，但在与选择测验相对立的根本原则上保持一致。我国对"assessment"的译法也不尽相同，台湾学者大多将其译作"实作评量"，大陆学者则多译作"表现性测验""表现性评定"。朗文现代英汉双解词典中对"assessment"解释为"评估、估价、评定、意见"，新英汉词典中的解释为

"估计（法）、评价（法）"，都不包括"测验（test）"的含义。笔者认为，与"测验"相比，"评估"与"评定"更注重多元整合的取向，因而"表现性评定"的译法更确切些。

将国内外诸多对表现性评定的界定进行分析后不难发现，这些表述无不具备四点特征：评定原因、问题情境、评定标准、评定结果。在表现性评定中，常常运用真实的生活或模拟的评价练习来引发最初的反应，而这些反应可直接由高水平的评定者按照一定的标准进行观察、评判，其形式包括建构反应题、书面报告、作文、演说、操作、实验、资料收集、作品展示。

② 表现性评定的产生背景

理论背景：表现性评定成为当今国外教育改革进程中最热门的题目之一，其中的根本原因是与教育心理学中学习论的发展——行为主义理论衰落与建构主义理论兴起有关。多项选择测验与早在20世纪70年代占统治地位的行为主义教育心理学相对应，其著名的两点原则是分解及联想。吸取了行为主义思想的课程设计者寻求建立来自于更为基本成分的复杂表现，许多人认为帮助所有儿童掌握复杂的阅读、写作、数学及其他学校课程的关键是以正确的顺序教授（或测查）每种成分技能。经过独立的、不依赖于背景的学习后，掌握了的技能就可应用于现实的有意义的任务。多项选择题及填空题对于检验这些独立的成分技能是极为合适的，然而其结果却以高级思维的发展为代价，过分强调了对于孤立知识的记忆，从而损害了高级思维能力、对真实世界中问题的解决能力，以及其他更有价值的教育目标的实现。

建构主义是学习理论中行为主义发展到认知阶段后的进一步发展。与行为主义的不同之处在于，建构主义强调学习者有其内部的认知结构，教学的目标在于帮助学习者习得由信息所构成的事物及其特性，使外界客观事物（知识及其结构）内化为内部的认知结构。它强调不能靠将已有知识简单提取出来去解决实际问题，而应根据具体情境，以原有知识为基础，建构用于指导问题解决的模式，这些都对传统的以多项选择题为主流的测验方式造成很强的震撼。建构主义的这种强调整体、强调情境、强调运用理论解决实际问题的观点，即如何运用所学的知识去解决新的问题，表现出真实的能力正是表现性评定的出发点及本质特征。当将学习看作对已强化的信息单元的获得与整合的时候，"实践造就完美"就可作为教学的指导原则。行为主义衰落后，多项选择测验也不再盛行。今天的教学与测验很少强调孤立的成分技能，而是更多地认识到在某一背景下学习到的技能可能并不适用于另一背景。

另外，理论引导下的评价观念也发生了转变。近年来，在建构主义的影响下，对于学习、能力及教学的观点发生了很大的变化：由单一普通能力转向多元能力；从不可改变的静态观，到可促进变化的动态观；从过去行为学派强调的行为习得，到认知学派重知识的习得和知识建构；从过去着重学科知识内容的传播，到现在着重指导学生成为能够面对挑战、适应变化的问题解决者及创造思考者；由过去的"考试观取向"，转移为新近的"评价观取向"；从只重视掌握结果向既重视掌握结果又重视发展过程转变；从教学的检验者向教学的促进者转变。

现实背景：表现性评定曾是考试的最初形式，最早的产生时间可追溯至我国汉代的科举制度。20世纪90年代后，表现性评定在美国、英国、加拿大、澳大利亚及我国香港地区的教育界和测量界成为热门课题，其现实原因是人们对选择式测验题的普遍不满。人们认为选择式测验题只能测量学生"知道"什么，但无法测量学生"能做"什么。此外，常运用标准化测验来评价各地区、各学校的教学绩效，对于教师的教学和学生的学习造成了一种负面的影响，如部分教师侧重于教学测验的内容，从而扭曲了教学的面貌，难以将学生的学习结果概括化。在教育改革的推动下，教育界期望通过评价的革新一方面来更好地选拔人才，另一方面促进教学与学习质量的提高。许多考试也在原有的选择题之外，增加了建构反应或表现性评定的内容。这种命题方式逐渐成为教育界与测量界的趋势。时至今日，教育界与测量界在表现性评定的运用和相关的研究上投入了很多的人力、物力与财力，在创造性的运用、推广及经验交流方面，在测量技术的研究和发展方面，在表现性评定的研究结果的积累方面都取得了相当多的成果。

（2）表现性评定的优势

表现性评定受到很多人的欢迎。与选择式测验相比，其优势主要体现在以下几个方面。

① 有助于测查高级思维能力。表现性评定有助于更直接、真实地考查学生的学习结果，特别是考查学生的高级思维能力，这一点已为倡导表现性评定的国内外教育学专家和测量学专家所公认。我国学者黄光扬也认为表现性评定能较好地展示学生的口头表达力、文字表达力、随机应变力、想象创造力、操作演示技能等。表现性评定有助于促进学生学习复杂的知识，培养解决问题的能力，而不只是让学生去选择短小的、具体的、相互孤立的选项。但认为学生在标准化选择测验中成绩的取得完全建立在以高级思维为代价的对孤立知识的记忆上，这似乎也有失公允，因为客观化的选择式测验并非完全不能测查高级思维能力。两种方法很难说哪一种更优，只是它们测量的层面不同。具体要运用哪一种方法，应该视评定的目的、需要来定。这似乎不失为一种客观的评价观。美国教育心理学家布卢姆曾将认知领域的教育目标划分为水平逐渐升高的六个层次，即知识、领会、运用、分析、综合与评价，这六个层次也是我们运用评价的理论依据。与选择式测验相比，表现性评定在测查高级思维能力即运用、分析、综合与评价方面的优势是极为明显的。而就知识与理解层面如知识与领会的考查而言，标准化选择测验的优势又不言而喻。

② 有助于测查综合运用所学知识解决实际问题的能力。标准化测验受到批判还在

于其对于知识与能力的间接测量，测验情境、内容与现实生活不相符合，测得的结果往往与实际生活脱节。表现性评定则强调在模拟真实或完全真实的情境中运用所学的知识解决实际问题，它反映的是学习的真实面貌。值得一提的是，重视培养和考查学生综合运用所学知识解决实际问题的能力是近些年来许多国家实施考试改革的特点。课程大纲与教师都十分强调学生特别是高年级的学生应当把某学科的学习与其他学科联系起来，鼓励学生把新学的内容与社会、政治、经济等相结合，强调知识的实际应用。我国在此方面也进行了尝试，近年来综合能力测试方案的提出与实施就是这种趋势的反映。

③ 有助于促进个性化的教学，使学生的潜力尽可能得到最大的发展。人的发展不是整齐划一的，同一年龄的儿童在发展速度、学习风格、个性特征等方面都存在着很大差异，没有完全相同的学生，因此，教学与评定也应多样化。课堂中的表现性评定并不是与教学相分离的，而是日常教学不可分割的一部分。教师在教学过程中不断对学生进行评定，给予学生及时的反馈。它不像做选择题那样容易设计，但是采用多种评量指标，针对不同学生做出不同的反馈，却能发现学生的各种技能，使学生的潜力得到最佳的发展。一些儿童在艺术方面具有高水平的潜质，另外一些儿童的潜质则表现在数学或语言方面。理想的教学应促进学生表现的变化性，在采用表现性评定的教学中，这种变化确定无疑会增长。从尊重个性发展的角度来看，表现性评定能够根据每个学生的能力和适应性进行，与其说是关心个体间的差异，不如说是关心每个人潜力的充分发挥。

④ 有助于激发学生的学习动机，为终身学习打下基础。当教师以作品集、轶事记录、展览、报告等形式汇集学生成长的点点滴滴时，当学生从"自己能做什么"中体会到成长的快乐时，评定者就会感到表现性评定多么富于建设性，它为学生营造了一种积极的学习氛围，使他们对学习具有浓厚的兴趣及责任感，从而有助于激励他们进一步学习，并最终促进终身学习。这一点极为重要，因为与三四十年前的学生相比，现在的学生生活在一个更为复杂、巧妙的思维形式的世界中，他们必须不断地去学习新的知识与技能，不断地面对并解决新的问题，而这些都是以积极的学习动机为前提的。

（3）表现性评定的不足

表现性评定以其接近现实、突出个性的鲜明特征也被称作真实性评定，这种称谓具有一定的迷惑性，似乎表现性评定就是对作业、表现进行真实的测量。实际上，在运用的过程中，有许多测量学家对其提出了质疑。它受到攻击最多的方面主要集中在以下四点。

① 信度问题。表现性评定运用最多的是评分者信度与学生在任务表现上的一致性。评分者信度指的是测量两个或两个以上的评分者对于某领域内一个或多个行为观察后评判的一致性程度。在评分过程中，表现性评定标准的执行具有很高的主观性，

所以测量专家对这种评分者信度格外关注。我们可以通过增加在评定上的任务数量或增加评分者人数来提高分数的可信性。

② 效度问题。测量学中，经常使用的质量指标是效度。在此主要讨论表现性评定的表面效度、结构效度及结果效度。

表面效度是最浅层次上的效度，它指的是从表现上看起来，测验题目是否与测验目的一致。表现性评定的表面效度比较高是公认的。

我们更注重的是评定本身的结构效度与结果效度。结构效度是指测验对某一理论或特质测量的程度。对所要测量的理论或特质进行准确界定是任何测量的前提，这正是表现性评定遭受批评最多的地方。针对此问题，可以通过调查学生实施任务时所经历的过程来加强表现性评定的结构效度的研究，如在评定期间让学生谈论任务，或运用任务后座谈的方法来探究学生完成任务所运用的技能。

结果效度，即从学生的角度看，测验对于学生在校内外生活的影响程度。表现性评定的支持者认为任务能够忠实地反映有目的的、重要的教学结果，并引导教学朝向高级思维技能与过程发展。如果希望表现性评定以一种有益的方式影响教学，那么我们需要鼓励教师针对领域而不是具体任务而教学。

③ 类推性问题。类推性指的是学生在某一作业题目上的表现可以类推到其他相似题目的程度，这是表现性评定需要考虑的一个特殊问题。为了提高类推性，必须增加任务并保证其对于领域的综合覆盖。但是，通过增加任务的数量来促进类推性会增加实施评定的时间总量，从而加重评定的负担。

还有许多研究者指出，任务信度与评分者信度并不是评价类推性的最佳方式，作为类推的指标是不充分的，此类新型评定不应当建立在原有心理测量模型的基础上。

④ 实用性问题。与简明、有着宽而浅的覆盖面、容易评分的标准化选择测验相比，表现性评定花费的时间长，且倾向于提供关于特定技能或领域的详细的、多维度的信息，评分过程也十分烦琐，表现的完全标准化也不可能。因此，从传统意义上来讲，表现性评定的实用性较差，花费较高。

尽管表现性评定存在着上述问题，但我们还是应以发展的眼光来看待它，并从理论与实践中努力探索解决这些问题的方法，使其不断完善。发现问题并不是目的，重要的是解决问题。

案例1
地理学科表现性评定任务设计方案——制作某一大洲的教材
一、活动内容
本次活动内容要体现过程与方法，突出学生在学习"亚洲"这章内容的过程中学会如何认识一个大洲，运用这样的方法，学生可以选择其他大洲的相关资料，仿照教材，自己选择内容并编写一节教材。

教材题目：《××大洲的自然环境》或《××大洲的人文环境》。

版面要求：不得超过教材版面长度。

二、课程目标

1. 运用地图说明某一大洲的纬度位置、海陆位置。

2. 运用地图和有关资料归纳出某一大洲的地形、气候、河流特点及其相互关系。

3. 运用有关资料说出某一大洲存在的人口、环境、发展等问题。

4. 通过实例说明某一大洲内部的经济发展水平是不平衡的。

三、活动目标

学会认识大洲的方法，并通过自己仿照教材编写的新教材表现出来。

四、实施要求

（一）知识准备

1. 知道描述一个大洲的自然环境和人文环境的基本要素，正确区分各种地理要素所反映的环境特征。

2. 明确各种地理要素之间的关系。

3. 初步学会从不同的渠道收集资料的方法。

（二）实施方式：个人

（三）呈现形式：一节教材

（四）活动实施程序

1. 要解决的现实任务：在学习和生活中，我们总是要面对各种各样的问题，因此，掌握解决问题的方法是很重要的。通过对"亚洲"一章的学习，我们知道了认识大洲的一般方法，运用这种方法并选择一个你最感兴趣的大洲，仿照教材，也编写一节教材，看看它是否能体现该大洲的特色。

要求：

（1）素材的选择一定要符合该大洲的特色。

（2）教材中不仅要有文字，还应该配一些插图，使教材更好地反映大洲的特色。

（3）教材中还应该提出一些值得思考的问题，让读者进行思考。

2. 呈现给学生的素材：人教版七年级下册教材，提供学生自己查找资料的方法。

3. 呈现给学生完好的作品：以教材为完好的作品样板。

4. 呈现给学生评价维度表及评价维度说明（每个维度采用1～4个等级）（见下页表）。

5. 作品展示及讲评。

地理科表现性评定维度表

学校：＿＿＿＿＿＿ 班级：＿＿＿＿＿＿ 姓名：＿＿＿＿＿＿ 任务内容：<u>如何认识一个大洲</u>

小组成员名单：＿＿＿＿＿＿＿＿＿＿＿＿＿＿＿＿＿＿ 产品类型：<u>教材</u>

评定项目	评定维度	评价等级（4级、3级、2级、1级）	小组评定	学生评价	教师评价
评定过程	参与态度	4. 思维非常活跃，热情主动完成任务，体现出创造性。 3. 思维活跃，主动完成任务，有一定的创造性。 2. 思维比较活跃，基本能够完成任务，具有某些创造性。 1. 思维不活跃，没有完成任务，未能体现出创造性。			
	资料收集与运用	4. 能够非常主动地收集、筛选资料，完全正确地运用资料。 3. 能够较为主动地收集、筛选资料，正确地运用资料。 2. 能够收集资料，筛选资料，基本正确地运用资料。 1. 不能收集、筛选资料，不能正确地运用资料。			
	努力程度	4. 非常认真，能够付出很大努力，活动工具准备齐备。 3. 认真，能够付出较大努力，活动工具准备比较齐备。 2. 比较认真，能够付出一定努力，活动工具准备一般。 1. 不认真，没有付出努力，没有准备活动工具。			
	独立完成任务	4. 在没有其他人帮助的情况下，完全由自己独立完成编写任务。 3. 在其他人的指导下，自己独立完成编写任务。 2. 与其他人共同完成编写任务。 1. 完全由其他人完成编写任务。			
评定产品	教材整体印象	4. 教材语言极为流畅，科学性强，图文并茂，有很强的可读性。 3. 教材语言流畅，科学性较强，图文并茂，有较强的可读性。 2. 教材语言比较流畅，有一定的科学性与可读性。 1. 教材中有科学性错误。			
	教材内容	4. 教材内容翔实，充分体现所写大洲的特色。 3. 教材内容比较翔实，较好体现所写大洲的特色。 2. 教材内容充分，基本体现所写大洲的特色。 1. 教材内容不充分，未能体现所写大洲的特色。			
	教材表现形式	4. 教材形式新颖、活泼，插图极为生动、准确、有特色。 3. 教材形式比较新颖、活泼，插图生动、准确。 2. 教材形式有少许新颖、活泼之处，插图较为生动、准确。 1. 教材形式陈旧，没有插图或插图有科学性错误。			
	产品创新性	教材内容的创新：☆☆☆　教材形式的创新：☆☆ 4. 4～5☆　　3. 3☆ 2. 1～2☆　　1. 0☆			

续表

评定项目	评定维度	评价等级 （4级、3级、2级、1级）	小组评定	学生评价	教师评价
综合等级		A级（出色地完成任务）：各维度等级数目和≥72。 B级（较好地完成任务）：72＞各维度等级数目和≥60。 C级（基本完成任务）：60＞各维度等级数目和≥48。 D级（有待全面提高）：各维度等级数目和＜48。			

学生评语：

　　1. 在此次任务中我增长了哪些知识，锻炼了哪些技能？我认为自己在哪些方面表现最好？

　　2. 下次任务中，我在哪些方面需要提高或做得更好些？

教师评语：

日期：

　　表现性评定方案和传统作业相比具有很多优势，我们列表对比一下。

	表现性评定任务方案	传统作业评定方案
评价观	教学评三位一体、多元化、个人发展为参照的评价观	教学评分离、一元化的评价观
评价主体	教师、学生、家长、小组	教师
评价客体	过程及结果，以学科能力为中心的多种能力	结果，学科能力部分
任务类型	由授课教师设计的与现实生活结合紧密、综合性强的表现性任务	书本上的常规作业
任务呈现	解决要求与评价维度，结合实例告知优劣	简单布置作业
反馈方式	评语＋评分式，小组反馈，教师结合内容讲评	无评分，无评语，只有对错判断；教师公布正确答案，简单讲解
作品收集与展示	档案袋，并在每个任务完成后，每个学期结束时进行作品展示	作业本，无展示

　　3. 试题的编制体现学习的过程

　　地理测验试题（简称"测题"）是地理测验构成的基本元素，测题编制的恰当与否直接关系到整个测验的质量。因此，地理测验的编制者需要慎重考虑测题类型的选择与确定，并在编制过程中严格遵循各类题型的命题原则。

　　测验虽不是教学评价的唯一或全部内容，却是其重要的组成部分。如何在素质教育的大背景下开展测验？如何将新课程观念下的测验这一评价方式与应试教育的多种考试区分开来？如何通过测验来评价学生的学业成就？在新课程改革的背景下，这些问题均赋予了测验以新的含义。

新课程不再是仅仅将测验作为学习诊断和选拔的手段，而是注重学生学习过程的反馈，注重学生学习内容的达标程度，注重多样的测验形式的使用，从而促进学生创造性思维的发展。

注重学生学习过程的反馈，并将对结果的考查同对过程的考查统一起来，意味着新课程更加关注学生的学习过程而不是简单的学习结果。例如，对活动课的考查就不能简单局限于对某一课题最终结论的获得，而更应关注这一过程中学生使用的方法、学生的情感变化、学生的思维发展等。总之，我们将更加关注学生"怎样学习"，而不仅仅是"学到什么"。

注重学生学习内容的达标，意味着新课程更加关注学生对某一学习内容的掌握程度，而不是简单地将学生在团体中排队。在新课程中，标准参照测验的重要性就凸显出来了，它重视某学生是否达到了教学的预定目标，而弱化了与其他学生的比较。

注重多样的测验形式的使用，意味着新课程更加关注从多种角度考查学生的能力。以往教学中闭卷考试占了很大比重，记忆性知识变成了学生的主攻点，影响了对学生应用知识的考查。新课程更加强调多种测验手段的使用，如开卷考试、实践活动等。

新课程注重考查学生的能力，这里所说的"能力"并不是抽象的心理特征，而是运用已有的知识去解决未知问题的能力。它包括一般的学习能力和特殊的、各个学科独有的思维能力，主要包括如下四个层次。

第一，由智力基本要素及学力构成的记忆力、想象力和思维能力等。

第二，理解知识基本概念、原理与规律的能力，形成各学科的基本技能（包括实验、阅读及使用图表等）的能力。

第三，概括学科知识特征的能力，分析因果关系、总结和运用规律、正确评价事物之间关系的能力。

第四，运用一切已知信息，创造性地解决问题的能力。

创造性思维是人类思维的高级过程，其最突出的标志是具有社会价值的新颖性和独特性。创造性思维的过程是在现有资料的基础上，进行想象，加以构思，以解决前人未能解决的问题或独到地解决问题的过程，它常常以灵感的形式表现出来。新课程提倡编制开放性的测题，为学生提供想象的空间，使学生能够组织起自己已拥有的知识结构，创造性地发挥，这是促进创造性思维发展的重要方式。这样的命题可以在一定程度上改变基础教育中以传授记忆性知识为主的倾向，有助于培养和发展学生的创造性思维。

地理教学测验应关注三方面的问题：各种地理测题如何编制？如何将测题组织成一次测验，即如何进行地理测验？当完成各种测验后，如何根据一定的指标，有效地对测验的结果进行解释？

按照评分的客观性，可将地理测题分为客观性测题和主观性测题。客观性测题主要包括选择题和填空题等，主观性测题主要包括材料情境题中的开放性论题、综合考试中的论述题等。

（1）客观性测题的编制

地理测验中常见的客观性测题有选择题、连线题（或称匹配题）等，而填空题和简答题这类限制性的题型，因为评分客观，也归类于客观性测题之中。这类题目的命题一般遵循几条共同原则，但又有各自遵循的命题原则。

① 客观题命题的一般原则

命题时，应当牢记测试的目标及命题计划。因为命题计划对命题的内容提出了具体要求，所以应当用它来引导命题工作的全过程。因此，这类题目的编制相应地有其共同原则。

第一，试题应能反映教学内容的重点或教学过程中要求学生掌握的有意义的内容或知识点。

第二，务必使每道试题自成一体，不可互相牵扯。例如，不应把一个题目的答案作为下一个题目的条件，或者一道题中暗示另一道题的答案，等等。

第三，试题文字力求浅显易懂，题意应明确，以免产生歧义。题目表述应简明扼要，避免啰嗦，但同时需要提供解题所必需的信息。

第四，试题的答案应该是明确且唯一的，避免出现答案本身有争议的问题。

第五，试题的语句尽量不照抄课文或原来的材料，而应重新组织。

② 选择题及其命题原则

选择题是标准化测试中最常采用的题型，也是目前各类地理教学测试中使用最普遍的题型之一。选择题在结构上包括题干、题支两个部分：题干部分说明题目要求和问题，通常由问句或陈述句构成，题支由 3～5 个正确，错误或不理想、不完整的答案构成。这些错误或不理想、不完整的答案叫作干扰项或诱惑项，通过排除它们的干扰和诱惑，可以将学生确定正确答案的能力水平显现出来。

在地理教学测验中，选择题应控制在一定的分值比例之内。从各类地理测试卷中可以看出，选择题可以测试的地理知识和能力层次是比较广泛的，但是从地理测试本身的科学性和合理化着眼，应该先研究在所测试的地理知识范围内，适合于运用选择题进行测试的内容是哪些，占总体知识的比例是多少，然后再根据比例确定选择题在试卷中的数量。

一般认为，设计地理选择题要掌握以下一些要领和原则。

第一，应注意选择最适合用选择题来测试的地理内容作为编制选择题的素材。每道试题要围绕一个中心内容或主题，每个选项不能各自构成互不相干的命题。

第二，题干表述应力求精练、准确、清楚，包含解答试题所必需的要素，但不能有过多的叙述或不必要的修饰语。

第三，选择项的文字要简短、扼要，其文字长短和语法结构要大致相同。各选择项都有相同的词语时，最好把它置于题干中。当题干是不完整的陈述句时，每个选项都应与之衔接组成一个完整的句子。

第四，正确答案在形式或内容性质上不要显得过于突出，应使正确答案有较大的隐蔽性。编制试题时不能只留心题干与正确选项之间的搭配和表述，而忽视题干与干扰项的搭配，使学生得到某种暗示。

第五，干扰项不能太明显，否则形同虚设，使学生能比较容易地利用排除法找到正确答案。干扰项应该反映学生的典型错误，那些似乎合理的答案是教师从学生的作业、课堂回答问题和平时的观察了解等方面得到的学生学习中常见的错误，如容易混淆的地理名称、概念及原理等，以使干扰项有足够的迷惑性或似真性。

第六，正确的选择项要避免使用"可能""一般""往往""通常"等具有提示性的词语。干扰项要避免使用"永远""所有""决不""总是"等具有提示性的词语。避免使用"以上皆是"或"以上皆不是"作为备选答案。因为学生只需要发现有一个错误选项，即可排除"以上皆是"这一备选答案，从而增大猜中答案的机会。使用"以上皆不是"作为备选答案，相当于采用了否定式的陈述，仅能测量学生识别某些错误的能力，但识别错误不能代表掌握了知识。

第七，正确答案出现的位置应随机排列。整张试卷中各题正确答案出现的位置要大致均衡，以避免猜测因素影响。每题所列备选答案数目应该一致，一般以四个为宜。

选择题的形式和类别是多种多样的，在地理测试中常见的选择题有单项选择题、多项选择题、读图选择题、读文选择题、配对选择题、编组选择题等。下面分别予以说明。

单项选择题：在每道选择题的四个备选答案中，只有一个答案是正确的，要求学生把正确答案（最佳答案）选出来。

多项选择题：在每道题目的备选答案中，有两个或两个以上正确的答案，需要学生审慎思考和理解题意，进行灵活的分析、判断，从而筛选出符合题目要求的正确答案。

读图选择题：题干中有一幅或若干幅直观的图像（地理分布图、原理图、景观图或统计图表），要求学生依据图像给出的信息条件，仔细分析判断，选出正确答案。

读文选择题：要求学生先阅读一段短文，然后根据题意要求，自行分析、推理或想象，做出正确的选择。

配对选择题：要求学生将一组题干与一组选项之间确立一一对应的关系。

编组选择题：作为一种变型的一解或多解选择题，编组选择题通常在四个选择答案中有一个、二个、三个或四个正确的选项，要求学生在排除错误选项或认定正确选项后，按规定组合形式，选择一个字母作为答案。

③ 填空题及其命题原则

填空题通常由一个未完成的陈述句构成，其中空出一处或几处，要求学生填出恰当的字、词、短语或数据。填空题也是各类地理测验中应用较多的题型。

根据填空题的信息情境的新旧及被加工改造的程度，可以把填空题分成四大类，即情境再现型、信息转化型、信息间断型和新情境型。

情境再现型：这类填空题是指问题情境与学生的原学习情境一致或基本一致，试题所包含的信息基本上是原样再现。解决情境再现型试题时所涉及的主要心理过程是记忆，它所考查的能力是最基本的识记能力。

信息转化型："信息转化"有两层含义。第一层含义是指问题情境所包含的信息经过了重新组织和排列，或被加工改造，图文之间双向转化，区别于当初的学习情境。第二层含义是指学生反应信息（即回答的答案）的转化，这种转化要求学生能够对原学习材料进行提纲挈领式的重新组织和排列，从而反映出把教材内容中冗长部分转化成较简略或较抽象的术语的能力。

信息间断型："信息间断"在这里有特定的含义，它是指在问题情境所包含的信息中，"已知条件"信息与"目标"信息之间存在着空隙或差距。信息间断型填空题的测试目标就是考查学生从"已知条件"出发，有目的地延伸各种趋向或趋势的能力，通俗地说，也就是考查学生的推理能力。

新情境型：这类填空题有两个显著的特点。一是问题情境的新颖性，它是学生从未体验过的；二是它要求学生能应用抽象的原理、通则、概念解决问题。设置新情境的意图是考查学生的应用能力。

需要指出的是，虽然现在单独设置填空题的现象已日趋少见，但是填空题并没有消失，而是渗透到材料情境题之中，因为这些试题的作答过程常常是读图—分析—填空。这就使填空题这一传统的题型具有了新的生长空间，焕发出旺盛的活力，并显现出其应用范围广、答案唯一的优势。

地理填空题可以遵循以下编制要领。

第一，填空题空白处要填写的内容应该是某个问题的关键性词语，如重要的地理名称、地理分布、地理数据、地理概念等。必须杜绝没有考查意义或测试价值的填空题，因为这类题只会降低测试的有效性。填空题要从记忆型向思维型转化，即命题不再是要求学生简单地回忆重现课文内容，而是要求学生经过思考显示其概括抽象的能力，提高填空题的智力价值。

第二，填空题作为客观性试题，与选择题相比，答案的唯一性不是很强，因此必须注意空白处与上下文的有机联系，使学生易于理解和作答，保证填空答案的唯一性，杜绝一空多解的现象。

第三，要尽量避免照搬照抄教材原文，应自己重新组织文字。

第四，填空题空白的长度应力求大体一致，以避免因长短有别对学生起到提示作用。一道填空题的空白数量不要太多，否则会使题意不明确。

从心理学角度看，填空题毕竟要比某些在再认基础上作答的题目要涉及更为复杂的心理活动。因此，填空题的命题依然需要进行深入的研究和探索，提倡编制更多、更好的信息转化型、信息间断型和新情境型填空题。

（2）主观性测题的编制

主观性测题由自由应答式试题组成。所谓自由应答式试题，是指学生可以自由应答，只要在题目限制的范围内，可以在深度、广度、组织方式等方面享有很大的自由。但这种自由同时也导致评分时主观色彩的渗入。这类题目一般包括材料情境题中的开放性问题、综合测试中的论述题、活动课程中的活动设计等题型。

与客观性试题的编制类似，主观性试题的编制既有其一般的命题原则，又有不同于其他类别的特点。

① 主观题命题的一般原则

第一，测题应考查教学内容中的重要问题。对限制性测题而言，每一道题都应考查某个比较重要的知识点，而不该是琐碎的东西。而对自由应答式题目来说，由于其主要目的在于考查学生对知识的综合应用，因此应以地理中的核心内容（如人地关系、空间概念等）为测验内容。

第二，要把问题与实际情境相结合，强调知识的应用性。测题应多选用新材料，以免学生凭机械记忆作答。只有如此，才能真正考查出学生分析问题、解决问题和创新的能力。

第三，要给学生发挥自己创造力的余地。自由应答式主观题的一大特点就是可以测量学生的创造力，因此应充分发挥其特点，编制开放性试题。

第四，要使答案的复杂程度与学生的成熟程度相符。学生年龄不同，思想成熟程度会有所不同，对问题的理解、分析、综合和评价的复杂程度也不同。制订评分标准时必须考虑到这一点。

② 问答题及其命题原则

问答题是一种历史悠久的传统题型，也是地理学科中最常采用的一种主观题，它可分为简答题和论述性问答题两种。简答题设问中心突出，要求考生在有限的字数内简要回答问题；论述性问答题往往将教材中的相关内容综合起来，需要认真分析、抓要害、逐步解答。

问答题的编制要领包括以下几点。

第一，突出地理学科的重点内容。一份好的地理试卷应当全面考查学生的地理学习水平，这除了通过客观题和主观题中的部分简答题来保证试卷的覆盖面以外，还应当编制能够测量较高层次的地理学习水平的论述题，以突出考试范围内的重点内容，使考查重点和教学重点基本吻合。

第二，创设新颖的问题情境，避免照搬教材原文和使用成题。这类测题应当是地理知识的灵活应用，其内在联系是相对隐蔽的，需要学生在彻底弄懂弄通的基础上，通过积极思考才能得出正确的结论。这样有利于考查学生掌握地理知识和能力的实际水平，促使地理教学在提高实效上下功夫。

第三，题意要明确无歧义，设问不要过于笼统，要使学生易于了解问答题的要求。

第四，要尽量选用适当的行为动词来陈述内容，以保证对复杂认知目标的测试。要尽量避免使用"是什么""在哪里""有哪些"等词语来编制问答题，因为这类词语通常只能测量较低的认知目标。

（3）客观与主观兼容——材料情境题的编制

① 材料情境题的特点

材料情境题是由传统的问答题演变而来，兼具客观性测题和主观性测题的特点，包含选择、填空、简答、读图、填图、绘图等多种答题形式和功能的复合式题型。材料可由文字提供，也可由地理图像构成。材料情境题的特点有以下几方面。

第一，考查的知识跨度大、功能全面。这种题型一般设问的角度新颖、内容广泛，设问内容既可包括地理分布、地理景观、地理数据、地理演变和地理名称等感性知识，又可包括地理特征、地理规律、地理成因等理性知识，从自然到人文、从国内到国外、从远古到未来，既能考查学生的知识层面，又能考查学生应用地理知识解决实际问题的能力。

第二，设问的形式具有多样性。这类试题多以设置解题情境，提供地理信息资料、地图、图表、示意图为切入点，以读图分析为主要线索，对学生提出一系列相关问题。设问的形式包括叙述、说明、解释、对比、分析、推论、应用、评价、预测等。答题的形式也有填充、填表、连线、选择、填图、绘图、判断等多种，并且向小型、系列、分层方向发展，要求学生逐一解答，既启发了学生的解题思路，又可以避免学生漫无边际地胡猜乱答。有的试题答案具有开放性，体现了对学生创新能力的考查。

由于材料情境题是多种类型试题的组合，因而试题没有固定的模式，特别是近年来，出现了跨学科的材料情境题，更使这一题型显现出勃勃的生机。

② 材料情境题的编制要领

第一，整个试题要构成一个相对完整的中心，通过学生对情境性材料的分析，并小步骤地解答若干问题，反映出学生对某一地理专题知识的掌握程度。

第二，选择的情境性材料要以教学目标为依据，与确定的测量目标相符。若材料过于复杂繁难，容易超过教学目标的要求；材料过于简单，则会使试题变成是对地理常识低层次阅读能力的测验；材料若是学生已学过的或是直接从课本中转录下来的，就变成了记忆能力的测量，属于低级认知目标，失去了运用材料情境题的意义。编制这类试题可以先从有关资料中收集素材，然后再改写，使其适合所需要测量的目标。

第三，尽可能采用不同形式的情境性材料编制试题，如地图、短文、表格、统计图、示意图、景观图、漫画等。但是，提供的情境性材料必须符合学生已有的知识、经验与阅读能力，是学生所熟悉的、可以理解的。

第四，情境性材料的长短要与试题的数量保持适当的比例。若材料很长，而需要回答的试题只有一两个，就会造成测验时间的浪费。一般来说，情境性材料应是简短而有意义的。一方面，情境性材料越短越好，这样可以削弱阅读能力对测验成绩的影响。另一方面，所采用的材料要能引起学生的阅读兴趣，要慎重地删减不作为学生思维素材的内容，但不可使材料失去完整的意义。

第五，设问的形式应多样化，包括填空、选择、简答、绘图、填图等，多角度地考查学生对情境性材料的理解能力。设问的层次应有渐进性，即保持由易到难的梯度，这样有利于测试学生对地理基本事实材料、基本概念、原理、空间分布规律等问题的理解和掌握程度，从而使不同水平的学生获得有区分度的成绩。

案例2

试卷中的试题体现学习的过程

例题1：读图1，选择正确答案。

科学家经过精确测量，得到有关地球的数据是（　　　）。

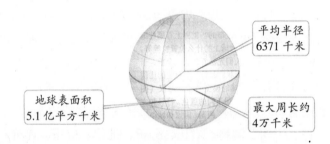

图1

A. 赤道半径是6371千米　　　B. 极半径是6371千米

C. 赤道周长约为4万千米　　　D. 赤道周长约为8万千米

分析：重视在实际情境中考查学生对基础知识的理解和掌握程度，改变以往死记硬背的传统考试方式，训练学生从图中获得关于地球大小的准确数据，学会用数据描述地球的大小。

例题2：读图2，回答下列问题。

（1）写出下列各图分别展示的是哪个宗教的建筑，填到下面的横线上。

A　　　　　　　　　　　　B　　　　　　　　　　　　C

图2

A. _____教　　　　B. _____教　　　　C. _____教

（2）我们来自沙特阿拉伯，我们的宗教活动在上面_____处举行，我们主要说的语言是_____语。

（3）我是一个英国人，我的脖子上经常戴一个十字架，说明我是个_____教徒，我经常到上面_____处做礼拜。我的语言_____是世界上使用最广泛的语言。

分析：试题体现了新课标的要求。新课标要求说出世界三大宗教及其主要分布地区。把真实的图片加入试卷，和实际联系紧密，试题还运用虚拟人称"我"，让学生感到亲切，难度适中。

例题3：读图3，回答下列问题。

（1）图中黄村位于杨庄的_____方向。

（2）图中A、B两地的相对高度是_____米。

（3）图中小清河的大致流向是从_____向_____。

（4）小清河画有两条支流，其中支流_____河画错了，原因是_____。

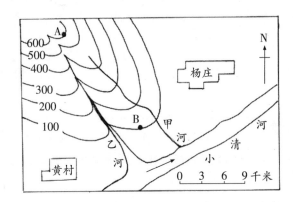

图3

分析：通过此题，考查学生是否能运用地图辨别方向，是否能识别等高线地形图上的山峰、山脊、山谷等。

例题4：读东西两半球图4，填写下列内容。

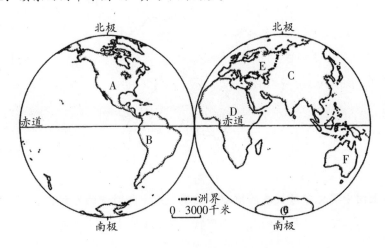

图4

（1）图中字母所代表的大洲：

A. _____洲；B. _____洲；C. _____洲；D. _____洲；

E. _____洲；F. _____洲；G. _____洲。其中面积最大的是_____洲。

（2）A、B两大洲之间的分界线是_____运河，C、D两大洲之间的分界线是_____运河。

（3）在图中填出四大洋的名称。其中面积最大的是_____洋。

分析：本题主要考查学生的读图能力。在东西两半球图中熟练掌握七大洲和四大洋的分布是学习地理的基础，因此要求学生必须准确掌握。本题属于基础题，难易程度较易。

例题5：读图5，回答下列问题。

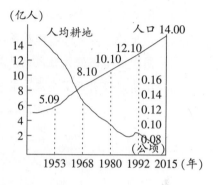

图5

（1）根据2000年第五次人口普查，我国总人口为_____亿。我国人口的基本国策是_____，_____。

（2）从20世纪80年代开始，我国人口增长的趋势是_____。

（3）我国人均耕地逐渐减少的原因是（至少答出两条）_____，_____。

分析：新课标要求运用有关数据说明我国人口增长趋势，理解我国的人口国策。第一小题是基本要求，即运用有关数据说明我国人口增长趋势。第二小题的答案包括两点：第一点"人口数量继续增长"是可以从图中直观得到的，属于基本要求；第二点"人口过快增长的势头得到有效控制"属于较高要求。第三小题，将人口问题与土地资源问题联系在一起。本小题的答案是开放的，只要合理即可。这道题注重考查学生利用图表分析地理问题的能力。

例题6：读图6，填表。

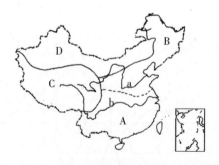

图6

（1）将上图中英文字母代表的地理事物填在表中相对应的空格内。

（2）将下列拉丁字母代表的自然地理特征填在表中相应空格内。

Ⅰ.湿润地区　　Ⅱ.温带季风气候区　　Ⅲ.干旱地区　　Ⅳ.高寒气候区

Ⅴ.下游成为"地上河"　　Ⅵ.中国流量最大的河流

地区	图中字母代号	自然地理特征
北方地区		
南方地区		
西北地区		
青藏地区		
长江		
黄河		

分析：新课标要求在地图上指出北方地区、南方地区、西北地区、青藏地区四大地理单元的范围，比较它们自然地理的差异；在地图上找出我国主要的河流；运用地图和资料说出长江和黄河的主要水文特征以及对社会经济发展的影响。两栏中读图确定四大地理单元和长江、黄河的地理位置属于基本要求。学生回答出长江和黄河的概况比较容易，回答出四大地理单元的自然地理特征的难度较高，需要了解各大区的气候特征。试题注重考查学生的归纳总结和自我学习的能力。

例题7：根据北京地区气温和降水资料（图7），完成下列问题。

(1) 将气温曲线和降水柱状图填绘完整。

月份	1	2	3	4	5	6	7	8	9	10	11	12
气温（℃）	−6	−2	3	10	20	25	28	25	20	14	6	−2
降水量（mm）	10	20	20	30	50	90	200	220	70	50	10	5

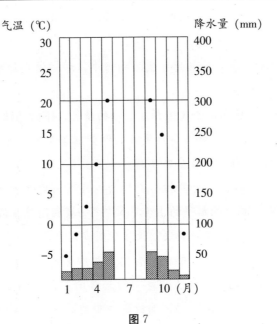

图7

（2）从图中可以看出＿＿月气温高，＿＿月气温低；＿＿月降水最多，＿＿月降水最少。

（3）根据图表资料说出北京的气候特征：＿＿＿＿＿＿＿＿＿＿＿＿＿＿。

分析：

（1）体现新课标要求：新课标要求运用气温、降水资料，绘制气温曲线和降水量柱状图，说出气温与降水随时间的变化特点。

（2）考查学生绘图、读图、分析、归纳的能力，侧重考查绘图技能。

（3）各地区可根据当地的气温、降水资料，绘制当地地图，并引导学生进行分析。

（4）不同地区可以根据学生的具体情况分别要求，教学水平高的地区还可以要求学生进一步分析气候类型及分布。

例题8：通过学习地理课，小明画了两幅漫画（图8）。请判断这两幅画是否正确，为什么？

图8

分析：将学生的课外作业引申到考试测评当中，增强学生的学习兴趣，使学生从中学到科学知识。

例题9：小明和小红正在议论我国自然资源的情况，下面是他们的对话。

小明说："我国地大物博，许多自然资源的储量位居世界前列，发现并探明储量的矿种就有160多种，我国自然资源多么丰富。"

小红说："我为我国的自然资源担心，你看，我国人均耕地只有世界平均水平的1/3，人均水资源只有世界平均水平的1/4，人均……我国自然资源太贫乏了！"

听了他们的对话，你同意谁的看法？谈谈你对我国自然资源状况的看法。

分析：新课标要求引导学生了解我国自然资源总量大、人均少、时空分布不均匀等特点。试题答案具有开放性，给了学生发散思维的空间，注重考查学生分析资料、解决问题的能力，有助于对学生进行正确的资源观的教育，不同地区的学生都可以回答此题，只是水平不同，给分标准由教师灵活掌握就可以了。

三、教师课堂教学评价

问题:

如何认识教师角色?

教师在课堂上应该如何表现?

如何对教师课堂教学进行评价?

教师角色并非一个静态的、单层面的人格模型,而是一个动态的、多层面的复合系统。听课、评课是教学研究的重要手段,也是教师相互交流、相互学习和促进教师自我反思的重要途径。听课、评课是教学研究中不可缺少的一项内容,是提高课堂教学质量的重要一环。

1. 教师角色

"师者,传道授业解惑也",韩愈的这句话定义了传统意义上的教师角色和职能。那么,新世纪里,教师是不是做到"传道授业"就够了呢?

(1)学习者

随着知识更新速度的急剧加快,如果教师不进行知识更新,就无法胜任教师工作。终身学习是 21 世纪的生存理念,对教师这一职业而言尤其如此。教育不仅要跟上时代的发展,而且要面向未来。在新课程改革中,要求学生进行探究性学习,要求教师开发校本课程,这些都对教师传统的"教书匠"角色提出了挑战,要求教师转变为终身学习者。

教师在关注本学科专业知识的同时,还要注意了解相近学科的知识体系;要广泛涉猎经济、技术、文化等领域的知识,关注自然环境和社会发展;努力掌握现代教育技术,树立应用信息技术进行教学的意识,并培养将信息技术和信息资源整合于教学的能力。此外,教师还要掌握科学研究的一般方法和相关知识,提高自身的科研素质。

(2)研究者

教师必须从传统的"教书匠"角色中挣脱出来,成为一名"研究者"。研究不是一个领域,而是一种态度。教师作为教育过程的当事人,要对自己的教育行为不断总结、反思、改进,以建构自己的教育理想,创造独特的教育艺术,形成个人的实践知识。教育科研活动能促使教师认真学习教育理论,提高教师科学分析的能力和技巧,使教师形成严谨的科学态度;能促使教师不断更新知识结构和能力结构,提高教师综合运用各学科知识解决问题的能力;能促使教师自觉地学习、发现和收集各种信息,选择、描述、储存、加工、分析和处理各种信息,把教育变成促进学习主体主动建构知识的过程。

教师实施的研究主要是一种行动研究。从研究对象上看,表现为以下几方面。

① 教材研究——结合相关学科知识与学校实际,实现教材的校本化与个性化。

② 教学策略与方法研究——根据不同的知识内容与学生实际,对课堂教学的策略和方法进行判断、实验、总结和评估。

③ 学生研究——通过对学生智力（认知）因素、非智力（认知）因素及学习策略与方法的研究，以构建良好的教学过程与机制。

（3）引导者

教师的主要职能由"教"转变为"导"，表现在以下几方面。

① 引导——帮助学生树立适当的学习目标，并确定和协调达到目标的最佳途径。

② 指导——指导学生形成良好的学习习惯、掌握学习策略、发展元认知能力。

③ 诱导——创设丰富的教学情境，激发学生的学习动机，培养学生的学习兴趣，充分调动学生的学习积极性。

④ 辅导——为学生提供各种便利，使他们能在网络上找到需要的信息，并利用这些信息完成学习任务，同时，利用新技术帮助学生解决学习中的困难。

⑤ 教导——教师应是学生学习和生活中的朋友和榜样，应教导学生养成高尚的道德、健全的人格等。

（4）创造者

当代课程知识观认为，知识是主体对外部客体进行个性化理解和创造性思考的产物，是认识主体主动建构的产物。认识活动是主体借助于"内部图式""个体经验""思维结构"等中介与外部客体相互作用的过程。在课堂教学中，教师是一个创造性的个体，课堂教学是教师通过不断创新而实现自我生命价值的过程。教师正是通过创造性地开展教学实践，使课堂教学成为一个师生互相促进、共同提高的动态生成过程，成为一种富于创造性并可以从中获得精神愉悦和自我提升的生命活动。这样，课堂教学不仅成为学生身心健康发展的精神家园，而且教师自身也在这种创造性的课堂教学实践中得到发展、进步和完善，更加深刻地体悟到自己职业生活的意义，以及生命存在的价值，并获得了相应的回报——培养出了"青出于蓝而胜于蓝"的学生。

新课程确立了国家课程、地方课程、校本课程三级课程管理政策，课程不再全部由国家统一制定，而是把 10%～12% 的课时量给了地方和学校来开发和实施，与此同时增设了 6%～8% 的综合实践活动。综合实践活动所采取的实施策略是由国家制定实施指南，由学校和教师根据实际来选择和确定。教学过程成了课程内容持续生成与转化、课程意义不断建构与提升的过程。教师不再孤立于课程之外，教师的教育实践本身就是课程开发的过程。如此一来，教师不仅仅是一个课程的忠实实施者，而且在很大程度上成了课程的创造者和开发者。

首先，教师应该具有课程资源的意识和观念。教师要意识到教材不是唯一的学习材料，教师不是唯一的教学源泉，课堂不是唯一的学习场所，从而确立"生活处处有学问，课程本在生活中"的观念。其次，要重视课程资源的开发和利用。在实际教学中，教师要开发、利用校内外图书资源，充分利用自然教学场景，利用网络媒体的信息资源，充分利用学生、家长等人力资源，为学生开展综合实践活动和自主选择学习方式提供有利条件。最后，教师要增强课程建设能力，使国家课程和地方课程在课堂实施中不断增值、不断丰富、不断完善；教师还要锻炼并形成课程开发的能力，尤其是开发乡土化、校本化的课程的能力；教师也要培养课程评价的能力，学会对各种教材进行评鉴，对课程实施的状况进行分析，对学生学习的过程和结果进行评定。

（5）合作者

在新课程改革中，应打破教师"专业个人主义"的局限，在教师与教师之间、教师与课程专家之间开展广泛的交流与合作，建立一个具有主体性、开放性的合作型教师集体。此外，教师必须与家长或学生的监护人建立密切的关系，共商教育问题。在新课程改革背景下，教师有责任向家长解释新的概念、教育工作者的行动意图，教师也有义务向社区的成年人说明将要进行的变革，以便为学生创造更完善的教育环境。

新课程强调教学过程是师生相互交往、积极互动、共同发展的过程，要关注学生的学习过程和方法，让学生在学习过程中学会与同伴交往，与同伴合作，共同探究问题，培养创新精神和实践能力，并最终形成正确的情感、态度和价值观，促进人格的健康发展。这就要求教师必须从"传道授业解惑"的知识传递者转变为学生个性发展的促进者。

作为促进者的教师应更注重学生获取知识的思维过程和掌握知识的方法与能力，这就要求教师在教学过程中应注意：创境激趣、积极旁观、心理支持、及时激励、培养自律、体现主体。作为促进者，其角色行为主要表现为以下几方面：为学生提供各种便利，为学生的学习服务；建立互动、交流、宽容、接纳的课堂气氛；促进学生自主学习，引导学生自己去实验、观察、探究、研讨、体验，使学生全身心地投入到学习活动中去。

教师是教学活动的参与者，是"平等中的首席"，而不是居高临下的包办者。在传统教学中，教师处于权威地位，学生被动地接受教师的一切灌输，师生之间显然是不平等的。加之激烈的升学竞争，更导致师生矛盾加剧，容易使学生形成严重的逆反心理，甚至产生对立情感。这种状态下的教学，势必事倍功半。

作为参与者，教师必须打破以教师为中心的局面，构建和谐、民主、平等、合作的教室文化生态，允许学生自由表达和自主探究；教师要放下架子，和学生一起去寻求真理，与学生分享情感和想法，并且勇于承认自己的过失和错误；教师不能只顾自己"导演"和"主演"，而要参与到学生各个环节的学习活动中去，与学生交流和沟通，敞开自己的心扉，与学生共同探讨问题；教师要及时调整教学计划，引导学生解决问题，提高学生搜索和处理信息、获取新知识、分析和解决问题及交流合作的能力。

以教师的职能为着眼点，依照各种角色的塑成难度及达到的高度，可将教师个体扮演的角色划分为以下三类。

① 基本性角色——教师个体本应扮演的角色。这是教师为实现社会对教师职业的基本期望所需扮演的角色，是作为一名合格教师必要的条件。离开了这种基本性角色，个体将无法实现社会对教师的基本职业期望，而沦为不称职的教师。

② 支持性角色——教师为强化基本性角色的教育、教学实效而扮演的角色。它为在成功地扮演基本性角色的基础上，进一步提高教育、教学水平提供支撑，有利于在取得一般教育、教学实效的基础之上获得进一步提高。

③ 魅力性角色——教师在基本角色和支持性角色的基础上，为追求和铸造自己独特的教学风格，提升教育品位，并以此开创教育、教学新局面而需要扮演的角色。魅力性角色的成功扮演体现出教师非凡的创造力，标志着教师个体在教育、教学上已达到了一种较高的境界，成为教师中的佼佼者。成功扮演这个角色的教师，不但成功地实现了社会对教师的期望，而且在一定程度上实现了教师个体自身的价值。

2. 如何听课、评课

听课、评课是教学研究的重要手段，也是教师相互交流、相互学习和自我反思的重要途径。听课、评课是教学研究中不可缺少的一项内容，是提高课堂教学质量的重要一环。

（1）听课者应定位为教学活动的参与者、组织者，而不是旁观者

听课者要有"备"而听，和授课教师一起参与课堂教学活动的组织（主要是指听课者参与学习活动的组织、辅导、答疑和交流），并尽可能以学生的身份（模拟学生的知识水平和认知方式）参与学习活动，以获取第一手的资料，从而为客观、公正、全面地评价一堂课奠定基础。

① 听课前要做足准备工作，至少应预先熟悉教材内容，同时设想一下：假如是我执教这一节课，我要怎样上？最好能够拿出这一节课的教学设计方案，以便听课时有所对比。另外，听课者不妨在参加教研活动之前，了解、钻研一下与之相关的学术理论，或向人求教，或重温自己所积累的资料，以拓宽视野、增加收获。

② 听课时不仅要关注教师的教，更要关注学生的学。对学生的学习活动，听课者应该关注：学生是否在教师的引导下积极参与学习活动，学习活动中学生经常做出怎样的情绪反应，学生是否乐于参与、思考、讨论、争辩、动手操作，学生是否经常积极主动地提出问题，等等。另外，听课者还要看学生的学习方式、课堂表现、态度和习惯等。教学是一种学习活动，本质是学而不是教，教师活动是围绕学生的学习活动而展开的，因此听课者在关注教与学双边活动时，更要关注学生的活动。

③ 听课中要认真观察、记录、思考。听课者在课堂上要仔细捕捉讲课者的语言和表情，记下每个教学环节和每种教学方法，要一边观察，一边思考。对熟悉的教师、班级，可着重就其课堂上对学生学习习惯的培养做跟踪式动态分析；对一般的研究课，就着重看其在研究方向上的达成度；对于名家的课，要着重领略其教学风格及其相应的学术思想在课堂的体现。听课不仅应详细地记录课堂的教学过程，也要记下自己的主观感受和零星评析；着重点应放在能体现教学设计、教学方法、学法指导等方面的内容上，避免记成"流水账"。

④ 听课后要思考和整理。听完课不能一听了之，而应进行一番思考和整理。如翻翻

听课记录，与执教者交谈，将几节"互相牵连"的课做一番比较，写一篇听课心得，或者干脆将他人执教的内容拿到自己班上试试，等等。在这一过程中，听课者要善于进行分析、比较，准确地评价各种教学方法的长处和短处，注意吸收他人的长处，改进自己的教学；还要注意分析执教者课外的功夫，关注执教者的教学基本功和课前准备情况。

案例 3

地理课堂教学评价表

授课教师		所在学校		学科	地理		
记录人		授课时间		班级			
课题				课型			
一级指标	二级指标			等　　级			
				A	B	C	D
教学内容的理解与选择	符合新课标、教材的要求和学生的实际。						
	教学目标明确，教学过程设计科学合理。						
	合理确定教学重点、难点。						
	注重学生活动的实效性。						
教学过程的组织与实施	课堂结构恰当，能有效调控教学进程，具有教学现场的应变能力。						
	教学方法、策略的选择与应用灵活有效。						
	面向全体学生，能有效指导学生开展学习和探究活动，注意分层教学。						
	学生态度积极，思维活跃而有深度，能广泛参与，师生互动效果好，气氛融洽。						
	注重学生读图、用图能力的培养。						
	教态亲切自然，教学语言表述清楚、科学、准确，语言生动、精练，富有感染力。						
	具有绘图的能力，板书设计科学合理，书写工整、美观。						
教学资源的开发与利用	恰当地选择多媒体等教学辅助手段，给学生提供学习、探究所必需的资料。						
教学效果的反馈与评价	注重基础知识、基本技能的落实，注重学习能力的培养。						
教学目标的预设与达成	预设教学目标准确，通过教学过程，落实了教学目标预设的教学任务。						
诊断性评价	基础层		提高层		情感体验层		
发展性评价							

（2）评课的目的是让执教者更加清楚自己在教学过程中的成功和缺陷

评课是一种说服的艺术。说服，就是求和谐、求愉快、求发展。说服是一种技巧，说服是一种智慧。善于说服别人，首先应善于说服自己。充分尊重别人，是说服别人的心理基础；以理服人，是让人心悦诚服的保证。评课是教学、教研工作过程中经常开展的一项活动，包括同事之间互相学习、共同研讨的评课，学校领导诊断、检查的评课，上级专家鉴定或评判的评课，等等。

在评课环节中，教师应在听课基础上对课堂教学过程进行剖析，理出头绪，从全堂课的角度逐个分析、评价。需要注意的是，评课时要客观、公正，要避免亲疏心理、从众心理和消极应付的心理；评优秀教师的课时，还要克服光环效应的影响。

① 评教学目标的制订和达成情况

教学目标的制订应以学科新课标为指导，体现年级、单元教材特点，符合学生的年龄实际和认知规律，难易适度；教学目标应明确地体现在每一教学环节中，教学手段应紧密围绕目标，为实现目标服务。

教学目标是教学的出发点和归宿，它的正确制订和达成是衡量课好坏的主要尺度。所以分析课首先要分析教学目标。

首先，从教学目标的制订来看，要看教学目标是否全面、具体、适宜。依据新课标中对教学目标一项的要求，全面是指要从知识与技能、过程与方法、情感态度与价值观等方面来确定教学目标；具体是指知识目标要有量化要求，能力、思想、情感目标要有明确要求，体现学科特点；适宜是指确定的教学目标要体现年段、年级、单元教材特点，符合学生年龄实际和认识规律，难易适度。

其次，从目标达成来看，要看教学目标是不是明确地体现在每一教学环节中，教学手段是否都紧密地围绕目标，为实现目标服务，要看课堂上是否很快地呈现重点内容，重点内容的教学时间是否得到保证，重点知识和技能是否得到巩固和强化。

② 评教学内容的组织处理

教师应根据学生特点、教学条件组织和处理教材，使教学内容主次分明、详略得当、布局合理、新旧知识连接有序，使课堂张弛节奏适度，形成波浪式的教学过程。

③ 分析教学程序的合理性

首先，看教学思路设计。教学思路是教师上课的脉络和主线，它是根据教学内容和学生水平两个方面的实际情况设计出来的，主要反映一系列教学措施怎样编排组合、怎样衔接过渡、怎样安排详略、怎样安排讲练等。

教师课堂上的教学思路设计是多种多样的。为此，评课者评教学思路时，一要看教学思路设计是否符合教学内容实际，是否符合学生实际；二要看教学思路的设计是不是有一定的独创性、新颖性，能给学生新鲜的感受；三要看教学思路的层次、脉络是不是清晰；四要看教师在课堂上教学的实际效果。

其次，看课堂结构安排。教学思路与课堂结构既有区别又有联系。教学思路侧重

初

中地理教师专业能力必修

Chu Zhong Di Li Jiao Shi Zhuan Ye Neng Li Bi Xiu

教材处理，反映教师课堂纵向的教学脉络。而课堂结构侧重教学技法，反映教学横向的层次和环节，是指一节课的教学过程中各部分的确立，以及它们之间的联系、顺序和时间分配，也称为教学环节或步骤。

了解授课者的教学时间设计，能较好地了解授课者的授课重点、结构。安排授课时间时应注意：第一，注意教学环节的时间分配，看教学环节时间分配和衔接是否恰当，看有无前松后紧或前紧后松现象，看讲与练的时间搭配是否合理等。第二，注意教师活动与学生活动的时间分配，看是否与教学目的和要求一致，有无教师占用时间过多、学生活动时间过少现象。第三，注意学生的个人活动时间与学生集体活动时间的分配，看学生个人活动、小组活动和全班活动时间分配是否合理，有无集体活动过多，学生个人自学、独立思考、独立完成作业时间太少现象。第四，计算优等生、中等生、后进生活动时间，看优等生、中等生、后进生活动时间分配是否合理，有无优等生占用时间过多，后进生占用时间太少的现象。第五，计算非教学时间，看教师在课堂上有无脱离教学内容，做其他的事情，浪费宝贵的课堂教学时间的现象。

④ 从教学方法和手段上分析

教学方法是指教师在教学过程中为完成教学目标、任务而采取的活动方式的总称。它包括教师"教"的方式和学生在教师指导下"学"的方式，是"教"的方式与"学"的方式的统一。

评析教学方法与手段包括以下几个主要内容。

第一，看是不是量体裁衣，优选活用。教学是一项复杂多变的系统工程，不可能有一种固定不变的万能方法。一种好的教学方法总是相对而言的，它总是因课程、学生、教师自身特点而发生相应的变化。也就是说，对于教学方法，要量体裁衣、灵活运用。

第二，看教学方法的多样化。教学活动的复杂性决定了教学方法的多样性，所以评课既要看教师是否能够面向实际，恰当地选择教学方法，同时还要看教师能否在教学方法多样性上下一番功夫，使课堂教学生动活泼、常教常新、富有艺术性。

第三，看教学方法的改革与创新。评析教师的教学方法既要评常规，还要看改革与创新。尤其是评析一些素质好的骨干教师的课，要看课堂上思维训练的设计、学生创新能力的培养、主题活动的发挥、课堂教学模式的构建、教学艺术风格的形成等。

第四，看现代化教学手段的运用。现代化教学呼唤现代教育手段。教师要适时、适当地运用投影仪、录音机、计算机、电视、电影、电脑等现代化教学手段。

⑤ 把学生的发展状况作为评价的关键点

教学的本质既然是学习活动，其根本目的就在于促进学生的发展。因此，学习者学习活动的结果势必成为评价课堂教学好与坏、优与劣、成功与否的关键要素。学生在学习活动过程中，如果学业水平得到充分（或较大程度）的提高、学习兴趣得到充分（或较大程度）的激发并产生持续的学习欲望，则可以认为这就是一堂很好的课。

在教学过程中，教师要引导学生思考、判断、推理，灵活运用所学的知识解决实际问题；要善于训练学生的智力、意志等，突出对他们能力的培养。

⑥ 从教师教学基本功上分析

教学基本功是教师上好课的一个重要方面，所以评析课还要看教师的教学基本功。

看板书：设计科学合理，言简意赅，条理性强，富有艺术性，字迹工整美观，板画娴熟。

看教态：教师应仪表端庄，举止从容，态度热情，热爱学生，师生情感交融。

看语言：教学也是一种语言的艺术，教师的语言有时关系到一节课的成败。教师的课堂语言要准确清楚，精当简练，生动形象，有启发性；教学语言的语调要高低适宜，快慢适度，抑扬顿挫，富于变化。

看操作：看教师运用教具，操作投影仪、录音机、计算机等的熟练程度。

⑦ 从教学效果上分析

分析一节课，既要分析教学过程和教学方法，又要分析教学结果。课堂教学效果是评价课堂教学的重要依据。课堂教学效果评析包括以下几个方面。

第一，教学效率高，学生思维活跃，气氛热烈。

第二，学生受益面大，不同程度的学生在原有基础上都有进步，知识、能力、思想情操目标达成。

第三，有效利用 40 分钟，学生学得轻松愉快，积极性高，当堂问题当堂解决，学生负担合理。

课堂教学效果的评析，有时可以借助测试手段，即上完课后，评课者出题当场测试学生的知识掌握情况，而后通过统计分析来对课堂教学效果做出评价。

评课的真正目的是让执教者更加清楚自己在教学过程中的成功和缺陷，让旁观者更加明确值得发扬和借鉴的经验，达到扬长避短、博采众长、提高教学质量的目的。因此，我们在评课时还应根据执教者和学生的特点，提出有助于执教者提高教学水平的个性化建议。

评课没有固定的方法，大多是"仁者见仁，智者见智"。评课是一门艺术，需要我们不断去探索、思考、总结。如果我们带着"评优匡劣，帮助教者"的目的去评课，那么，评课活动必然会给课堂教学乃至教育改革带来生机。

专题七　地理课程资源开发

地理课程资源是指有利于地理课程目标达成的所有因素与条件的总和。与传统地理教科书相比，地理课程资源内容更加丰富，具备生动形象、直观具体和学生能够亲自参与等特点，能给予学生多方面的信息刺激，调动学生多种感官参与活动，激发学生兴趣，使学生身临其境，在愉悦中增长知识，培养能力，陶冶情操，这是传统教科书无法代替的。因此，地理课程资源的开发与利用对地理课程目标的全面达成、地理教学方式的转变及促进学生的全面发展具有十分重要的意义。课程资源的开发和利用是课程实施、目标达成的重要保障，应该而且必须受到重视。从世界的角度看，凡是教育水平高的国家和地区，其课程资源开发与利用程度也很高；凡是教育水平低的国家和地区，其课程资源开发与利用程度也很低。对课程资源内涵与价值认识不够是导致我国课程资源开发与利用落后于世界先进水平的重要原因之一。

一、对地理课程资源的理解与认识

问题：

什么是地理课程资源？

地理课程资源的内容结构是什么？

为什么要开发地理课程资源？

要想对课程资源进行开发和利用，首先要对其有深入了解。

1. 课程资源的内涵

课程资源与课程之间存在着十分密切的联系。首先，课程资源是课程实施的前提条件，课程资源的丰富程度和适切程度决定着课程实施的范围和水平；其次，课程决定着课程资源（尤其是素材性课程资源）的种类与内容。但课程资源与课程的外延范围也存在着明显的差别，课程资源的外延范围要远远大于课程本身的外延范围，主要表现在两个方面：第一，条件性课程资源很难作为素材成为课程的组成部分；第二，素材性课程资源不能直接构成课程，也就是说，素材性资源必须经过教育学加工才能成为课程。

课程资源的概念有广义和狭义之分。广义的课程资源是指有利于实现课程目标的各种因素；狭义的课程资源仅仅指形成课程的直接因素来源。目前我国基础教育改革中提倡的课程资源指的是相对广义的概念，即有利于课程目标造成的所有因素与条件的总和。

2. 地理课程资源的分类

所谓课程资源的分类，就是建立课程资源的次序和系统。具体地讲，就是要把众多的地理课程资源，按照一定的标准和根据归类到一起，又按照某些不同的特点，把它们区分开来，以便更好地认识和掌握它们。

（1）根据空间分布，可分为校内课程资源和校外课程资源

校内课程资源包括校内的各种场所和设施，如图书馆、实验室、专用教室信息中心、实验实习农场和工厂等；校内人文资源，如教师群体，特别是专家型教师、师生关系、班级组织、学生团体等；与教育教学密切相关的各种活动，如实验实习、座谈讨论、社团活动、典礼仪式等。校内课程资源是实现课程目标、促进学生全面发展的最基本、最便利的资源。课程资源的开发与利用首先要着眼于校内课程资源。没有校内课程资源的充分开发与利用，校外课程资源的开发与利用就会成为奢谈。

校外课程资源包括学生家庭、社区乃至整个社会中各种可用于教育教学活动的设施、条件及丰富的自然资源。其中，社区的图书馆、科技馆、博物馆、纪念馆、气象站、地震台、水文站、工厂、部队和科研院所等都是宝贵的课程资源；学生家长与学生家庭的图书、报刊、电脑、学习工具等也是不可忽视的课程资源；丰富的自然资源是我们生存和生活的基础，也是教育开发与利用的重要课程资源。校外课程资源可以弥补校内课程资源的不足，充分开发与利用校外课程资源能为教师转变教育教学方式、适应新课程改革提供有力的支持和保证。

（2）根据性质，可分为自然课程资源和社会课程资源

我国幅员辽阔，山川秀美，物产多样，可以开发与利用的自然课程资源极为丰富，如地形、地貌和地势，天气、气候、季节，自然景观，生物链、生物圈等。认识自然，融入自然，与自然界和谐共处，是学生素质养成的重要内容，也是整个地理课程编制过程应体现的一个基本理念。

人们可以开发与利用的社会课程资源也是丰富多样的。为了保存和展示人类文明成果的公共设施，如图书馆、博物馆、展览馆等无疑是重要的课程资源；道路的线条美、雕塑的造型美、音乐的节奏美等均可成为陶冶学生情操的课程资源；人类的各种交往活动，如政治活动、经济活动、军事活动、外交活动、科技活动等也可以成为课程资源；影响人类社会生产生活的价值观念、宗教伦理、风俗习惯等与教育教学活动有着直接的关系，因而也是不可或缺的课程资源。

自然资源与社会资源有着明显的不同，前者的突出特点是天然性和自发性，后者则带有人工性和自觉性的特点。但是，它们都可以通过不同的开发转变为可以利用的课程资源，服务于教育教学活动，它们都是地理知识学习的有效补充，也是让学生"学会对生活有用的地理"的具体体现。

（3）根据呈现方式，可分为文字资源、实物资源、活动资源和信息化资源

文字资源是课程资源之一。文字的产生、纸张和印刷术的发明促进了人类文化的

传播和教育教学活动的发展，以教科书为主的印刷品记录着人类的思想，蕴藏着人类的智慧，保存着人类的文化，延续着人类的文明，直到今天依然是最重要的课程资源。

实物资源表现为多种形式：一类是自然物质，如动植物、矿石等；一类是人类生产生活过程中创造出来的物质，如建筑、机械、服饰等；一类是为教育教学活动专门制作的物品，如模型、标本、挂图、仪器等。实物形式的课程资源具有直观、形象、具体的特点，是常用的课程资源。

活动资源内容丰富，包括教师的言语活动和体态语言、班集体和学生社团的活动、各种集会和文艺演出、社会调查和实践活动，以及师生和学生之间的交往，等等。充分开发与利用活动课程资源，有利于打破单一的课堂接受教学模式，使学生在掌握知识的过程中，同时增强社会适应能力和社会交往能力，形成健全的人格。

以计算机网络为代表的信息化资源具有信息容量大、智能化、虚拟化、网络化等特点，对于延伸感官、扩大教育教学规模和提高教育教学效果有着重要的作用，是其他课程资源无法替代的。随着教育现代化进程的不断推进，信息化课程资源的开发与利用已势在必行，它将是最富有开发与利用前景的资源类型。

（4）根据存在方式，可分为显性课程资源和隐性课程资源

显性课程资源是指看得见摸得着，可以直接运用于教育教学活动的课程资源。如教材、计算机网络、自然和社会资源中的实物等。作为实实在在的物质存在，显性课程资源可以直接成为教育教学的便捷手段或内容，相对易于开发与利用。

隐性课程资源是指以潜在的方式对教育教学活动施加影响的课程资源，如学校和社会风气、家庭气氛、师生关系等。与显性课程资源不同，隐性课程资源的作用方式具有间接性和隐蔽性的特点，虽然它们不能构成教育教学的直接内容，但对教育教学活动的质量起着持久的、潜移默化的影响。因此，隐性课程资源的开发与利用更需要付出艰辛的努力。

实际上，课程资源所包含的对象众多，性质复杂，划分的标准很多，但很难找到一个标准对其进行界线分明的划分。因此，依据上述每一个标准的划分，各个部分间又往往相互交叉、相互渗透。一般只是为了加深对课程资源内涵的理解或说明问题的方便，才进行上述的划分。

3. 地理课程资源开发与利用的意义

地理课程资源的开发与利用对地理课程目标的全面达成、地理教学方式的转变，以及促进学生的全面发展具有十分重要的意义。

（1）地理课程资源的开发与利用是学校、地方课程资源库的重要组成

诚然，地理课程资源的开发与利用对地理教学来说意义最大，但从学校、地方的角度来讲，它又是学校、地方课程资源库建立的必要力量。地理课程资源中包含许多其他相关学科所没有的资源，如地球仪、地图、地理园、实物标本、小天文台和野外实习基地等，这不仅丰富了学校、地方课程资源的内容，更为其增添了特色。各个学

科课程资源之间存在着交叉与互补，地理课程资源可以为其他学科教学服务，例如，地图作为地理学的第二语言，承载着丰富地理信息，除了应用于地理学科，也可以在历史、政治、英语、语文教学中使用。可见，地理课程资源与其他相关学科课程资源相比有共性也有个性，其中特色尤其突出。所以说地理课程资源的开发与利用是学校、地方课程资源库的中坚力量，也是相关学科教学的重要帮手。

（2）地理课程资源的开发与利用是地理课程目标全面达成的重要保障

从地理课程资源的定义来看，课程资源是为目标服务的，凡是有利于目标实现的因素，都可以纳入课程资源的行列，因此地理课程资源开发与利用的首要目的就是促使地理课程目标全面达成。新一轮基础教育课程改革对地理课程目标有了更高的要求，旨在培养兼具地理科学素养和人文精神双重品质的地理人才。地理课程资源的开发就是要从身边各级各类资源中深入挖掘地理课程资源要素，对其进行优化重组与合理配置，以便用最有效的资源来辅助地理教学，并为学生知识与技能、过程与方法、情感态度与价值观的提升提供必要的指导与支持。

（3）地理课程资源的开发与利用是改变传统地理教学的重要前提

在传统地理教学中，地理教师是地理教学过程的主体，学生则处于"你讲我听、你写我记、你问我答、你练我做、你走我停（停止地理学习）"的尴尬境地。对学生来说，传统的地理学习是一次性的，复习时教师只是再现几个知识点，学生巩固学习或继续学习的愿望因没有必要的资源支持而无法实施。而地理课程资源的开发与利用可以为教师、学生提供丰富的课程资源，一方面教师可以利用课程资源创造性地开展地理教学，另一方面学生也可以实现自己巩固学习、探索新知的愿望。另外，地理课程资源的开发与利用可以促进地理学习方式的转变。在教师的引导下，学生可以直接利用课程资源进行探索，学习场所不再局限于教室，学生能够亲身感受科学研究的过程，获得宝贵的直接经验，这在传统地理教学中是难以实现的。

（4）地理课程资源的开发与利用是促进学生全面发展的重要基础

从地理课程资源的定义看，学生是地理课程资源的组成部分，也是地理课程资源开发与利用的基本力量，因此说学生应该是地理课程资源开发的主体而非客体。学生对地理课程资源开发的过程，是对某一问题进行深入思考与探索的过程，这本身就是对学生的积极性、兴趣、观察力、想象力及创造力的培养。学生利用丰富的课程资源进行主动学习的过程，是学生考虑如何获取资源、提炼资源、归纳与整理资源，如何解决问题的过程，在这个过程中学生的地理信息素养、独立学习能力、合作与交往能力、动手实践能力、创新能力及情感态度与价值观都获得了充分的发展。因此说地理课程资源的开发与利用充分体现了学生的主体性和个性，促进了学生各方面的均衡发展。

（5）地理课程资源的开发与利用能够有效调动社会各界对地理教育的关注

地理课程资源的开发与利用仅仅依靠少数学科专家、学校、教师和学生是很难完成的，还需要家长和社会各界的大力支持。校外课程资源的开发，不仅会对地理教学产生积极的作用，而且对整个地理教育也是一个有效的宣传窗口。在以前，地理被认为是可有可无的"小科"，下课以后地理学习也随之结束，学生回家以后很少提及地理，校外的事情也很少与地理挂钩，这是地理教育的贬值。在开发和利用地理课程资源时通过对学生、家长及社会相关人士的发动，可以让他们更多地了解地理教学，重新审视地理教育的价值，扩大地理教育的影响。

4. 地理课程资源的基本内容

一般来说，地理课程资源分为地理教学设备设施、大众传播媒体和人力资源三类。

（1）地理教学设备设施

地理教学设备设施包括地理纸制印刷品、地理教具、地理教学场所等内容。地理教学设备设施是地理课程资源的基本内容，是实现地理教学的基本条件。

① 地理纸制印刷品

地理纸制印刷品包括地理教材、地理教学参考书、地理填充图册、地理练习册、地理习题集等。纸制印刷品是课程资源的代言人，长期以来被认为是地理课程资源的全部，尤其是地理教材，一直被认为是地理课程资源的核心。其实，现在纸制印刷品在地理课程资源中依然占有重要地位，只是需要我们对它进行重新定位和调整，以适应地理教育发展的新要求。

新一轮基础教育改革倡导一纲多本，地理教材的编写不再为一家所垄断，而且在教材的选择上，学校、教师和学生也有了一定的权利，这在很大程度上可以提高地理教材的质量和适切性。在这种情况下，作为传统课程资源的教材必须及时地进行改革，以适应时代的需要和教学实际。

目前，地理教育界已经基本达成共识，地理教材不仅是教师的"教"本，更是学生的"学"本。事实上，地理教材更重要的是要引导学生利用已有经验和知识主动探索新知，以培养他们的创新精神和实践能力。地理教材的编写应该符合新课标的要求，遵循学生心理发展的特点和社会发展的需求，选择对学生知识与能力、过程与方法及情感态度与价值观发展有益的内容，从学生的兴趣和经验出发，展现全面而有特色的地理知识。只有这样，地理教材才能活化，才能真正成为地理课程资源的核心。

② 地理教具

地理教具是地理教材的帮手，起着辅助教师进行地理教学的作用，是地理课程资源的重要组成部分。地理教具包括地理教学挂图、地理教学标本与模型及地理教学仪器等。

地理教学挂图包括不同类型、不同尺度的地图，地理现象的模拟图、地理景观图片等，具体包括世界、地区与中国的地形图、政区图、气候图、人口图、交通图、矿产图、植被图、河流图、城市图、农业图及民族民俗的景观图片等。地理挂图的使用便于教师把握地理教学的进程，激发学生的兴趣，吸引学生的注意力，并能够直观展示地理事物的空间分布，对于学生理解与记忆地理知识均有益处。

地理教学标本与模型包括岩石标本、矿物标本、动物标本、植物标本、土壤标本、地球仪、等高线模型、不同地区的地形模型、地壳构造模型、断层模型等。地理教学标本与模型内容丰富、形象直观，学生可以通过视觉或触觉感知其中所蕴含的地理信息，从而形成直观的地理表象。

地理教学仪器包括指南针、望远镜、照相机、罗盘、放大镜、小型摄影机、扫描仪、刻录机、幻灯机、电视、计算机、多媒体、VCD、DVD、直尺、卷尺、胶水、胶带等。地理教学仪器是硬件设施，属于条件性课程资源，并不能直接转化为课程要素，但可以间接地为地理教学服务，同样是地理课程资源中不可缺少的组成部分。

③ 地理教学场所

地理教学场所是硬件资源，是地理教学实施的地方，具体可分为校内教学场所和校外教学场所两个部分。

校内教学场所包括地理活动室、学校图书馆、资料室、阅览室、地理园、气象观测站、地震监测站、小天文台等。

地理活动室和学校图书馆是校内教学场所的重要组成部分。其中，地理活动室是进行地理活动的主要场所，学生通过地理活动能够亲身体验或感悟地理学习过程，从而获得宝贵的直接经验。学校图书馆是学校的地理信息中心，妥善利用学校图书馆的相关资料能对地理教学起到很好的辅助作用。图书馆中可以利用的相关资料包括地理文献、地理期刊、通俗地理读物、地理教辅等，这些图书资料能够丰富学生的社会、人文知识，加深他们对地理课程内容的理解与掌握。

为了提高地理教学的效能，除了发挥校内地理教学场所的主战场作用以外，还要充分开发和利用校外教育资源。校外教学场所包括地理野外实习基地、公共图书馆、气象台、天文馆、科技馆、展览馆、少年宫、博物馆、植物园、动物园、主题公园，以及有关政府部门、科研单位、大专院校、工厂、农村等。

其中，地理野外实习基地是地理教学实践的主要场所。通过对地理野外实习基地的开发与运用，可以培养学生利用书本知识解决实际问题的能力、动手实践能力及合作交往能力。自然环境资源（如地形、植被、河流、自然保护区等）和人文景观资源（如港口、工厂、农田、城市街道、高新技术开发区等）是地理教学的又一个实践场所。通过对地理环境资源的开发，可以使学生体会科学与技术、科技与社会、人与自然的关系，从而正确认识科技与人类发展的关系，树立科学的人地协调观。

总而言之，地理教学场所是获取地理信息和开展地理活动的场所，学生通过主动参与或亲身实践加深了对书本知识的直观印象，从而获得丰富的信息累积和宝贵的直接经验。在传统地理教学中，对校外教学场所的利用力度还不够，这不仅仅是因为经济上的原因，更多的是观念上的问题。实际上，校外教学场所能够将地理课堂教育的范围扩大化，可以扩大学生的知识视野，激发学生的学习兴趣，促进学生能力的全面发展，应该而且必须引起地理教师的广泛关注和重视。

（2）大众传播媒体

大众传播媒体是地理教学的巨大资源库，也是地理课程资源中比较活跃的因素。它包括地理报刊和书籍、广播、电视、电影与音像资料、互联网等。

① 地理报刊和书籍

地理报刊和书籍包括地理图册、地理期刊、地理科普读物等。一般来说，地理报刊和书籍以科普宣传为主，图文并茂，内容丰富，呈现方式多样，有利于激发学生的学习兴趣，扩展学生的知识视野。

② 广播

广播简单明了，易于普及；语言说明配以音乐，有利于学生发挥主观想象力；成本低廉，尤其适于我国经济比较落后的农村地区学校使用。不足之处是缺少直观生动的视觉图像。

③ 电视

电视是一种普及的大众传播媒体，它在地理课程资源中的作用日益突出。教师给学生提供电视中有关地理教学的栏目，引导学生从电视栏目中收集地理信息，并与地理课堂学习相结合，加深学生对知识的理解，从而扩展学生的知识视野。电视中的地理课程资源比较丰富，如中央电视台有《人与自然》《动物世界》《天气预报》《科技博览》《环球》《地球故事》《金土地》《走进科学》《绿色空间》等栏目；各地方台的文化教育类节目中也包含众多地理教学素材。

④ 电影与音像资料

电影与音像资料是一种现代化的课程资源，既包括地理景观录像，又包括地理现象的模拟，还包括人类对宇宙太空的科学探索。电影与音像资料如同电视一样，生动形象，直观逼真，给人一种身临其境的感觉，有利于激发学生的学习兴趣。

⑤ 互联网

互联网是最方便、最快捷的地理课程资源，它具有交互性、时效性、承载量多等特点，有条件的学校一定要充分利用网上的课程资源。网上资源的开发与利用不仅可以提高教学的质量，而且可以促进学生获取与分析地理信息能力的发展。教师通过电化教育设施，制作地理课件，可以在课堂上生动形象地呈现更多地理信息，从而激发学生的学习兴趣。利用多媒体授课，已经成为地理教育界积极推广的教学形式之一。

互联网上有许多与地理教学相关的网站，有综合性的，也有专业性的。地理教师可以向学生介绍一些优秀的网站，也可以下载一些与地理教学密切相关的内容，以便在地理教学中运用。

（3）人力资源

人力资源是课程资源中最具活力、最具变数的组成部分，往往对地理课程资源的开发起到主导甚至是主宰的作用。人力资源包括地理教育专家（包括地理教研员）、教师、学生、家长及社会相关人士等。

① 地理教育专家

地理教育专家主要包括地理教学论专家、各高校地理系的学科专家、各省市地理教研员和中学地理教学特高级教师等。地理教学论专家、各高校地理系的学科专家及各省市地理教研员具备渊博的学识，能够从总体上把握地理课程改革的方向，确立全面的培养目标，为地理教学提供理论支持；中学地理教学特高级教师具有丰富的教学经验，能够为地理教学提供经验指导，他们是地理教师知识营养补给的主要渠道，是弥足珍贵的地理课程资源。

② 教师

多年以来，我们只是将教师作为课程资源的利用者，并没有将其当作课程资源来开发和利用，忽视了教师作为一种课程资源的内在作用。教学实践表明，教师不仅仅是最重要的课程资源利用者，也是最重要的课程资源开发者，还是最重要的课程资源。教师的素质状况决定了课程资源的范围、开发与利用的程度及发挥效益的水平。在实际地理教学中，许多教师在自身以外的课程资源十分缺乏的情况下，也能够"化腐朽为神奇"，最终实现课程资源价值的"超水平"发挥。

③ 学生

在地理课程资源的开发与利用中，学生不仅是课程资源的利用者，更是课程资源的开发者。学生对课程资源的开发主要以活动的形式体现，如地理兴趣小组、天文小组、环保小组；学生编辑的校报，编写的墙报、板报、橱窗报；学生自办的广播站、电视台、校园网等。另外，值得注意的是学生在调动家长参与开发课程资源方面也发挥着至关重要的作用。

④ 家长及社会相关人士

应该说，家长及社会相关人士是潜在的地理课程资源。过去，地理教学对此的利用力度不够，致使家长及社会相关人士对地理教育的认识不准确。实际上，如果对这部分地理课程资源进行合理开发，就相当于发动社会力量辅助地理教学，这不仅能够切实地提高地理教学质量，而且能够引起社会各界对地理教育的关注。

事实上，因为地理课程资源的丰富性，以任何一种分类方式都难以将其完全覆盖，上述的地理课程资源只是具有一般意义的，常用、常见的课程资源。教师应该根据本地的实际情况，深入挖掘具有本地特色的地理课程资源，以充实地理课程资源的内容。

二、基于课堂教学的课程资源开发案例

问题：

教科书在教学中的地位如何？

如何根据新课标灵活地运用教科书资源？

新课程改革实行"一纲多本"，教科书不再是教学的唯一，而是教师设计教学的素

材之一。教材提供了教学案例，教师要在新课标的引领下，利用教科书中的素材设计符合个性的教学。

案例 1

锻炼学生动手收集资料的能力

世界地理是新课标要求学生掌握的重要内容，可是从数量上看，新课标只针对一个大洲、五个地区、六个国家提出了具体要求，其他大洲、地区、国家怎么办？

教师通过设计活动，发动学生自己去认识感兴趣的国家和地区，并收集景观图片。学生们通过各种渠道，采用许多方式，收集了很多景观图片。一学期下来，教师协助学生完成了不同主题内容的《地图集》，并告诉他们：“同学们，这些就是你们这个学期的成绩，我们可以把它们留给下一个年级的同学做资料。下一个年级的同学一定会在这些《地图集》的基础上，收集和寻找到更多、更好的地理景观图片。”

案例 2

训练学生动手制作模型的技能

基于对新课标的理解，通过对教材的分析处理，有位地理教师将“等高线”一课的教学设计为① 等高线地形模型制作；② 橡皮泥捏山，绘制其地形图，讨论绘图方案；③ 课上展示方案，评价方案；④ 寻找答案；⑤ 提出由浅入深、环环相扣、层层深入的阶梯性问题；⑥ 师生共同探究，分析问题；⑦ 解决问题；⑧ 知识的延展，发散思维练习；⑨ 课后，学生利用课上学过的切割橡皮泥绘制等高线地形图的方法，亲身体验等高线地形图的绘制，并判读地形图。

案例 3

基于网络的教学资源开发——地震与火山主题学习网站设计

本次教学旨在通过学生分角色扮演地理学家、抗震减灾专家、防震专家、旅行家、社会学家、历史学家六个不同的专家组，借助教师提供的学习网站，组内成员协作完成各个小组不同的学习任务。要完成这些任务，学生应掌握火山和地震发生的原因、火山和地震的分布规律，以及对火山和地震的预测和防震减灾等知识。

教学实践选取的对象是实验班学生，他们实行综合课程，学习科学、历史与社会等学科。这些学生不论知识还是能力，在同龄人中都处于中等偏上的水平。

开展此次教学前，教师已经组织学生开展了两次基于网络的学习。第一次，学生通过网络自主学习了太阳系八大行星的知识。第二次，教师组织学生进行了基于网络的沙尘暴相关知识的自主学习。两次学习之后，学生基本掌握了多媒体教室系统软件的使用，能够正确浏览网络各种介质信息，熟练自如地收发邮件，对网络资料进行收集整理，基本具备了应用网络学习的能力。

基于以上对学生的分析，参考科学和地理两门课程的新课标，确定本堂课主要以科学探究为主线。探究方式以主题学习网站为平台，以实际生活中的问题为探究任务，学生以小组合作的形式展开探究。在课堂评价环节也采用了新的评价方式——全体学生互相评价，既有组内评价，也有组间评价，既有组长对组员的评价，也有组员对组长的评价，同时还有不同小组之间的相互评价。

地震与火山主题学习网站设计了任务、过程、资源与感悟四个子栏目。

任务栏目展示了学生角色扮演的六个不同专家组，以及专家组要承担的科研任务。在每个专家组的栏目中，都设置了"建议"标志，专家组成员通过点击这个链接可以获得开展自主学习的建议与步骤。

过程栏目里介绍了开展教学的步骤，学生在每一个阶段要重点完成的任务，以及任务成果的呈现形式，采取多媒体系统递交作业。

资源栏目是网站着重建设的核心内容。资源索引按照信息介质进行分类，包含文字、图片、视频三类。点击不同菜单后，呈现的界面是资源的目录页，点击各条目录，进入相应内容界面。在目录页面上，设置了页面搜索引擎，可直接对页面内容进行搜索，能更方便快捷地获取所需信息。在这一部分还设置了外部链接：相关网站目录和几大搜索引擎。电脑联网后，即可实现与网络的实时互动。在技术呈现方式上，采取了网页内嵌式，即在任何页面上都显示源按钮，页面目录和具体进入每个目录的内容显示在其嵌入网页中，作为单独页面嵌入到含有资源菜单的页面上。资源内容不仅包含火山和地震的专业知识，还囊括了古今中外曾发生过的大规模火山和地震的案例。

感悟栏目则设置了留言板，学生可以将自己的反思、感受写上去，与老师、同学更好、更及时地交流。

设计学习网站时，应在每个页面上尽可能创建比较多的节点，通过这些节点的访问，学生能够比较熟练地掌握这种教学模式的各个环节，更深入了解这节课教学的各个环节，能够随时在学习过程中随时寻找需要的各种信息。

三、区域资源教学开发案例

问题：

新课标的基本理念如何落实？

怎样做到让学生学习"对生活有用的地理"？

地理教学内容的广泛性决定了地理教学不能仅仅局限在课堂教学过程中。新课标本着让学生学习"对生活有用的地理"的理念，要求教师在教学过程中设计一些在家庭或者校外能做的活动，来体现新课标的要求。

案例4

走出学校，观察身边的地理——探访四合院

在本次教学中，教师通过组织学生收集四合院的图片、制作四合院的模型、查阅四合院的资料、实地探访四合院、拍摄探访四合院的过程、讨论四合院的发展与保护问题等活动，落实了新课标要求；通过课堂讨论，培养和训练了学生的多项能力。

师：四合院就在我们身边，但是我们对它又了解多少呢？下面我们就来探访我们

初中地理教师专业能力必修

Chu Zhong Di Li Jiao Shi Zhuan Ye Neng Li Bi Xiu

北京的四合院。（教师拿出学生制作的四合院纸模型）这是一位同学制作的北京的四合院，就请他来给大家介绍一下。

生介绍北京的四合院。

师：我们再来看一段同学们自己拍摄的电视剧《探访四合院》。

生看《探访四合院》录像。

生分角色表演小品：《关于四合院的讨论》。

角色1（北京城建局领导）：我们要将北京建设成世界一流的现代化大城市，要增加各种高档的服务设施，北京市民的住房条件要改善。你看，城区里这一大片古老、破旧的胡同和四合院……

角色2（北京某房地产开发商）：这好办，由我们公司承包，将这片低矮、破旧的胡同区全部拆掉，盖上高档住宅和饭店，保证世界一流。

角色3（文物局领导）：不行！这里的胡同、四合院都是明朝、清朝时期建造的，代表的是北京的特色，是北京的历史，绝对不能拆。

角色4（外国游客）：啊！北京，太美了，太妙了，古老的北京太有魅力了！听说北京的胡同、四合院就要被拆掉了，我得抓紧时间再去看一看，多拍一些照片和录像，这已经是我第三次"胡同游"了。

角色5（四合院的老住户——一位80岁的老奶奶）：我在这胡同里都住了80年了，与老街坊们的感情可好了，这房子是我祖爷爷盖的，这宅门、影壁，这门簪、门钹可讲究了，拆了怪可惜的，可是我也想住住那有大窗户的高楼啊。

师：四合院是我们的传统民居，但是在北京，大多数四合院由于历史久远，变得很破旧。随着城市化水平的提升，北京已然成为国际化大都市。看了以上小品，谈谈你们的观点。

生根据自己的角色讨论、阐述观点。

师：看来不同的人有不同的观点。我的观点是既要保留，又要在原有风貌的基础上进行合理改造，你们同意吗？

生讨论：百年四合院，是拆还是留？

这个过程中，学生制作的模型、绘制的图画、拍摄的录像、争论的话题都是课程资源，是教师、学生、家长、社会共同开发的资源。

案例5

回到家里，关注身边的地理——家庭用水调查

我们每时每刻都离不开水，它是我们地球上最宝贵的资源。你家中的水龙头是否关好？你家中的抽水马桶是否在漏水？你是否用水与同学玩耍？你知道吗？你浪费的水，能挽救缺水地区几十个人的生命啊！让我们从现在起就节约用水吧！我们现在节约的水，会在将来挽救我们的生命和我们后代人的生命。

征求父母的同意，并请父母帮助你在家里一起完成调查表（调查表略）中的问题，

然后把调查表带回课堂进行讨论，交流各种有效、可行的节水办法。

案例 6

走向社会，关心身边的地理——调查西三旗环岛的公交车

首都师范大学附属育新学校位于西三旗附近的育新小区内，不少学生分住在小区附近。由于西三旗地处城乡接合处，交通状况比较混乱，给学生出行带来不便。为此教师想通过组织学生对西三旗公共汽车状况进行调查，让学生了解西三旗存在的主要交通问题，畅想解决方法。

一、活动目的

1. 知识目的：初步了解公共汽车的分类方法，知道通过西三旗环岛的公共汽车的数量。

2. 能力目的：初步学会收集资料、筛选资料、编辑资料的方法；提高发现问题、提出问题、解决问题的能力。

3. 德育目的：通过这次活动，增强学生关注社会、关注社区、关注民生的责任感。

二、活动准备

在活动之前，向学生介绍公路运输的特点，以及我国主要的公路干线和公路网，由此引导学生关心我们身边的公路，之后给学生布置这次社会调查的任务：调查通过西三旗环岛的公共汽车的数量，观察西三旗环岛存在的主要交通问题，畅想解决的方法。

三、活动内容

通过调查写出调查报告，内容包括调查通过西三旗环岛的公共汽车线路共有多少条，每一条经过了哪些地方（站名），并画一张示意图；分析西三旗环岛存在的主要交通问题，畅想解决的方法。

四、活动过程

第一步（课堂上完成）：布置社会调查题目。

第二步（课下完成）：学生进行调查。调查途径可以是实地考察，网上查寻，查阅交通图、杂志、书籍等资料，向家长、老师、同学请教。

第三步（课下完成）：对通过上述途径得到的资料进行整理、筛选，完成地理调查报告。调查报告要求具有科学性、实用性、观赏性。

第四步（课上完成）：分小组讨论。要求主要有以下几点。

(1) 每个同学都要发言，展示自己的作品。

(2) 集中小组每个同学的资料，确定通过西三旗环岛的公共汽车线路到底有多少条。对这些公共汽车进行分类：月票有效、月票无效；空调车、普通车、小公共车。

(3) 集体讨论西三旗环岛存在哪些交通问题，分析原因，畅谈解决方案。

第五步（课上完成）：在小组讨论基础上，每组推荐一个代表在全班发言。重点放

在西三旗环岛存在的交通问题和解决方法上。在大家畅所欲言的基础上，再让学生总结这次活动的收获和体会。

五、活动评价

1. 教师对此次活动的评价：

此次活动重在参与，通过此次活动，学生初步学会了收集、筛选资料，并能用文字科学、实用、美观地表示出来；这次活动提高了学生发现问题、提出问题、解决问题的能力，增强了学生关注社会、关注社区、关注民生的责任感。

2. 学生对此次活动的评价：

学生甲：我家住在回龙观小区，过去回家我只知道在西三旗坐618路，现在我知道还可以坐307路、811路等公共汽车。

学生乙：以前我觉得社会调查挺容易的，现在做起来才知道不简单。特别是要把找到的资料整理成又科学又实用又美观的调查报告，还真要下一番大功夫。

学生丙：我每天上学、放学都从西三旗经过，觉得天天堵车挺烦人，但也习以为常了。这次调查让我开动脑筋想一想，为什么会这样？怎么办？我真想给市政府写个报告，希望政府能彻底解决西三旗的堵车问题。

......

六、改进意见

这次活动只是开了一个头，教师打算再组织有兴趣的学生进一步完善它。如调查每条线路通过的主要旅游景点、商场、医院、火车站等大型场所；列出每一条线路的首发车和末班车时间等。

所有地理课程资源的建设和开发利用都离不开人力资源，教师、学生、学校的管理人员，以及与校外课程资源相联系的各类人员都是地理课程资源的重要组成部分，这些人员要注意积极协调、配合，才能使地理课程资源最大限度地发挥其应有的作用。

地理教材不是唯一的地理课程资源，凡是有利于地理课程目标达成的因素与条件都属于地理课程资源。地理教师素质的高低决定着地理课程资源的开发水平、程度与范围，学生则是地理课程资源开发中的"外交官"。地理课程资源开发的主导因素是开发者的能动性和水平，而并非经济发展水平。不能把经济落后当作地理课程资源稀缺的借口。

参考文献

［1］吴传清．区域经济学原理［M］．武汉：武汉大学出版社，2008.

［2］胡兆量，陈宗兴．地理环境概述（第 2 版）［M］．北京：科学出版社，2010.

［3］江晖，刘兰．地理课堂教学技能训练［M］．上海：华东师范大学出版社，2008.

［4］地理课程标准研制组编写．初中地理新课程案例与评析［M］．北京：高等教育出版社，2003.

［5］徐继存．荡涤知性迷雾，重释教学方法［J］．教育科学研究，2004，（12）.

［6］王道俊，郭文安．教育学［M］．北京：人民教育出版社，2009.

［7］贾文毓．地理学研究方法引论：一般科学方法论层次的衍绎［M］．北京：气象出版社，2008.

［8］我们的家底儿：中国家庭写真（上）［J］．中国国家地理，2003，（12）.

［9］单之蔷．宁夏——冲出长城天地宽［J］．国家地理杂志，2010，（1）.

［10］李秉德．教学论（第 2 版）［M］．北京：人民教育出版社，2001.

［11］王恩涌等．中国文化地理［M］．北京：科学出版社，2008.

［12］石云涛．中国传统文化概论［M］．北京：学苑出版社，2009.

［13］胡兆量等．中国文化地理概论（第 2 版）［M］．北京：北京大学出版社，2006.

［14］陈澄．新编地理教学论［M］．上海：华东师范大学出版社，2007.

［15］钟启泉，崔允漷，张华．《基础教育课程改革纲要（试行）》解读［M］．上海：华东师范大学出版社，2001.